歴史に残す

静岡鉄道駿遠線《すんえんせん》

―日本一の軽便《けいべん》鉄道―

阿形　昭

絵はがき　大井川橋梁。左は併用軌道、右は鉄道専用橋　昭和12(1937)年頃

目次

はじめに……3

1 カラーグラフ
・駿遠線の風景……5
・駿遠線で使われていた物……14
・廃線跡紹介……16
・切符……18
・時刻表……20

2 駿遠線 写真
・大手から袋井まで……21
・絵はがき……38
・廃線跡……40

☆ 軽便鉄道とは
線路幅が狭く、車両も小さい鉄道。ＪＲの線路幅が１０６７㎜なのに対して、軽便鉄道は７６２㎜。建設費や維持費が安く上がる。明治政府は、明治43（１９１０）年施行の軽便鉄道法などで開業を後押しして、全国で建設が進んだ。

3 駿遠線 資料集
・３つの石碑……42
・社内報……46
・駿遠線 車掌人生……70
・株式資料……86
・時刻表……96
・廃止のお知らせ……128
・旅客、貨物、運賃……134
・車両一覧表……142
・勤務表……160
・開業・廃止 軽便唱歌……165
・全駅一覧表……166
・藤相鉄道唱歌……168
・郷土新聞連載……170
・日本経済新聞全国版……173
・駿遠線を紹介する書籍……174

あとがき……178

添付資料
・車内録音ＣＤ
・列車運行図表

はじめに

２０１３年、ユネスコの世界遺産に富士山が登録された。次の年には、富岡製糸場が登録された。

ユネスコにはもう一つ「世界記憶遺産」という事業がある。日本では、２０１１年に初めて九州・筑豊の炭鉱労働者だった山本作兵衛の炭鉱画が登録された。明治から昭和を生きた炭鉱絵師の山本作兵衛は、石炭掘りの仕事と生活を描いた。

国内登録第1号の背景に、作兵衛の絵を貴重な史料だと考え、収集・保存した地元図書館などの継続した活動があった。

地域の記憶に光を当てる。軽便の思い出は、人生の思い出だ。

軽便鉄道史料として、郷土史として、地域交通史として。駿遠線の価値を広く知ってもらいたい。駿遠線史料を長く伝え、保存していきたい。そんな思いが強くなってきた。

駿遠線がユネスコの世界記憶遺産に登録されるとは思わないが、気持ちは同じだ。

私は今までに、書籍2冊、廃線跡地図と復刻版沿線案内を出版した。「坂で軽便を押した」「軽便に乗って海水浴へ行った」駿遠線にまつわる懐かしい思い出を集めた**軽便の思い出**を出版したのが、第1号。

次に、駿遠線の写真集を作った。３００枚の写真が載っている**写真でつづる静岡鉄道駿遠線**。この本は、静岡県自費出版大賞奨励賞を受賞した。

本だけではない。廃線跡を紹介する**廃線跡地図**を作った。幸い、駿遠線の廃線跡はたくさん残っている。歩いたり、サイクリングしたりして駿遠線を楽しんでほしい。

鳥の目で見たように、高いところから鉄道沿線の景観や観光地を描く鳥瞰図《ちょうかんず》。藤相鉄道と中遠鉄道の鳥瞰図を手に入れた。いろいろな発見があって、見ていて楽しい。競馬場や海水浴場も載っている。鳥瞰図の**沿線案内を復刻**した。

「駿遠線が残っていれば、よかったのに」

「残っていれば、素晴らしい観光資源だ」

確かにそう思う。しかし、現実は厳しい。多額の累積赤字、老朽化した大井川橋の架け替え。難題が山積していた。

この本を読めば、その事実が書いてある。

でも、駿遠線が残っていれば、よかったのに……

せめて駿遠線の史料を残しておきたい。そんな思いが強くなった。

日本一の軽便鉄道・静岡鉄道駿遠線を歴史に残すために、この本を作りました。

関心のあるページを開いて、駿遠線を楽しんでください。

阿形　昭

路線図

64.6km

◎**袋井**　ふくろい
柳原　やなぎはら
諸井　もろい
芝　しば
浅名　あさな
五十岡　いごおか
新岡崎　しんおかざき
新三輪　しんみわ
石津　いしづ
七軒町　しちけんちょう
○**新横須賀**　しんよこすか
河原町　かわらまち
野中　のなか
野賀　のが
谷口　やぐち
南大坂　みなみおおさか
○**新三俣**　しんみつまた
西千浜　にしちはま
千浜　ちはま
合戸　ごうど
塩原新田　しおばらしんでん
浜岡町　はまおかちょう
（池新田　いけしんでん）
桜ヶ池　さくらがいけ
遠州佐倉　えんしゅうさくら
玄保　げんぼ
○**堀野新田**　ほりのしんでん

○**大手**　おおて
慶全寺前　けいぜんじまえ
藤枝本町　ふじえだほんまち
（岡出山　おかでやま）
瀬戸川　せとがわ
◎**新藤枝**　しんふじえだ
（藤枝新　ふじえだしん）
高洲　たかす
大洲　おおす
上新田　かみしんでん
大井川　おおいがわ
遠州神戸　えんしゅうかんど
（神戸村　かんどむら）
上吉田　かみよしだ
根松　こんまつ
細江　ほそえ
静波　しずなみ
榛原町　はいばらちょう
（遠州川崎町　えんしゅうかわさきまち）
片浜　かたはま
太田浜　おおたはま
○**相良**　さがら
新相良　しんさがら
（相良新　さがらしん）
波津　はづ
須々木　すすき
落居　おちい
○**地頭方**　じとうがた

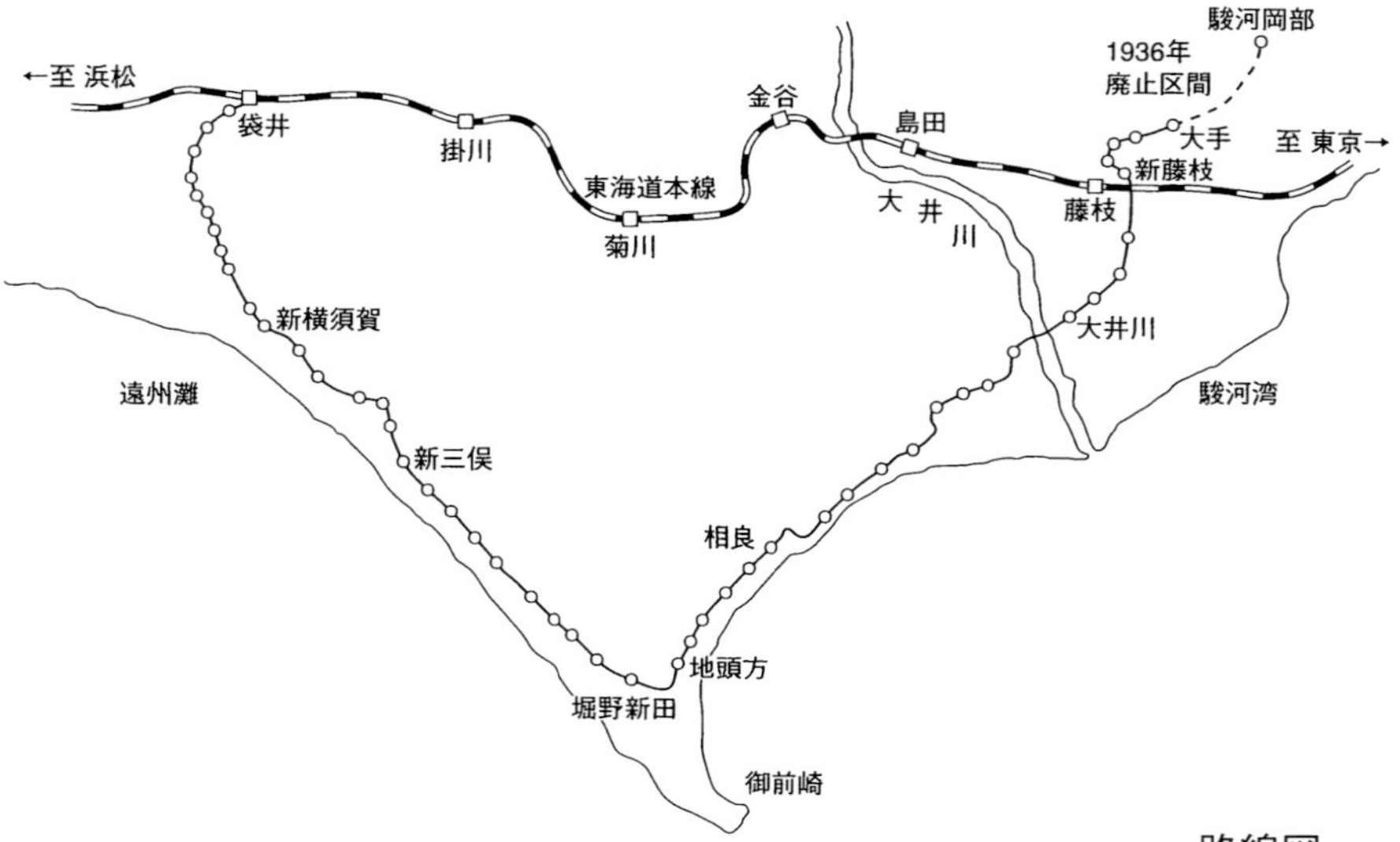

藤枝 ふじえだ

藤枝本町―慶全寺前　藤枝の切通しを走る　昭和 35(1960) 年１月３日　撮影：J.WALLY HIGGINS

新藤枝駅　廃止３カ月前の新藤枝駅　昭和 45(1970) 年５月５日　撮影：J.WALLY HIGGINS

新藤枝　しんふじえだ

新藤枝駅　キハＣ１２　昭和35(1960)年１月３日　撮影：J.WALLY HIGGINS

新藤枝―高洲　高洲→　東海道本線をまたぐ　昭和45(1970)年５月５日　撮影：J.WALLY HIGGINS

高洲　たかす

高洲駅　新藤枝↑　後方に新幹線　昭和45(1970)年5月5日　撮影：J.WALLY HIGGINS

上新田―大井川　特産物の志太梨畑を行く　昭和45(1970)年5月5日　撮影：J.WALLY HIGGINS

大井川 おおいがわ

遠州神戸―大井川　大井川→　大井川橋を行く　昭和40（1965）年３月９日　撮影：J.WALLY HIGGINS

太田浜付近　相良↘　駿河湾に沿って　昭和39（1964）年11月10日　撮影：J.WALLY HIGGINS

相良　さがら

相良駅　給油中　昭和 35（1960）年 1 月 3 日　撮影：J.WALLY HIGGINS

新相良―相良　相良→　萩間川を渡る　昭和 35（1960）年 1 月 3 日　撮影：J.WALLY HIGGINS

新相良　しんさがら

新相良駅　波津↘　新相良駅に停まるキハ9　昭和36(1961)年4月9日　撮影：J.WALLY HIGGINS

小堤山トンネル　波津—新相良　昭和40(1965)年3月9日　撮影：J.WALLY HIGGINS

地頭方　じとうがた

地頭方駅　堀野新田↘　地頭方駅に停車中のキハ８　昭和 39（1964）年１月４日　撮影：J.WALLY HIGGINS

運転席に正月飾り　昭和 39（1964）年１月４日　撮影：J.WALLY HIGGINS

新三保　しんみつまた

新三保駅　南大坂↓　中遠鉄道の時代は始発駅　昭和 36（1961）年９月４日　撮影：J.WALLY HIGGINS

新三保駅　南大坂↑　転車台で方向転換　昭和 36（1961）年９月４日　撮影：J.WALLY HIGGINS

袋井　ふくろい

柳原―袋井　袋井→　混合列車が行く　昭和 32（1957）年４月 16 日　撮影：J.WALLY HIGGINS

袋井駅　柳原↓　国鉄の南に隣接していた袋井駅　昭和 39（1964）年１月４日　撮影：J.WALLY HIGGINS

駿遠線で使われていた物　①

帽子（阿）

車掌かばん（袋）

スタンプと笛（阿）

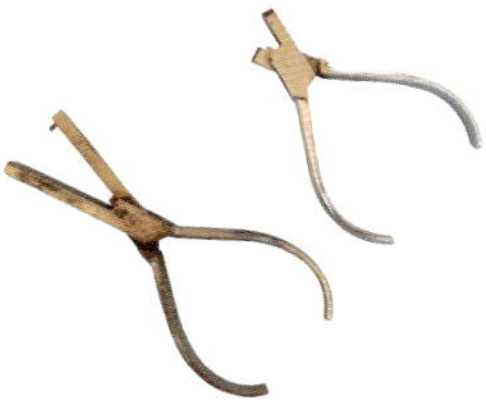
切符切りはさみ（阿）

ブレーキレバー（牧）

タブレットキャリア（袋）

大井川風力計（袋）

手旗（昼使用）（袋）

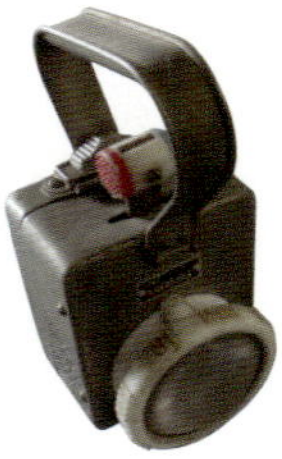
カンテラ（夜使用）（牧）

つり革（焼）

点検用ハンマー（袋）

腕章（袋）

切符箱と切符（袋）

中遠鉄道の旗（阿）

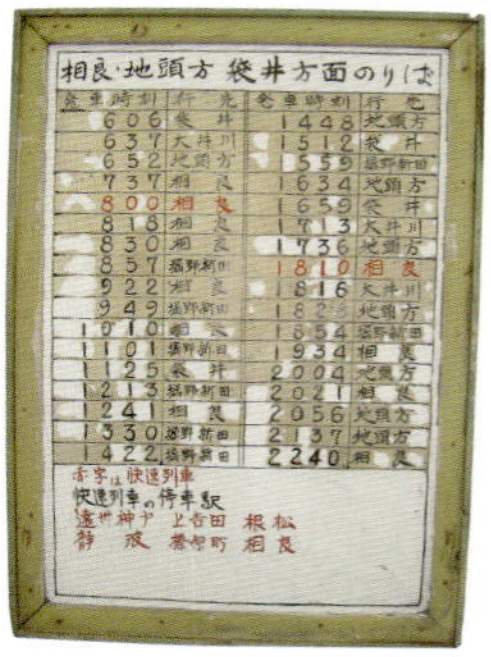

時刻表（焼）

〈所蔵・所有〉
（袋）袋井市教育委員会
（牧）牧之原市史料館
（焼）焼津市歴史民俗資料館
（中）中村 修
（阿）阿形 昭
（順不同・敬称略）

駿遠線で使われていた物　②

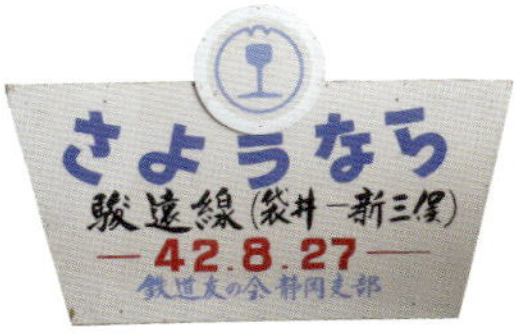

さよなら列車ヘッドマーク　先頭車両前面に付けた①②③（焼）

行先表示板　列車横へ（阿）

海水浴快速列車表示板①②（中）

浜岡町駅で使用（阿）

留置車表示板（中）

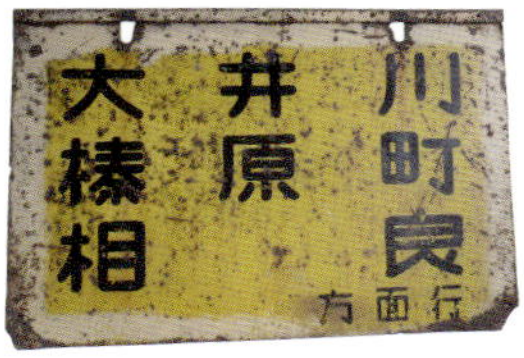

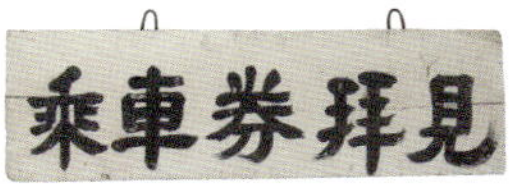

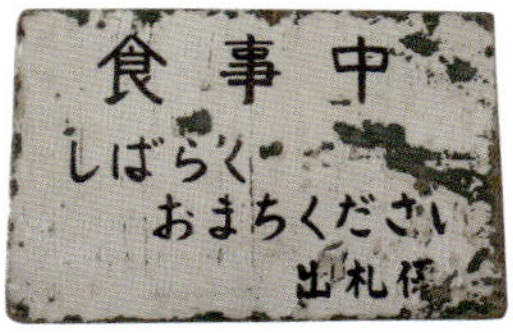

新藤枝駅で使用（焼）

新藤枝駅で使用（焼）

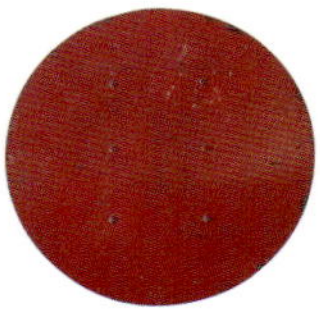

保線関係の表示板①②③（牧）

列車最後部の表示（牧）

廃線跡紹介　①

今も残る藤枝本町駅舎　西へ２回移動した

唯一残る蒸気機関車　藤枝市郷土博物館・文学館

大井川橋台　東側

国道１号線立体交差　電化・国鉄幅を見据えて広い

小堤山トンネル　赤レンガが美しい

萩間川のガーダー橋　人と自転車専用

廃線跡紹介　②

橋台　新横須賀—河原町　意外に大きい

野中駅の西　うっそうとした竹林の中

五十岡駅プラットホーム　2011 年ポケットパークとして整備

石津駅プラットホーム　ずっと保存したい

復元された英国バグナル社蒸気機関車　浅羽記念公園

橋の下に残る赤レンガ　五十岡—浅名

切符　①

駿遠線
大　手⟷新藤枝間
堀野新田⟷新三俣間
閉鎖記念
おおて
静岡鉄道
鉄道友の会静岡支部

相　良より
地頭方ゆき
通用発売日共2日
20銭
小
相良―地頭方

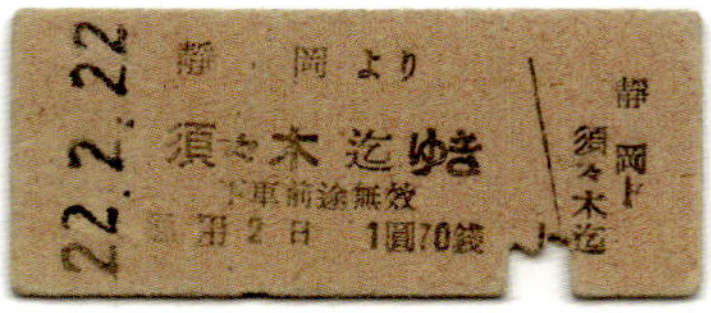

22.2.22
静　岡より
須々木迄ゆき
下車前途無効
通用2日　1圓70銭

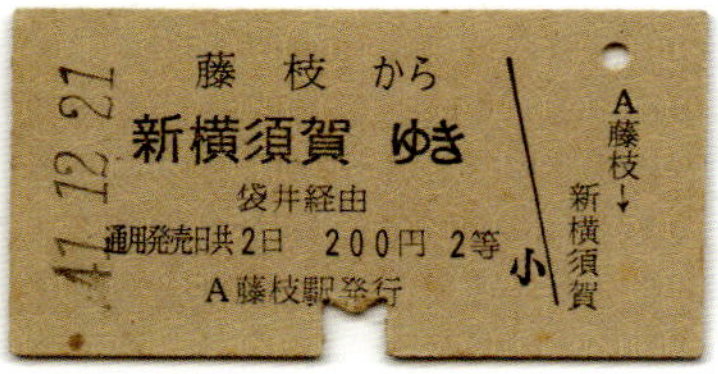

41.12.21
藤　枝　から
新横須賀　ゆき
袋井経由
通用発売日共2日　200円　2等
A藤枝駅発行
小
A藤枝↓新横須賀

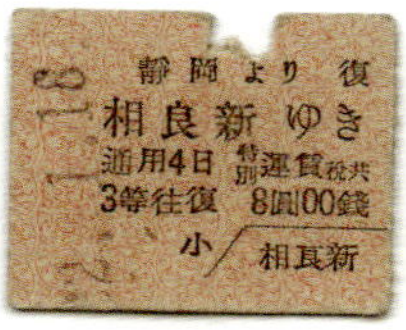

静岡より　復
相良新ゆき
通用4日
3等往復　8圓00銭
小
相良新

相良新より
静　岡ゆき
通用4日
3　等
静岡

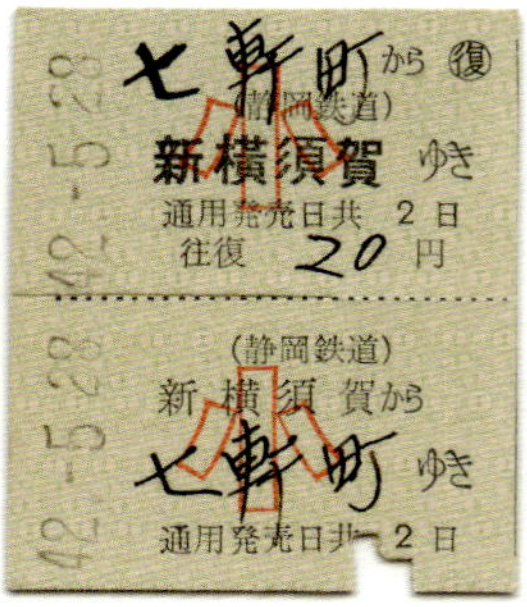

七軒町から　復
(静岡鉄道)
新横須賀ゆき
通用発売日共　2日
往復　20円
42.-5.28
(静岡鉄道)
新横須賀から
七軒町ゆき
通用発売日共　2日

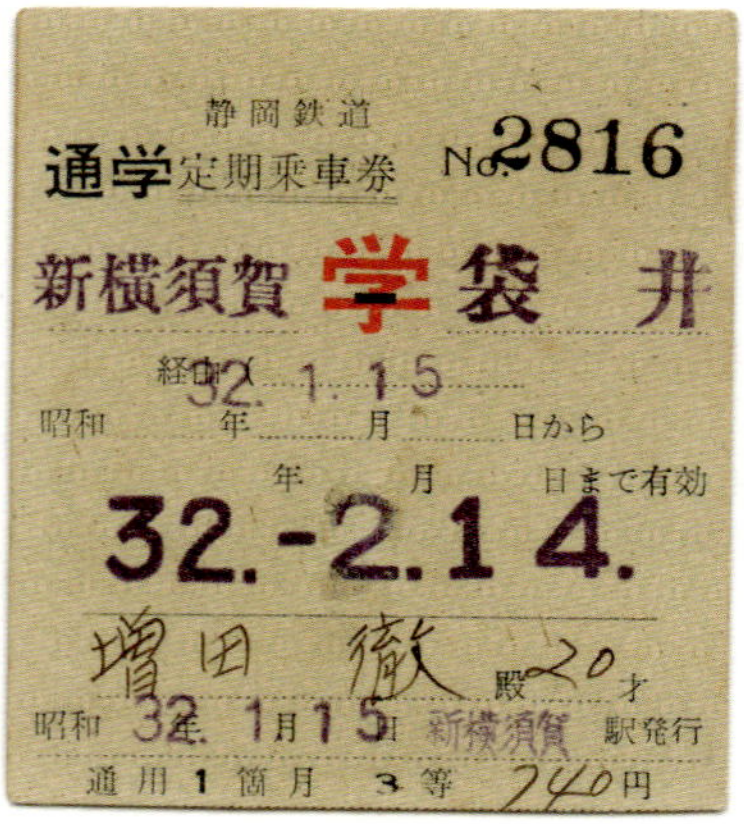

静岡鉄道
通学定期乗車券　No.2816
新横須賀　学　袋　井
32.1.15
昭和　年　月　日から
年　月　日まで有効
32.-2.14.
増田徹　殿　20才
昭和　32.1月15日　新横須賀　駅発行
通用1箇月　3等　240円

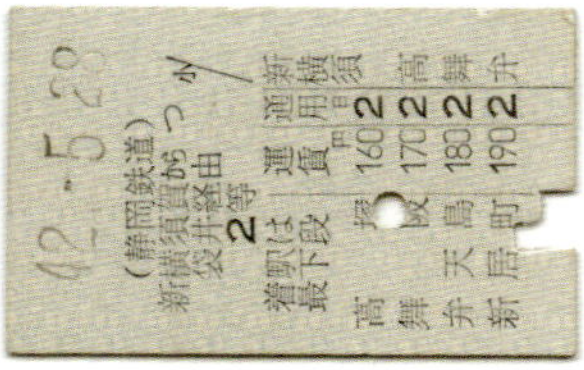

42.-5.28
(静岡鉄道)
新横須賀から
袋井経由
2等

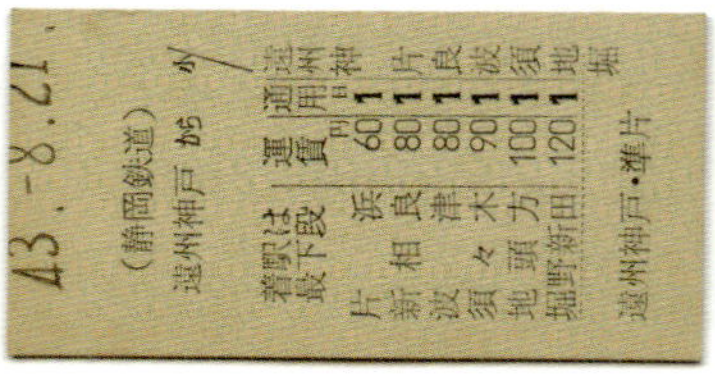

43.-8.21
(静岡鉄道)
遠州神戸から

駿遠線（大井川～堀野新田間）閉鎖記念
おおいがわ
大井川
OIGAWA
ほりのしんでん
HORINOSHINDEN
静岡鉄道
鉄道友の会静岡支部

切符　②

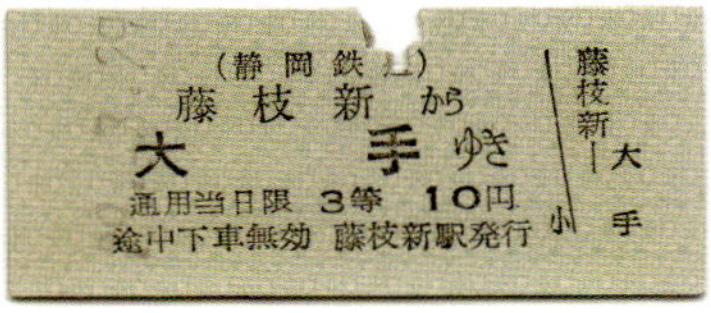

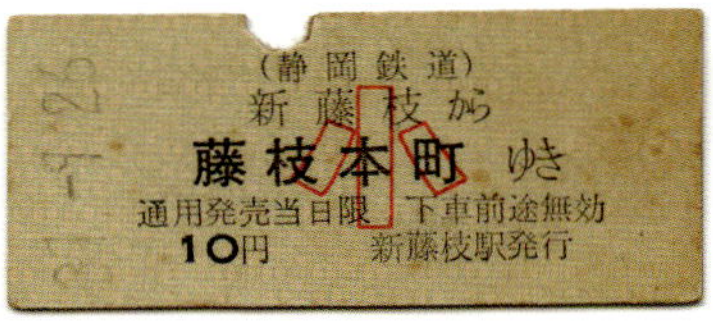

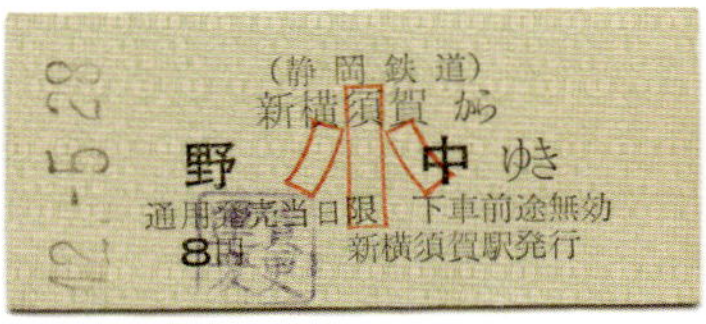

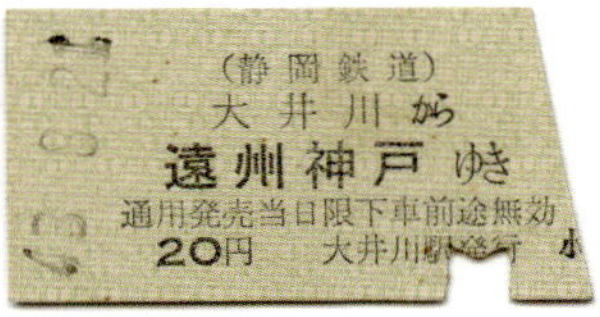

〈なつかしの軽便鉄道展で配布した硬券切符〉

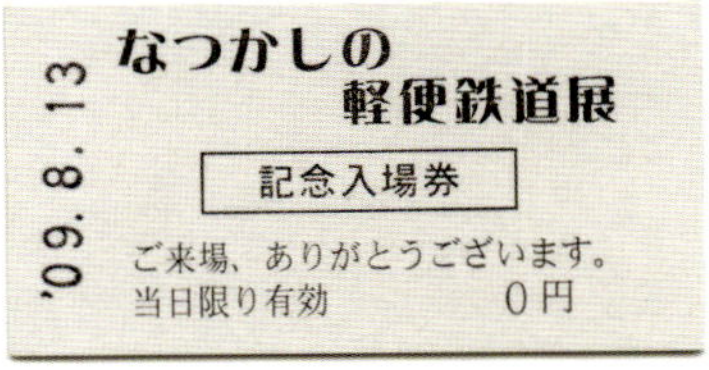

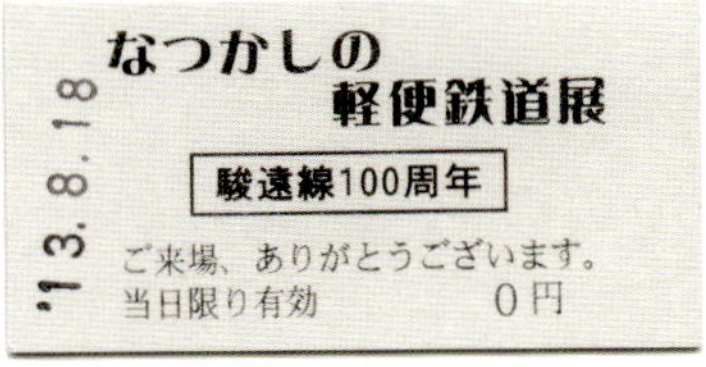

◉中遠鉄道　時刻表　昭和4年

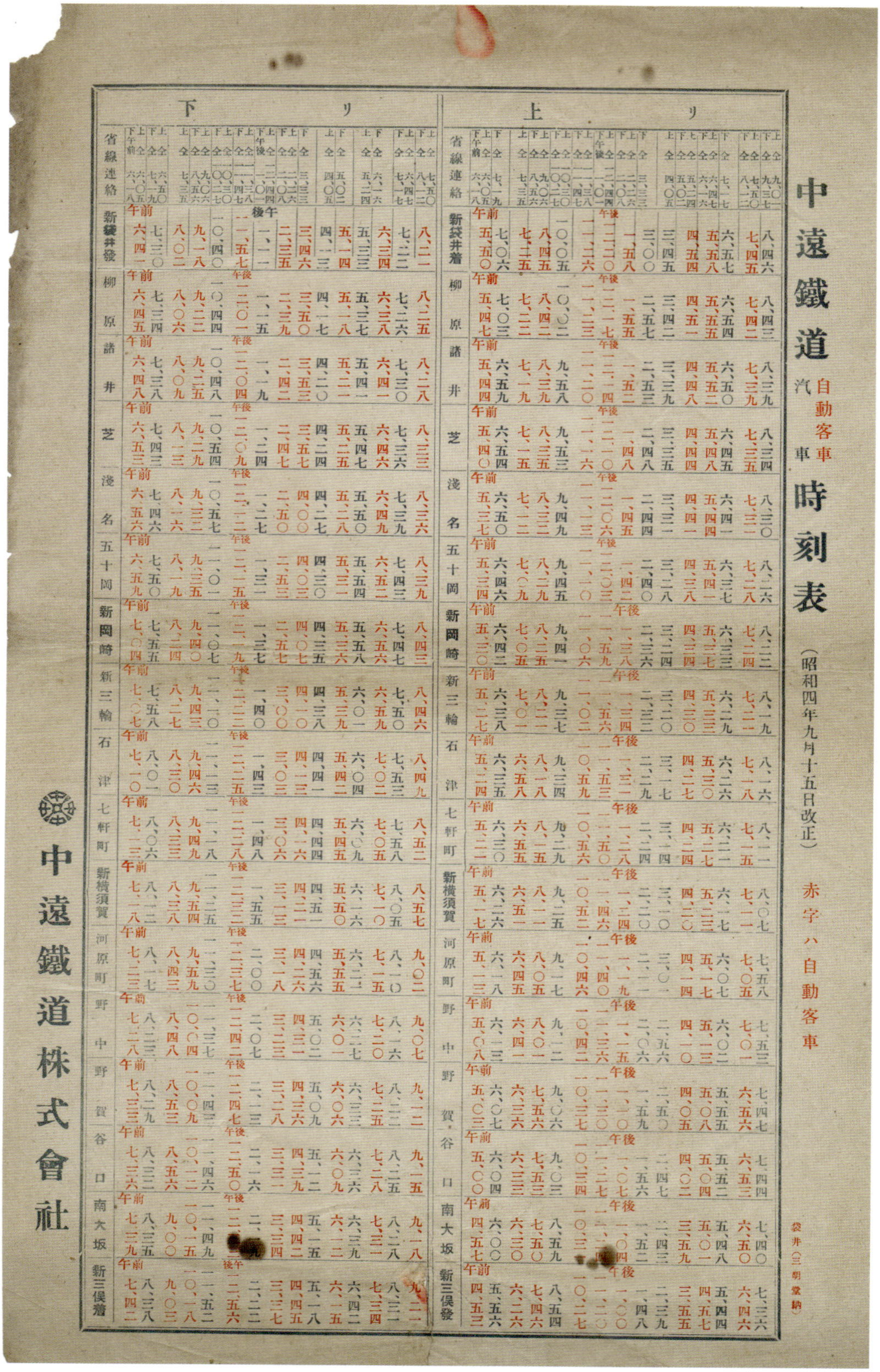

中遠鉄道時刻表　昭和4（1929）年9月15日改正

大手　おおて

大手駅　大手町界隈　昭和 39（1964）年２月 21 日　撮影：今井啓輔

藤枝本町駅　飽波《あくなみ》神社の鳥居が見える　昭和 35（1960）年４月５日　撮影：湯口 徹

藤枝本町　ふじえだほんまち

藤枝本町―慶全寺前　慶全寺前→　しとしと雨の中を行く　昭和 39（1964）年２月 21 日　撮影：今井啓輔

瀬戸川―藤枝本町　藤枝本町→　大手行き軽便　昭和 33（1958）年４月８日　撮影：村多 正

新藤枝　しんふじえだ

新藤枝駅　立派な新藤枝駅。昭和39年に右側を壊した　昭和35(1960)年３月　撮影：村多 正

新藤枝駅構内　昭和33(1958)年４月８日　撮影：村多 正

新藤枝　しんふじえだ

新藤枝駅　待合室の売店
昭和35(1960)年３月　撮影：村多 正

新藤枝駅　待合室
昭和35(1960)３月　撮影：村多 正

新藤枝　しんふじえだ

新藤枝駅　さよなら列車のブラスバンド　昭和 39（1964）９月 26 日　写真提供：本田正次

大洲駅　着物の女性がとび降りる。意外に高い！
昭和 39（1964）年９月 26 日　撮影：湯口 徹

上新田 かみしんでん

大井川―上新田　上新田→　後方は大井川西小学校　昭和 44（1969）年 7 月 23 日　撮影：湯口 徹

上吉田―遠州神戸　遠州神戸→　デッキにぶら下がる学生　昭和 42（1967）年 4 月 24 日　撮影：湯口 徹

細江　ほそえ

根松―細江　細江↑　茶畑の中を行く　昭和 33（1958）年４月８日　撮影：村多 正

片浜駅　榛原町↑　右側後方に富士山　昭和 37（1962）年 12 月 24 日　撮影：髙井薫平

相良　さがら

相良—太田浜　太田浜→　松林を抜けてキハＤ６がやってきた
昭和 37（1962）年 12 月 24 日　撮影：髙井薫平

相良駅　「休車」蒙古の戦車　DB６０１・６０２・６０６　昭和 42（1967）年７月 20 日　撮影：髙井薫平

萩間川　はぎまがわ

新相良—相良　相良→　萩間川を渡る混合列車　昭和33(1958)年4月8日　撮影：村多 正

新相良—相良　栄町踏切。トラック荷台には茶箱が　昭和43(1968)年8月20日　撮影：米持貴弘

桜ケ池　さくらがいけ

浜岡町―桜ケ池　桜ケ池↗　桜ケ池の築堤を行く　昭和37(1962)年12月24日　撮影：髙井薫平

桜ケ池―浜岡町　浜岡町→　砂丘地帯。後方は新野川《にいのがわ》　昭和37(1962)年12月24日　撮影：髙井薫平

千浜 ちはま

千浜駅　西千浜↑　戦後に開通した区間。ひたすら砂丘地帯を走る
昭和 37(1962) 年 12 月 24 日　撮影：髙井薫平

菊川橋梁　西千浜→　新三俣に向かう　昭和 37(1962) 年 12 月 24 日　撮影：髙井薫平

新横須賀 しんよこすか

新横須賀駅　子供にとって乗るのが大変
昭和41(1966)年4月14日　撮影：湯口 徹

新横須賀駅　河原町↑　新三俣方面を望む　昭和42(1967)年5月1日　撮影：今井啓輔

諸井　もろい

柳原—諸井　諸井→　樽を積んでいる　昭和 33(1958)年 12 月 23 日　撮影：湯口 徹

袋井駅　キハＣ１＋ホハフ１０(ハ１０)ツートンカラーの車体になる前
昭和 29(1954)年３月 20 日　撮影：髙井薫平

袋井 ふくろい

国鉄袋井駅に隣接する駿遠線袋井駅　柳原↘　昭和 40（1965）年 1 月　撮影：河田耕一

袋井工場　昭和 37 年廃止の草軽電鉄から譲り受けたホハ３０形。ハ１１３になった
昭和 37（1962）年 12 月 24 日　撮影：髙井薫平

新瀬戸川橋梁　しんせとがわきょうりょう

新瀬戸川橋梁（右）　国道１号線との立体化による工事　昭和 32（1957）年　写真提供：本田正次

新瀬戸川橋梁（右）　保線区の皆さんで記念撮影　昭和 32（1957）年　写真提供：本田正次

大井川橋梁　おおいがわきょうりょう

大井川橋梁　遠州神戸↑　橋の修復。左は国道150号　写真提供：本田正次

大井川橋梁　遠州神戸→　橋が流された。後方の橋は旧富士見橋　写真提供：本田正次

地頭方　じとうがた

地頭方―堀野新田　堀野新田↑　保線工事　写真提供：本田正次

菊川《きくがわ》橋梁　千浜↑　旧陸軍の線路幅（600㎜）から変更工事　昭和 22（1947）年頃　写真提供：本田正次

絵はがき　えはがき

藤相鉄道本社。初期の藤枝新駅舎が写っている。手前は石炭を積んだ貨車

相良町全景。右に蒸気機関車が走っている

絵はがき　えはがき

遠州相良　藤相線唯一のトンネル。今も残っている

製茶発送の状況(中遠鉄道新岡崎駅)　たくさんの茶が積まれている

廃線跡　はいせんあと

しばらく残っていた遠州神戸駅舎　昭和 52（1977）年　撮影：鵜藤茂樹

相良海水浴場でバンガローとして使用した　昭和 42（1967）年 8 月 28 日　撮影：新井清彦

廃線跡　はいせんあと

相良中学校に保存されたハ１９　新相良→　昭和 43(1968)年 12 月 28 日　撮影：堤 一郎

しばらく残っていた新横須賀駅舎　河原町→　昭和 52(1977)年　撮影：鵜藤茂樹

◉新岡崎駅跡　石碑

笠原村初代村長芝田庫太郎氏は中遠地域発展の為明治末年より近郷有志と議を重ね中遠鉄道株式会社を設立袋井横須賀間に軌道を敷設大正三年一月軽便ＳＬを開通住民均しく驚嘆歓喜す　後年三俣迄戦時中更に延長昭和十八年五社合併静岡鉄道㈱となり昭和廿三年藤相鉄道と連結して静岡鉄道駿遠線と改称　駿州藤枝と遠州袋井を結ぶ六四・六粁の延長距離日本一の軽便鉄道となる　通勤通学　産業の興隆　生活の足　出征兵士の送迎　戦後食糧難時代の物資搬送等繁栄を極め地域発展への貢献は甚大であった　其後昭和卅年代後半より押寄せた自動車社会化の波には勝てず昭和四二年八月多くの感懐を残し沿線住民愛惜の念深き中遂に廃線に到る　その営業期間五三年は軽便鉄道としては亦日本一である　この通学路は当時の軌道敷跡である　この偉大なる史蹟を後世に遺すべく廃線四十周年に方り茲に碑を建つ

平成十九年十一月三日

袋　井　市
笠原自治会連合会
笠原　歴史　研究会

碑高…１０８cm
碑幅…　６１cm

◉柴停車場之記

柴停車場之記

晨観墨江之花暮賞嵐山之芳昨探東奥之勝今酔南薩之巷遠則数時而到近
則瞬間而達載人畜輸貨物運般四方者則為鉄路汽車之便今也設於都鄙行
於各国地上殆如棋局之面如我中遠之地固不漏斯大局時勢進運促之大正
三年初春自袋井至横須賀設置鉄路汽車以便民庶而其間浅羽之地沃壌豊
冨桑茶菓蔬之産特為夥够既有郵便局及銀行等備而無停車場設甚懐不便
之感於是有志諸氏相謀醵金得設置停車場於柴爾来浅羽繁栄倍舊為百貨
輻湊之區而四隣近郷潤澤年加増焉顧區區一條車路不特謀全郡贏利迨萬
人便益可謂其功徳偉且大矣茲勒貞珉聊記其由乃作頌曰
　維時大正三年春　通鉄路兮拓蔵蓁　袋與横兮径一線
　南北繋兮如邇隣　中程設此停車場　往復運般便人民
　更喜文化迨邊陬　知識日進事皆新
大正四年四月　八十三翁鴻齋石川英撰併書

碑高…181cm
碑幅…82cm

◉柴停車場之記　訳《やく》

朝に隅田川の花を観る　夕に嵐山の芳香を賞る
昨日は東北の景勝地を探り　今日は南薩摩の巷に酔う
遠くは数時間で至り　近くは瞬時に達する
人畜を乗せ貨物を送る　四方に運搬するのは鉄路の
汽車を使う今日なり
都会や田舎行きを設け　各国地上殆ど将棋の面の如く行き渡る
我が中遠の地　固くこの大局にもれず　時勢進みこれを促す
大正三年初春　袋井から横須賀までの鉄路の汽車が　設置される
浅羽の地はその間にある　沃壌豊富　桑茶果物野菜の産多々となる
郵便局や銀行も既に備わる
然るに停車場なし　甚だ不便の感あり
これを設けるため有志諸氏相謀り醵金を得て　柴に停車場を設置する
爾来　浅羽の繁栄倍旧なり
百貨が四方八方から区へ集まり　四隣近郷潤沢年毎に加増する
ここに小さな一条の車路が
定まらないのを顧みて
全郡の利益を謀り　万人に便益が及ぶ　その功徳は偉かつ大という
ここに貞珉いささか記し　その由をほめたたえる
　これ時に大正三年春　鉄路を通し草むらを拓く
　袋井横須賀径一直線　南北繋り近隣の如し
　中程この停車場を設け　往復運搬人民の便
　更に喜ぶ文化田舎に及ぶ　知識は日進事皆新しい
大正四年四月　八十三鴻斎石川英撰併書

◉中遠碑

《中遠碑》

道路之通塞即国運隆替所関軍備経済産業等諸般文化盛衰職由之鉄道敷設之緊要亦不俟論也中遠鉄道株式会社置本社於磐田郡袋井町資本金五十万円擁従東海道本線袋井駅経小笠郡横須賀町至同郡睦浜村三俣鉄路延長約十八粁為地方唯一重要交通機関抑中遠南部之地也北亘小笠連山南臨遠州洋長汀財物不通産業不振民以為患明治四十四年見地方鉄道補助法制定也有志胥謀組織当会社大正三年始見袋井横須賀間鉄路開通宿望漸達当時藤相鉄道会社有開藤枝相良間鉄路而南遠海岸線之貫通者是両社共通目的而亦鉄道本来使命也於是東西相呼応当其企画昭和二年本社先開横須賀三俣間鉄路雖然欧州戦乱以後世界的経済不況膨湃如潮来加之自動車会社所在簇出鉄道会社之倒産者相次遭廃業解散之厄者不可勝算当社長芝田庫太郎君創立以来在其職拮据黽勉当経営克献一身処百難嘗千辛喫万苦滅私奉公終始不渝為苑内外信望上下輯睦戮力協和遂善処此難局者洵可謂至誠通神也在職二十有二年昭和九年一月遺不朽偉業溘焉長逝遠近知與不知無不痛惜矣次創立以来之常務取締役塩谷桑平君為社長新任常務取締役芝田佐平次君与支配人村瀬荘三郎君同心一体経営愈務社運益昌将来之発展可期而待也昭和十七年七月迎創業三十周年挙記念祝典並祭関係物故者霊亦出於報本反始之意也遮回於当県偶有欲整備拡充交通機関統制強化其運営之議当社率先賛之昭和十八年五月中部交通機関統合成併合改称静岡鉄道株式会社将愈拡張業務益寄与於地方交通発達蓋所以充実軍備振興経済開発産業並啓培諸般文化而抑亦当社創設之本旨也頃者欲建碑叙事伝之於後昆諸文於余余與前社長有姻且通前後事情故以不文不敢辞尚謀之於尾﨑楠馬先生略録梗概云爾

井浪茂三郎撰　小林岳陽書

昭和十八年八月

碑高…190cm
碑幅…　72cm

◉中遠碑の訳《やく》

道路の通塞は即ち国運を隆盛にし、またすたれさせる所から、関軍を備え経済産業等や諸般文化の盛衰は、また鉄道敷設の緊要に基づくところ論をまたない。

中遠鉄道株式会社は本社を磐田郡袋井町に置き、資本金五十万円を擁し、東海道本線袋井駅より小笠郡横須賀町を経て同郡睦浜村三俣に至る線路延長約十八粁で、地方唯一の重要な交通機関をなす。そもそも中遠南部の地は北に小笠連山を負い、南に遠州洋長汀（↓遠州灘の長い海岸線）を臨む。民は財物不通および産業不振をもって患いをなすが、明治四十四年に地方鉄道補助法の制定を見るなり。有志は相はかりて当会社を組織し、大正三年に始まり袋井〜横須賀間の鉄路開通を見、宿望はようやく達せられた。

当時すでに藤相鉄道会社が有り、藤枝〜相良間に鉄路を開いていたが、しかし南遠海岸線の貫通することはこれ両社共通目的であり、しかしてまた鉄道本来の使命なり。東西において相呼応して其の企画に当たり、昭和二年に本社は先ず横須賀〜三俣間の鉄路を雖然と開く。欧州戦乱（↓第一次世界大戦）以後世界的な経済不況が膨み、これに加うるに潮が押寄せるごとく自動車会社の所在が簇出（↓そうしゅつ：群がり出る様）し、鉄道会社の倒産者が相次ぎ、廃業解散の厄に遭う者に勝算はなかった。

当社社長の芝田庫太郎君は創立以来その職にあり、拮据（↓きっきょ：せわしく働く）して経営に勉めて当たり、一身をよく献げ百難を処し、千辛に當たり万苦を喫し、滅私奉公にて終始せらるるため内外の信望が篤く、上下輯睦（↓しゅうぼく：集まって睦まじくする）して力を合せついにこの難局を善処すれば至誠神に通ずというべし。

在職二十有二年の昭和九年一月に不朽の偉業を遺し社長が亡くなり、遠近痛惜せずして知らぬもの無し。創立以来の常務取締役塩谷桑平君が次の社長となり、新任常務取締役は芝田佐平次君、支配人は村瀬荘三郎君となる。同心一体にて経営にいよいよ務め、社運益々さかんとなり将来の発展もまた期待すべし。昭和十七年七月に創業三十周年を迎え、記念祝典を挙行し並びに関係物故者の霊を祭り、また社史を出版した。

当県をめぐり交通機関の整備拡充がたまたま要求され、統制強化してその運営に当る議に当社は率先して賛成した。昭和十八年五月に中部交通機関統合併が合成り、静岡鉄道株式会社と改称し、将来の地方交通発達における業務拡張に益々寄与する。もって蓋（おお）う所の軍備充実、経済振興・産業開発ならび諸般文化の啓培はまたそもそも当社創設の本旨なり。

近ごろ碑を建て叙事を後世に伝えんと欲し、諸文は前社長と姻戚でありかつ前後事情に通ずるゆえ、著述者があえてこれを起草した。尚、尾崎楠馬先生に略録のあらましを伝授していただいた。

昭和十八年八月　　井浪茂三郎著述（撰）

この中遠碑は、東急の五島慶太氏の揮毫により、中遠鉄道の袋井駅構内に建立されました。この碑文の著述（撰）者は、磐田郡御厨村出身の県議会議員、井浪茂三郎氏です。

この碑文の文章を書いたいきさつは、おそらく昭和十八年の5社合併による静岡鉄道設立で解散する中遠鉄道の偉業を讃えるためだったと思われます。ことに初代社長の芝田庫太郎氏が、数々の難題を乗越えて中遠鉄道を発展させたことの顕彰に努めています。また碑文に見られる尾崎楠馬先生とは、旧見付中学校の初代校長です。

駿遠線勝間田川橋梁

改良工事の概要

施設部保線課

まえがき

駿遠線の鉄道橋は大井川橋梁始め主要なものは橋脚が木造のものが多いのであつて、これが補強と改良は保守工事の重要な課題となつておりますが、今度榛原郡榛原町地内の勝間田川（牧野ヶ原台地を水源とし、駿河湾釘ヶ浦に注ぐ、河幅七〇米）の鉄道橋が、今まで試みられなかつた新らしい工事方法によつて、改修されることになり、目下着々とその工事が進められております。

現在の橋梁と改良目的

勝間田川の鉄道橋は延長七〇米二〇、大正七年橋台、橋脚、橋桁共凡て木造で架設されたもので、海水の混じる個所の一般的例に洩れず、橋脚は経年による蝕の外虫害による被害が甚しく、その対策に腐心して参つておりまして、昭和七年には橋脚をコンクリートにて保護する方法を講じて効果を収め、昭和十九年には木桁を鉄桁に更新して橋梁強度を増強しております。

その後昭和二十四年と翌二十五年に台風災害により川底が洗われたため、橋脚の基部が掘られて一部のものが斜傾し、木柱を以て補強を施し乍ら、現在に至つたのですが、木柱による補強は到底恒久的にこの問題を解決するものではないので、現在の橋梁の河下側に、写真の如く新らしく鉄道橋を新設しようとするもので、これにより今後は風水害其の他虫害、腐蝕に対しては恒久的な強度を示すことになる訳です。

工事の内容

工事の概要を申しますと、橋台は普通の工事方法による重力式コンクリート橋台を新らしい位置に築造するのですが、橋脚の方は遠心力鉄筋コンクリートパイル使用という新らしい工事になつております。

この遠心力鉄筋コンクリートパイルは写真にみられる様な鉄筋コンクリートの円筒形をしており、これを使用して鉄道橋を築造したものは勿論、普通の橋梁としても築造されたものは、全国に於てもその例がない様で、当社としても橋梁工事に一画期をなすものともいえましよう。

これを打込む方法も水射式杭打工法（ジエッテイング、パイル）を採用しております。この杭打法は古くからありましたが、割合欠点が多いものとして余り使用されないのですが、今回のコンクリート、パイルの場合、普通の重錘式杭打工法ではパイルの頭部を欠損させることが考えられて不向であるので、パイルに直接打撃を加えない水射式杭打工法を採用したもので、このジエット式工法は高圧の水射を使用してパイル周囲の地盤を弛めることによつて、パイルが自重によつて沈下し、目的を達成させる工法で、この工事の場合、河床が砂質であるため効果が極めて良好で、工事の進行も早く工費も従来の方法よりかからないという利点を以つております。

尚この工事のため従来の線路が築堤と共に前後百二十米移動して新鉄道橋に接続されることになり、又工事の促進を図ると共に橋梁強度の増強の為に、在来の五米工型鋼桁六連を、十米鋼鈑桁三連にして橋脚数を減らし八月一杯で完成する様、勝呂組の手により鋭意工事が急がれております。

最後に工事の計画概要を述べますと次の様になつております。

工事費	四、二〇〇、〇〇〇円
橋梁延長	七〇米二〇（鉄桁十連架設）
橋梁型式	鉄筋コンクリートパイル橋脚
橋桁型式	上路鋼鈑桁及び工型鋼桁
橋台	コンクリート造、二基新設
翼壁	コンクリート造、四ヶ所新設
橋脚	コンクリート、パイル
	径四〇糎×七米、三本建二脚
	〃　×八米、三本建三脚
	〃　×十米、三本建四脚
	右計　九脚　新設
盛土	（筋芝土羽打共）三八二立米
線路	（十二瓩軌条）一九〇米移設
旧木造橋脚	一二脚撤去

◉初のパイル式鉄橋

今月の話題

駿遠線 勝間田川橋梁完成

＝径間70米200のパイル式橋梁に生れ変つた木造橋梁＝

施設部

八月号の本紙上既報の駿遠線勝間田川橋梁の改良工事は、着工してから四ケ月余の日数と、延べ労働人員一、四〇二人を以て去る九月二日、新旧橋梁の切替工事を完了し、九月三日の一番列車より開通した。

この日、愈々最後の工事であると共に、四ケ月の工事過程に於て一番難かしい工事でもあるというので、松下技師長も本社より来られ、作業員の陣頭に立つて指揮をせられた。

皓々と照明に照らし出された作業場を、この日の最終列車が轟音を残して通過するのを待つて、待機した係員の合図と共に、一斉に切替作業は開始され、夜間照明下の作業員は、悪条件にもめげず、一糸乱れぬ整然とした作業で、旧橋梁から新橋梁に、一連亦一連と鉄桁が敷設され、東天の白む頃には、予定通り鉄桁の架え替えと、線路の切替え作業を終了、一番列車を待つ許りとなつた。

やがて一番列車の橋梁処女通過が始るや夜来疲労の作業員一同の口から、期せずして〃万才〃の声が挙り、列車乗務員、乗客もこれに応えて和する感激的場面を描きました。

この橋梁は既報の通り、保線課で設計監督して来たもので、橋梁の橋台、橋脚新設工事と、切替前後の築堤工事は、勝呂組の請負工事でありますが、その他は藤枝保線区員による直営工事として施工して来たもので、限られた少ない人員を以て完遂した保線区員の努力は賞讃されよいものであります。

亦駿遠線が開通して以来、その保守に腐心した木造橋梁の一つ、勝間田川橋梁はこの日より、当社としては初めてのパイル式鉄橋として、橋梁工事の一エポックをなして誕生した訳でありまして、この工事は今後の橋梁工事に一頂針を示したと云えるもので、駿遠線木造橋梁の将来に明るい曙光を齎らした工事として報告出来るものであります。

十月二十二日開業

静岡鉄道健康保険組合診療所

＝白亜のスマートな建物が
快適な気分を漲らせて
皆様の御利用を待つています

保険組合

九月号紙上で報告しました健康保険組合の診療所は、愈々完工して十月二十二日より「**静岡鉄道健康保険組合診療所**」として開業いたしました。

今後診療所は、所属組合員とその登録された被扶養者の診療と健康診断等を行つて参りますが、保険証に登録されていない従業員の家族に対しても、所定の取扱い方法によつて診療を行うことになつています。

それらの診療内容、方法等は次の通りになつています。

一、診療日時

イ、休日　毎日曜日、祝祭日、十二月三十日、三十一日、元旦、一月二日

ロ、歯科診療　午前八時十五分より午後五時まで。但し土曜日は午前中

ハ、内科診療　月、水、金、各曜日午后一時より午后三時まで

二、受付と初診料

受診する人は必ず保険証を持つて来ることは同じですが、被保険者当人が診療の場合の初診療は免除され、保険証に登録された家族は半額の二十三円となります

◉タブレット閉塞機設置

駿遠線運転保安装置

タブレット閉塞機設置

別車運転保安の画期的向上を図る

＝第一期工事新藤枝榛原町間完了
近く全線に亘つて切換を目指す＝

従来駿遠線の列車相互間の安全を保証する唯一の方法としては、建設当初より票券閉そく式を採用して居りましたが、この閉そく方式は、単線区間の常用閉そく式としては比較的列車運転の閑散な線区に採用される方式でありました。

従つて、その設備条件も高度のものではなく極めて低いものでありました。その上、列車が遅延して行違変更をする様なときは、陸送と云つて、片方の駅から相手駅に通票を持参して行かなくては列車の運転ができないと云う不便もあつたし、又通券を取り出す場合は、その区間の通票によつて一枚取り出し得る様な機械的に厳重な装置となつて居らないので、その点に於いても大きな運転上の不安がありました。

ところが、今回これが改善を検討した結果、前述の様な不安、不便を解消し、列車の安全運転を確保するための、タブレット閉そく機を購入、設置されましたことは、駿遠線に於ける列車運転保安施設に画期的な改良を加えたものとして、社史の一頁を飾るものと言えましょう。

このタブレット閉そく機の特徴としては、第一に通票の取り出しを行う場合は、両端の駅長が協同して閉そく機を取扱うということ、第二は両端停車場で一組の閉そく機から一個しかタブレットを取り出すことができない。又取り出してあるタブレットをタブレット閉そく機に納めなければ次のタブレットを取り出すことが出来ない。第三には種類の異つたタブレットは、閉そく機に納めることが出来ないというものであります。

即ち、第一の条件によれば相手駅の承認を得なければタブレットを取り出すことができないことになり、第二の条件によればタブレットはどんな場合でも一箇より多くタブレット閉そく機外に取り出してなく、他はみんな閉そく機内に収容されて居ることであります。又第三の条件によれば、他の閉そく区間のタブレットを誤つて納める虞れはないことになります。

以上の三つの条件を具備することによつて、一閉そく一列車運転主義を完全に確保することができ、タブレット閉そく方式としての価値を発揮するわけでありまして、従来の票券閉そく式の保安度に比して、一段と改善せられました。

それで従事員の之が取扱訓練につきましても慎重を期し、十数日間に亘つて訓練致しましたが、皆んな非常に熱心で、勤務の疲れも忘れて真剣に勉強されたことは、まことに頼母しく、その成績も上々の結果を得ましたので去る十月一日より、新藤枝〜榛原町駅間をタブレット閉そく式に切換え、之が正式使用を開始いたしました。

これによつて、従来の様に通票による通券の発行手数もなくなり、又遅延時の列車行違も相手駅まで通票を持参（陸送）する様な面倒もなくなつて、今後は専ら運転指令者の指令によつて、随時相手駅長と打合せの上、簡単安全に行違変更が出来る様になつたことは、駅の運転取扱者である駅長、助役さんの労力も大いに軽減されたことになつたわけであります。

又列車の正常運行が確保され、輸送力も向上した結果、旅客えのサービスの向上にもなり正に、一石二鳥、三鳥の好結果が得られることになります。

但し、如何にこの様な保安度の高い機械が取入れられましても、取扱者が緊張を欠き、正しい扱を実行しなかつたならば、その安全性が保証されないと云うことを肝に銘じていなければなりません。

尚施設部においては今後のタブレット化の計画として第二期工事を榛原町〜相良駅間、第三期工事を社袋井〜新横須賀駅間が年内に着工されることになつて居り、又同時に新袋井〜地頭方間の通信線の輻輳緩和のために、更に一回線の増設が計画され、之又近く実施される段階にあることは駿遠線の前途もまことに明るく喜ばしい限りであります。

（写眞）今日も運転安全を確保すべく、タブレットを扱う駅長さん

◉国道1号線と立体交差

大手線立体交叉工事について

施設部保線課長

昭和二十七年六月に、旧道路法が全面的に改正されて、一級国道又は二級国道と、鉄道とが交叉する時は、特別の場合を除き立体交叉にしなければならないとか、踏切道は兼用工作物である等と、その解釈と取扱の上についても、種々論議されていた折柄、昭和二十九年春に、当社の大手線の新藤枝―瀬戸川駅の間に、一級国道が新設されることになり、工事施行者である建設省中部地方建設局長から、交叉方式について、協議を受けた結果、現在位置に於て立体交叉して、当社鉄道線が国道を跨ぐこととなり、工事費は新道路法の精神に従い、原因者負担ということで、協議回答をすることになつたところ、地元藤枝市から、現在線は市街地の中心にあるので、現在位置で築堤し立体工作すると、市街の発展上支障があるという理由から、路線を変更して貰いたい旨の陳情がなされたので、三者で再度協議を重ねた結果、現在地までの立体交叉工事費は建設省で、それ以上の工事費は藤枝市の負担という線に沿つて、移転位置を再三協議の結果、現在位置に決定されたのである。

然るにその後、中部地方建設局長の意見として、交通量も余り多くなく、自動車輸送という事も考えられるので、この際鉄道線を撤去することにして貰いたい旨の報に接したので、早速藤枝市長、県道路課長その他と同道、会談し、鉄道の公共性と大手線利用者に対する重要性を説明し将来は三呎六吋軌道として、交通量の増加を計る必要がある事等を説明し、県側も道路法の精神に従い立体交叉の必要性を述べる等協議の結果、お互いに誠意ある態度を以て可能な範囲に於て、経費を節減して設計することとなり、藤枝工事事務所立会の上、現地を測量することとなつた。

この報に接した関係地元民から諸種の反対陳情が起り、一時は可成り混雑したが、地元議員の斡旋等により解決になり、藤枝工事々務所とも接渉した結果次の基本協定書を取り交すこととなつた。

一、従来の様に補備工事でなく、道路新設の附帯工事として取扱う。

二、新用地は地元藤枝市が買上げの上、当社に提供し、旧線路使用地はその代替として市へ無償提供する。

三、土工工事は建設省が施行し、橋梁及線路敷工事は、会社が施工する。

四、在来線路に比較して、改良工事は当社が負担する。

以上の結果、建設省工事分は四月、会社施工の分は五月より夫々着手し、夏期出水時も大過なく、工事は順調に進捗し、去る十一月三十日無事陸運局の竣工監査を終り、同夜の終列車後藤枝側、瀬戸川側の両切替箇所の作業を完了、新路線を開通し、交渉開始後足掛け三年にしてこの工事は完了した。

尚この工事において特記すべき事項は、次の様なものである。

一、駿遠線の悩みであつた、瀬戸川其他の橋梁を木造橋脚から、全部永久構造のコンクリート造とした。

二、瀬戸川及青木川橋梁は、先に採用した駿遠線勝間田川橋梁と同じく、遠心力鉄筋コンクリートパイル、三本建橋脚とし、工法は砂利層地盤により重錘打込工法を採用した。

三、瀬戸川橋梁は半径三〇〇米の曲線橋梁で当社線としては始めてのものである。

四、軌条は新線全延長二十二粁とし、九米一四軌条五本継ぎ電孤熔接の四五米軌条とした。

五、道床砂利は精撰砂利を使用し、道床肩巾も充分とつた。

六、国道下橋梁は将来三呎六吋の標準ゲーヂとなつた場合を考慮して、標準型とした。

工事概要

一、**総工費** 三五、六八〇、〇〇〇円
内当社分（二、五〇〇万円）

二、**当社施工延人員** 五、〇〇〇人

三、**最急勾配** 千分之十七

四、**最少半径** 一六〇米

五、**切換路線延長** 一、七〇〇米

（写眞説明）

上＝完成後の瀬戸川橋梁

下＝旧瀬戸川木造橋梁

月刊静鉄　昭和32(1957)年1月号

☆うっとうしい梅雨があければ盛夏です。今年も海水浴シ☆
★ーズンがやって参りました。★
☆涼と憩いを求めてやまないお客様への輸送サービス、本☆
★年夏の巻や如何に？　私達一人一人が、一人でも多くの★
☆方々への御案内を親切に行う事によって、喜ばれ、利用☆
★され、お客様からお客様への直接ＰＲもされてゆくもの★
☆です。さあ、今年もこの欄は云うに及ばず、沿線夏さまざ☆
★まの知識をフルに生かした積極的ＰＲをはじめましょう★

海　水　浴　場

波静かな袖師、水のきれいな三保、白砂美麗な南遠の海と、当社の沿線は、それぞれ趣きの異なった特色ある海水浴場に恵まれています。電車・バス・船によるサービス輸送の準備はＯＫ、次の通りＰＲの程を。

（新静岡から僅か100円で１日楽しめるコース）

◎三　　保　電車・バスによる夏季特別割引券の御利用をすすめて下さい。

§電車と船の連絡往復乗車券（桟敷券はついていません）

新静岡 ←電　車→ 新清水 ←市内電車→ 港橋 ←徒歩二分→ 波止場 ←船→

三保　新静岡から100円（小50）　音羽町～柚木から90円（小45円）　長沼から80円（小40円）

§バス往復割引券（桟敷券がついておりません）

新静岡から120円（小60円）　赤鳥居停留所から130円（小65円）

◎袖　　師

§電車　新静岡から桟敷券付往復割引券　115円　桟敷券なしで80円

日吉町～柚木間から　105円　桟敷券なし　70円

長　沼～古庄間から　95円　〃　60円

§バス　新静岡から桟敷券付往復　115円（小60円）桟敷券なしでは80円（小40円）

◎乙　女　ケ　丘

焼津から片道15円　藤枝大手から片道35円　上伝馬からは片道40円

◎地　頭　方

御前崎灯台を間近にひかえた美しい砂浜と遠浅の家族向海水浴場で、俗塵にあらわれない、水の澄んだ海として、都会の方々に近年益々好評の何よりな夏のプレゼント。

§一泊三食付いてたった500円の一力旅館

駿遠線新藤枝からこの宿泊券付往復割引券が僅かに680円　休憩券付往復割引券 230円　自動車各営業所でも 宿泊クーポン券を扱います。

駿遠線地頭方駅下車歩いて十分　新藤枝からは片道105円　バスでは静岡から片道170円　焼津からは125円

◎御　前　崎

沿線最南端に南国の情緒豊かな浜木綿が、甘い匂いを漂わせている。「喜びも悲しみも幾歳月」のロケで名高い好適地。

§駿遠線地頭方駅下車、バスで20分　静岡から片道 185円　焼津から145円　菊川から90円

PRしましょう

PRしましょう

海は呼んでいる

もうすぐ店開きと

◎相　良

駿遠線相良駅下車歩いて10分

バス　島田から片道90円、静岡から150円、焼津から105円

◎静　波

駿遠線榛原町駅下車５分　バス　金谷から片道65円　島田から片道70円

◎国　安

駿遠線国安下車　バス　掛川から片道60円　袋井から70円　菊川から　60円

◎横　須　賀

駿遠線新横須賀駅下車　バス　袋井から駅まで片道40円　砂スキー場まで50円

狐ケ崎遊園地納涼夜間開園

７月11日から８月16日まで夜間開園を致します。甘いムードをかもし出す「光と噴水」、大池のボート遊び、夏の夜の甘く美しい夢路の前に、喜んで涼んでいただける憩のパラダイスをＰＲして下さい。期間中は毎週土曜日に盆踊り、野外ダンスパーティー等が計画されています。

清水七夕まつり

清水銀座・駅前銀座・次郎長通りと、清水有名商店界が、競って覇を争う七夕まつりの飾付けは、仙台のそれにまさるとも劣らぬもの、年を追って豪華となり、人出も年々増して居ます。まだ見た事のない方々へは是非御案内を、七夕にちなんでロマンチックな方には大うけの清水七夕まつりも近ずきました。電車・新静岡から35円　バスは40円

全国高校野球県予選

若人の血を燃やす野球の祭典、全国高校野球大会県予選が真近くなりました。力一杯戦う若人達のフェアプレイの数々は、必ずや野球ファンの期待に応える事でしょう。

新静岡から運動場まで　電車で片道15円　バスで〃　20円

新清水から運動場まで　電車　片道20円

清水駅前から　バス　片道25円

◉キハD14 完成

駿遠線に新型ディーゼルカーお目見え

駿遠線の輸送力増強と乗客サービスの一環として、新しく設計し今年の春から袋井工場で新造中でありました内燃動車一両が六月に完成し、六月三〇日試運転の結果極めて乗心地の良い予期以上の好成績でその後毎日第一線で活躍して居ります。

駿遠線と云えば旧型車両で乗心地が悪いと言う定評でありましたが、着々とスマートな新造客車が登場しており、今度更に斬新な流線型（駿遠線としては限度一ぱいの大きさ）に設計されたディーゼルカーが登場、採光、明るさ、乗心地、性能共上々で、一般乗客から非常に喜ばれて居ります。

車両概要

一、車体は半鋼製とし、流線型とした。（全電気溶接）

二、不燃化の一端として次の通り処置した。

(イ) 屋根及び天井を鉄板張りとした。

(ロ) ハンドストラップ、荷物棚用丸棒及びスタンションは鉄パイプとした。

(ハ) カーテン、棚網、シート上張り及びハンドストラップベルトは何れもビニールとした。

(ニ) 運転室及び腰板は鉄板張りとした。

(ホ) 上部客窓、運転室前面の窓は木枠を廃し、Hゴムを使用した。

三、重心は可能な限り低くし安全を図った。

四、窓戸に振動防止装置をした。

五、車両型式、その他

(イ) 番　号　「キハ」D14号

(ロ) 定　員　七〇名

(ハ) 自　重　一二屯

(ニ) 最大速度　六三・八 km/H

(ホ) エンジン　いすゞDA一一〇型　一〇五HP（二、六〇〇R・P・M）

(ヘ) 最大寸法

長　一一、五〇〇m/m

巾　二、一三〇m/m

高　三、一七〇m/m

六、空気砂撒装置を取付けた。

其の他外観、室内、塗装、構造上の各方面より検討されており、其の結果動揺極めて少く、且つ騒音も無くクッション亦良好で全く理想的な車両であり、最小予算の袋井工場苦心の傑作車両であることを附記しておく。

（写真）　新造客車ハ一〇九号（大手工場にて完成）を牽引したキハD14号

（鉄道部車両課）

月刊静鉄　昭和33（1958）年7月号

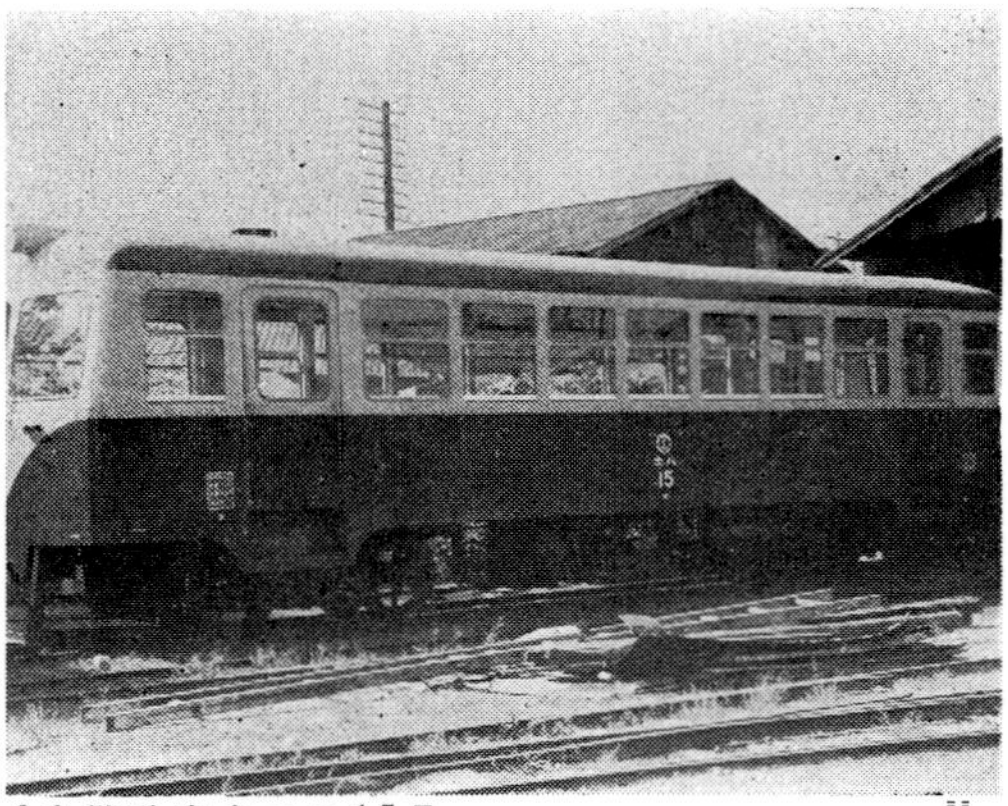

§内燃動車キハD15号

又々駿遠に

新型ディーゼル車誕生！

─鉄道部車両課─

駿遠線の輸送力増強と乗客サービス向上の一環として、さきに流線型内燃動車「キハ」D一四号を新造して、その構造の漸新、性能の優秀さに一般の好評を得ましたが、今回またまたより数倍優れた「キハ」D一五号が誕生しました。

これは数ヶ月前より車体は袋井工場で、ボギー台車は大手工場で他の車両を整備のかたわら余力を生み出して製作されていたものであります。このように、駿遠線の車両が着々と近代化されて行くのは喜ばしい事であり、一般乗客からも大変歓迎されています。

車両概要

一、車体は流線型鋼製で全電気溶接である。（木造部は床板位で．他はほとんど金属又は難燃性材料で作られており全金属製といってもよい）

§化粧面はヒッターライト張で室内灯は蛍光灯をそなえた客室

二、室内は蛍光灯で二〇W五灯が設けられている。（予備として白熱灯五灯設備してある）

三、窓枠はアルミ軽合金製である。

四、出入口引戸は木造を廃し金属製である。

五、車内の内張りは日立製ヒッターライト張りである。（デコラと同一製品）

六、上部客窓、運転室前面の窓はHビニール使用の固定窓である。

七、車両型式その他

(1) 型式番号 「キハ」D一五号

(ロ) 最大寸法 長 一一五〇〇粍

巾 二一三〇粍

（車両限界 二一三四粍）

高 三一五五粍

（車両限界 三二〇〇粍）

(ハ) 自重 一一屯

(ニ) 定員 六〇人

(ホ) エンジン いすずDA一二〇型（最新強力型）一一八馬力

§運転室と引戸（鋼鉄製全溶接）

尚引続き同型式の内燃動車を新造中で、近く「キハ」D一六一号としてお目見えする筈ですから御期待下さい。

○この車両の蛍光灯電源は？

蓄電池からインバーターに依て一〇〇ボルトの交流に変換されている。依て点灯の場合はインバーター・スキッチを入れてから蛍光灯を点灯し、消灯の場合は先に蛍光灯を消灯してからインバーター・スキッチを切ること。

○ヒッターライト又はデコラというのは

国鉄の〝こだま号〟や〝東海〟の内部や食堂等のテーブル面に張ってある合成樹脂板の商品名で、塗料を塗らないで美しい光沢があり、相当硬質でペンキのようにはげる事もなく焔を発して燃えない（難燃性）ので車両にも用いた。

本車両新造について特記すべき事は、建設費としての資金が少いため、車両保存費（営業費）五〇万円を捻出して、ようやく作られたのであり、工場の皆さん方一人一人の保守費用節減に対しての大きな努力があったことを忘れてはならないと言う事であります。

月刊静鉄　昭和34(1959)年10月号

◉キハD16　完成

きりぬき
ジャーナル

各部のニュース

☆駿遠、秋葉両線ダイヤ改正☆

国鉄ダイヤ改正の実施に伴い、駿遠、秋葉両線も来る六月一日ダイヤ改正を実施することになりました。

今度の新ダイヤの特徴は、ラッシュの緩和、終列車の時間延長等旅客サービスの向上に大いに努力が払われている点です。

即ち駿遠線に於ては、新藤枝、相良間に朝のラッシュ時一個列車を増発、通勤者の便を図ると共に、新藤枝、相良間、新藤枝、大手間に現在の終列車の後に夫々列車を増発することとなっています。これにより相良迄の乗客の終車は、新藤枝発二二時四五分、大手迄の乗客の終車は新藤枝発二二時四四分と現在より夫々約四〇分延長され、利用者のサービスに資することになるわけです。

又、秋葉線に於ても利用者の多い新袋井、山梨間に一往復増発されることになっています。

（鉄道部）

☆駿　遠　線
鋼鉄内燃動車キハ一六号完成☆

先に新造した内燃動車キハ一四、一五号と同一型式の大型車が、この程完成し五月九日に試運転を行った結果、良好で好評を博しています。

この車輌は一部に新設計がなされ、輸送力の増強と、旅客サービスの向上に留意した漸新な構造は、一般から大いに歓迎されています。

又この車輌は、大手工場に於て、車輌整備のかたわら生み出した努力の結晶でその概要と特徴をあげると

○概要

型式番号　キハD一六号
最大寸法　長さ　一一、五〇〇粍
　　　　　巾　二、一三〇粍
　　　　　高さ　三、一五五粍
自　重　一一屯
定　員　六〇名
エンジン　いすゞDA一一〇型
　　　　　（一〇五馬力）

○特徴

一、変速機　いすゞシンクロナイザー（強力型）MG型を使用
二、トラック　両側バネ方式　振動少なく、安定性あり。
三、車体　流線型　全熔接構造の鋼製車（床板シートを除き、金属及び不燃材料）
四、車内　内張はヒッターライトで、アルミ合金のカブセを使用
五、窓枠　アルミ合金サッシュ（ナニワ工機製）　川崎航空製の窓戸錠を使用
六、室内灯　トランジスター蛍光灯（ゴールド・キング製）五灯使用
七、スピードメーター　測機舎製を設備
八、屋根と天井間にマイクロファ[illegible]ン（断熱機を使用）
九、運転室前面ガラスにブルーペン（熱線吸収ガラス）を使用
一〇、乗務員専用のドアーを設置

キハ D16（撮影：望月幸一郎）

キハ D16（撮影：望月幸一郎）

月刊静鉄　昭和 35（1960）年 5 月号

半世紀の間ごくろうさまでした
駿遠線(大井川堀野新田間)営業の幕閉じる

43.8.21

駿遠線(新藤枝・堀野新田間)のあゆみ

明治44年8月　設立免許、大手・川崎町静波間

大正2年11月　大手、藤枝新間工事竣工。営業開始、運転日数26回

大正3年8月　藤枝新、大井川間線路竣工、9月30日開業

大正4年5月　大幡、細江間営業開始　大井川は富士見橋を徒歩連絡

同　年11月　大井川人車(手押車、12人乗)営業開始

大正6年1月　川崎、相良間敷設許可追願、2／19許可さる

大正7年6月　川崎、相良間竣工、営業開始

同　11年7月　大井川木造鉄道橋流失

同　年8月　再び流失

大正13年4月　県道富士見橋架設工事竣工、同橋建設費中に寄付し、橋上に軌道を敷設して運転を開始、人車運転を廃止す

大正15年4月　相良、地頭方間敷設竣工。

昭和12年3月　大井川に鉄道専用橋架設方申請4月に認可

同　年7月　右専用橋竣工し開通す

昭和17年3月　ガソリン客車を代燃車に変更、下期よりほとんど代燃化さる

昭和18年8月　地頭方、新三俣間鉄道敷設免許申請

同　年5月　藤相鉄道、中遠鉄道、静岡乗合、静岡交通の4社と合併し静岡鉄道と改称

昭和21年12月　新三俣、池新田間連絡工事竣工

昭和23年1月　右区間運輸開始

同　年9月　池新田、地頭方間運輸開始線名を駿遠線と改称

昭和24年11月　大井川鉄道橋を鉄桁に改良工事並びに、抗打補強工事完成

昭和31年7月　快速列車設定(7・8月のみ)

同　年10月　新藤枝、榛原町間をタブレット閉塞式に換え使用開始

同　年11月　新藤枝、地頭方間に快速列車(1日6本)運転開始

昭和34年5月　貨物運輸営業廃止

昭和39年9月　大手線(大手・新藤枝間)及び堀野新田、新三俣間営業廃止　バス代行

昭和42年8月　社袋井、新三俣間営業廃止、バス代行

昭和43年8月　大井川、堀野新田間営業廃止、バス代行

静苑　1968(昭和43)年9月号

駿遠線閉鎖式

43. 8. 22
11.00
於相良駅

抜かれた犬釘

犬釘を抜く川井社長

川井社長挨拶

栗田常務より
各現場長へ

社長挨拶を
聞く人々

駿遠線代行バス発車式

43.8.22. 11.30 於相良営業所

川井社長挨拶

鈴木町長挨拶

テープカットをする社長と町長

代行バス発車

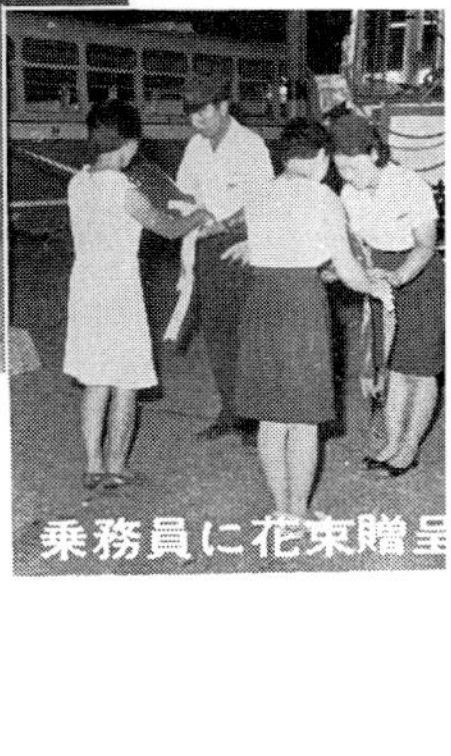
乗務員に花束贈呈

静苑 1968(昭和43)年9月号

◉ハ23を保存

私は吉田中学校で
教材として活躍しています

吉田中学校校庭に保存

八月二十一日の夜は
吉田町の皆さん方の熱烈なお見送りありがとう
〝蛍の光〟と共に
皆さんにお別れしました
悲しかったね
いつもの警笛のひびきも悲鳴に聞えたことでしょう
その後の私は　一日の休暇を頂いて
二十三日には大型トラックに乗せられて
昔の友レールと信号機と共に
この吉田中学校の校庭へ来ました
一度お別れしたのに
再びこうして吉田町の皆さんにお目見えできましたことを
うれしく思っています
これからは生きた教材として
郷土の歴史のために
末長くかわいがってください

静苑　1968(昭和43)年9月号

終点・大井川駅にて

新藤枝駅を出発した〝最終列車〟は大井川駅を目ざして、しだいスピードを増して行く。夜のしじまを破る力強いエンヂンの音、レールをきしむ車輪の音、もうあすからは聞くことも、また、見ることもできないケイベン。

その昔、満員客のために、お客さんに後押しをしてもらったという跨線橋も、五両編成に超満員の乗客にもかかわらず、スムースに〝ホタルの光〟を流しつつ登って行く。

（最終列車を見送る沿線の人たちと乗客・高洲駅にて）

この最終列車を見ようと、沿線の民家から手をふる人、沿線に待つ人、踏切で待つ人、まっくらな田の中から懐中電灯をふる人。これにこたえる〝さようなら〟のアナウンスと、〝ホタルの光〟のメロデー。五十六年の間、沿線の住民の足として親しまれたケイベンの最後の姿を見ようとする沿線の人たちは、高洲、大洲、上新田と、終着大井川に近づくにつれて、別れを惜しむその数はふえて、さかんに手をふっていた。

（発炎筒をたき到着を待つ川井専務）

（今か今かと到着を待つ大井川町の人たち）

大井川駅構内では発炎筒をたき、大ぜいの人たちがむかえる中を、静かに入り、そして停車、もう永遠に動くことのない最終列車。人々は降りようとはしない。その中で記念行事は、山本

（タブレットを手にする萩原鉄道部長、司会の山本業務課長、岡本車掌、岡田運転士、村松助役）

（花束を受ける萩原鉄道部長）

静苑　1970(昭和45)年9月号

業務課長の司会により行なわれました。

岡崎運転士よりタブレットが村松助役、萩原鉄道部長へと返還されましたつづいて、大井川中学校の松浦なお子さん、川村京子さん、滝井悦子さん、良知絹代さんの四人により、運転士、車掌、助役、鉄道部長へと、それぞれ花束が贈呈されました。

ひきつづいて、会社を代表して川井専務取締役、地元を代表して大井川町池谷助役のあいさつがあり、最後に「鉄道友の会」を代表して山口支部長のあいさつがありました。

（五十六年の労に感謝するとともに別れを惜しむ大井川町池谷助役）

≪鉄道友の会代表あいさつ≫

静岡支部長 山口俊彦

鉄道友の会を代表して、ごあいさつを申し上げます。

新藤枝・大井川間が開通、営業を始めたのは、大正三年九月でした。土地の人々に藤相線と親しまれ、経済発展の力となって、いつのまにか五十六年たってしまいました。

その駿遠線が、きょうを限りに消えていくのは、まったく惜しいことであります。

大正のはじめ、藤相鉄道建設に尽力なさった先人のことを考えるとき、みなさまの中にも、あきらめきれないものが残るのではないでしょうか。

わたしたち鉄道を愛する者は、軌間二フィート六インチのいわゆる軽便軌道が、よくも今日まで残っていたと思います。なぜなら、こうした軌間の狭い鉄道は全国に数箇所しか残っていない現状ですから……。

今、この歴史的に価値ある駿遠線が県民の前から姿を消そうとしているのです。もう一度、ここに停車している四七列車のディーゼルカーを眺め、別れを惜しんでください。

わたしたちは、七月二十六日上新田、大井川間で、田園風景をバックに駿遠線の姿をカメラにおさめました。きょうは、車の前と後に、お別れのマークをつけ、五十六年の活躍に感謝の気持ちを表わしました。

古い物は捨てろ、時代遅れの物は無くせ、という考えの強い世の中です。古い物がこわされ、新しい物が生まれる、このことを否定はしませんが、古い物の中の良さを、後世に伝える心はいつまでも持ち続けていただきたいと思います。軌道の跡はところどころ残り、駿遠線を偲ぶよすがともなりますが、車両、施設とかは破壊されてしまえば、昔を偲ぶことができません。

車の中には、大正期の物もあろうかと思いますが、学校とか、遊園地とかに車を保存するようにしていただきたいと思います。

最後に、最終列車を見送ってくださった方々のご厚意に敬意を表するとともに、鉄道を愛する喜びをじゅうぶん与えてくださった静岡鉄道のみなさまに厚くお礼を申し上げます。

（天も別れを惜しむのか、駿遠線最後の日は強い雨だった。高洲駅にて）

駿遠線閉鎖式

45・8・1　新藤枝駅にて

（犬釘を抜く川井専務と介添する石間助役）

≪川井専務取締役あいさつ≫

駿遠線に青春の情熱を燃やした　惜別の情禁じえない

ただいま駿遠線閉鎖の抜鋲を終り、感慨無量であります。

思えば、この鉄道は明治四十四年に藤相鉄道株式会社が敷設免許を得、大正二年から大正十五年にかけて順次線路を延長して、大手から地頭方までの営業を開始したのであります。

昭和十八年五月、戦時体制下の企業統合で藤相鉄道は静岡鉄道に合併し、やがて終戦を迎えたのでありますが、昭和二十三年には地頭方、池新田間を連結することによって中遠線とつなぎ駿遠線となったのであります。

戦前から終戦直後にかけて陸上輸送の大半が鉄道に依存していた時代には駿遠線も地方交通機関としての使命をじゅうぶん果し、特に戦後の食糧難時代には買出し客を満載して輸送するなど目ざましい活躍をした時期もありました。このころは静岡・清水地区が戦災の痛手から復興に懸命であった時期で会社に対しましても大きな貢献をしたのであります。

しかし、戦後の自動車交通の発達とそれに伴なう道路の整備は、駿遠線の経営をおびやかし始め、従業員の協力による幾多の合理化もむなしく年々旅客は減少し、一方、諸経費は高騰を続け、大井川の河床低下による橋梁の保守困難も加わり、経営は悪化の一途をたどるようになりました。

こうした傾向は、ひとり駿遠線のみならず全国の地方私鉄に共通した現象となり、各地で鉄道を廃止するところが増加している現状であります。

（あいさつをする川井専務と聞き入る従業員）

静苑　1970（昭和45）年9月号

駿遠線は昭和三十九年以来順次廃線をして、今回をもって全線が撤去されてしまうわけで、交通革命下における現状として止むを得ないこととは申せ惜別の情を禁じ得ないものがあります

本日、ここにお集りの皆さんの中には、昭和十年代に入社された方が数多くおられます。一昨年、大井川以南を廃止し、新藤枝、大井川間が道路改良の完成まで存続して、地域社会に最後のご奉公をすることになってからも鉄道の使命をよく理解され、黙々と職務を遂行されてまいりました。

この鉄道に青春を燃やし、戦時中の空襲時、物資欠乏の終戦直後や、幾度か襲いかかった台風などを克服して、鉄道を守り続けてこられたわけで、安全輸送の使命達成のため一丸となって涙ぐましい努力を払われました。

皆さんの生涯をかけたその鉄道が消え去って行く。皆さんの心中は察するに余りあるものがあります。

長い間、ほんとうにご苦労さまでした。そのご労苦に対し謹しんで敬意を表するとともに、今後のご健康を祈りごあいさつといたします。

駿遠線代行バス発車式

45 8・1 新藤枝駅にて

バス駿遠線は、今回、営業を廃止しました新藤枝、大井川間だけの代行ではなく、一昨年、営業廃止をした榛南地方を含めた綜合的な運行によって、利用者の利便の増大を図り二十両のバスを投入し、鉄道の輸送力にひけをとらない配慮をするとともに運行回数においても相当数の増加をしました。

また、この新藤枝の構内も九月上旬までには、乗降場売札所、休憩所などを新設し、便利なターミナルにする予定です。

生まれ変った第二の駿遠線としてサービスの向上に努め、鉄道にひけをとらぬ輸送力の向上を期します。

（乗務員に花束の贈呈）

（テープカットをする川井専務取締役と清水・藤枝市議会議長）

（小坂藤枝営業所長の〃発車〃の合図によりバス駿遠線は発車した）

静苑　1970（昭和45）年9月号

別離は悲し

沿線の一主婦より

暑中お見舞い申し上げます。突然お手紙を差し上げる失礼をお許しください。私は、駿遠線の沿線に住む一主婦です。

先日（七月三十一日）は、長い間にわたり私たちの足として活躍くださいました駿遠線の「最終列車」に乗せていただきました。はじめは「大洲駅」で下車するつもりでおりましたが、余りにもその別離が悲しくて、終点の「大井川駅」まで行ってしまいました

こどものころから親しみ、かつ、愛して来た「軽便」が、今宵限りで私たちの前から消え去りゆくのは、なんとも悲しく、そして残念なことです。

時代のすう勢とはいえ、私たちにとってはたとえようもない悲しさです。あの日の感慨は、今こうしてペンを走らせていても、まざまざとよみがえって来ます。

そして、あの多くの人の、あの美しい心を三無時代の世の中にありながらこの眼で見ることが出来たことは、何よりも嬉しかった。これこそ、人間のほんとうの姿なのだ!!と思いました。これでなくてはならない。そう強く思わずにはいられませんでした。

そして、あの気持ちをいつまでも持ちつづけてくれたらと願うしだいです。

しかし、逆にこれだけの気持ちを持った人が、こんなにお勢いながら、どうして、ここまで来てしまったのか?と、強く反発さえ覚えました。

ましてや公害問題、あるいは禍車問題と、面と向っていながら、………そう思うと、人生の無情感さえ覚えずにはいられません。

そんなわけで、あの時の感慨は、いつまでも良い思い出として残ることでしょう。

（ちゃくちゃくと整備される県道と　軽便のありし日の姿）

善良な
　市民に見守られ
　　今ここに
五両連結
　　静かに去りゆく

シグナルも
レールをきしむ
　この音も
今宵限りよ
去りゆくは悲し

わが子と
　別れるつらさよ
　　きょうの日は
消え去りゆきむ
　なつかしき軽便

悲しきは
　別離の曲を
　　流しつつ
永遠《とわ》に消えゆく
愛《いと》しき軽便

哀愁の別れの曲を流しつつ
　今ぞゆく最終列車は
最終の発車ベルと笛の音
　今宵限りの警笛の音

（長い間親しまれてきた軽便の最後の日、七月三十一日「岡村さん、きょうでお別れね」と話しかける乗客）

静苑　1970（昭和45）年9月号

駿遠線よもやま話

藤相鉄道の巻

◎創立当時

創立は明治四十四年八月二十八日、資本金三十万円で、初代社長は笹野甚四郎氏で、藤技から相良まで二十六キロの敷設免許をとり始められた。

常務には松村啓蔵氏、取締役には木下七郎氏、中村円一郎氏、小宮小右衛門氏ほか多数の人が重役メンバーで発足した。

しかし、ことは簡単に運んだわけでなくて、駿遠鉄道が焼津〜中泉(磐田)までの鉄道敷設を競願として出しており、この方が三フィート六インチで、しかも自由党の代議士の江間俊一という人が社長で、なかなか苦労した。幸い笹野社長が興津に住んでいた井上候を知っていたので頼みにゆき、鉄道院を動かしたといわれている。

◎笹野初代社長

藤相鉄道㈱の笹野甚四郎初代社長は嘉永六年十月三日、藤枝市下伝馬に生まれた。

明治三十九年からは、事業の関係で静岡市紺屋町に住んでいたが、郷里藤枝の発展のために多額の寄付をしたので、住民からは「紺屋町の旦那」と呼ばれて尊敬されていた。

笹野氏は将来の産業経済の発展のためには、交通機関が必要である、という考えを持っていた。たまたま、藤枝より榛原南部に到る鉄道がないことを痛感の余り、沿道の各町村の有志に呼びかけ、軽便鉄道の敷設を提唱し、自分自身から株式を募集して、「藤相鉄道㈱」を設立した。時は明治四十四年八月二十八日であり、それ以降は、路線の建設に全力を集中し、岡部〜藤枝新、藤枝新〜地頭方までの開通を見た。

笹野氏は明治四十四年から大正年間を経て、昭和二年七月までの十七年という長い期間にわたって、初代社長を勤められました。

かくして、昭和三年十二月六日、七十才で病没しました。

◎坊さんガラスを割る ガソリンカーの入ったころ

昭和六年十二月二十一日、ガソリンカーを三両購入したが、当時は貴重品扱いであり、三十分〜一時間もかかって床をみんなで清掃をした。ピカピカに光った床のため、お客さんが「もったいない」といって履物をぬいで乗車したものであった。

また、窓ガラスもきれいにふいてあったので、大井川駅で、お寺の坊さんが見送りにきてくれた人々にお別れのために、頭を下げるときに、あまりにもきれいにふいてあったので、ガラスに気がつかなくてガラスを割るという珍事件もあった。

◎二等車があった

藤相鉄道には二等車があった。乗る人はごく限られた藤枝の有力者、岡崎平四郎氏、山口忠五郎氏などで、たまに社長が乗車するときには、駅長が非常に張り切って、アゴヒモをかけて直立不動で出迎えた。

この二等車は、車両のまん中から区切って、二等と三等になっていた。

静苑　1970(昭和45)年9月号

◎はかな消えた

三六・全線電化の夢

大正十五年、中村社長当時に三フィート六インチの計画があった。当時、百沢一技副社長が全線電化の計画を練った。当時の金額で二〇〇万円あればできたが、百沢副社長が、ほかの事業で失敗して辞職したので、まったく惜しいチャンスをなくしたものです。

◎大きな鈴で

客を呼びこむ

藤相線の開通の始めごろには、馬車とお客さんを奪いあったため、国鉄の藤枝駅に列車が到着するたびに、藤相鉄道の駅員が、大きなカネをならしながら、「大手と川崎、相良ゆきの軽便が出るぞ!」と、乗客の呼びこみをやったものである。

中遠鉄道の巻

◎設立当時の物価

中遠鉄道㈱設立時の資本金は十万円であり、当時の物価は、米が一俵五円製茶一貫目が一円五十銭であった。

株式数は二千株であり、株主三百十七名であった。

◎燃料が悪く

新三俣・袋井駅間

四時間もかかった

大東亜戦争下においては、あらゆる物資が不足した。とくに、鉄道の生命である石炭、油の不足は甚大なものであり、会社では、その確保に東奔西走した。しかし、石炭は北海道産はおろか、九州産の二級、三級品さえも公定価格では入荷できず、石炭ではなく亜炭という、今まで見たこともなかった石炭が入って来て、七分三分の混合(悪い方が七分)で使用したが、いかに苦労しても火力がなく、蒸気が出ない朝、新三俣駅で出庫準備に三時間以上もかかって(普通三十~四十分)発車しても、袋井に到着するに四時間もかかり、歩いても行けるほど時間がかかったものであった。

◎機械に強かった村瀬支配人

昭和十四年頃の村瀬支配人は、蒸気機関車を運転したり、または、運転方法を教えたものである。支配人は、いつも口ぐせのように、

「わたしほど運転のじょうずなものはいない」

と豪語していた。それほど機械にくわしかったので、藤相鉄道よりは、機関車もよく、中古ではあったが、ドイツ製のいい機関車を購入した。

◎石炭を盗み

大砲を運ぶ

中遠線には、遠江射場(陸軍)があった関係上、昭和十四年~十九年にかけては、軍需物資の輸送でひと苦労をした。とくに燃料不足のために、石炭はなく、亜炭であったために、大砲とか弾薬を運ぶために、かくしてある良質の石炭をぬすんできたものであった。

静苑 1970(昭和45)年9月号

◉南遠の海へ　快速列車運轉
―ニックネーム「さざなみ」―

夏の詩情豊かな南遠州は、駿遠線の代表的観光地として、日毎躍進を続けている。

この南遠の夏の魅力は、何と云っても海であり、浪静かな駿河湾を抱えて描くなだらかな海岸美は、川崎、相良、地頭方へ、絶好の海水浴場を造っている。

これ等夏のパラダイス、海水浴場へ一路快走する快速列車が、七月十日処女運転を行った。

この日晴れの乗務員二人は花束の贈呈があり、ニックネーム応募者を御招待して、予定通り地頭方駅に到着、打ち上げる花火と、増田村長、商工会、小学生の打ち振る小旗で歓迎された。

この列車は藤枝～地頭方間の各海水浴場行浴客の便を図るために運転されるもので、従来の一時間五十分を約四十分短縮する事になっている。

なほ、列車を乗客の親しめるものとする為、さきに愛称を募集した処、東は富士、西は浜松方面から一六六の多きに達し、捨て難い数々のネームに苦慮したが、慎重審査の結果、快速列車を「さゞなみ」と命名したものである。

「さゞなみ」は八月三十一日迄、毎日九時六分藤枝新駅発、地頭方着十時二十三分、同駅発十五時五十分、藤枝着十七時一分の一往復で、途中神戸、川崎、相良の各駅以外はノンストップで、機宜を得たサービスとして喜ばれている。

（月刊「しずてつ」昭和二十九年八月号）

◉突風と地形　鉄道部運転課長

台風が南方洋上から東北進と変わりボツボツ荒れてくると、私共運転に関係する者は、その後の通報や吹き荒ぶ風雨の状況判断に真剣となるのである。然し気象学について素人の私共が勝手な観測判断をすることは危険であるから、測候所の発表に従ってなるべく暴風雨の状況を事大に予想し、台風の時はいつも規定された限度以下の条件によって、鉄軌道の運転を制限しているのでお客さんより苦情を受けることも二度や三度ではない。従って現場への苦情はずいぶん多いことと思う。然し突風はとんでもないいたずらをするものだ。

（中略）

静岡線では運動場附近の築堤上曲線、清水市内線の国鉄跨線橋上、駿遠線では国鉄跨線橋上と同築堤上曲線、大井川橋上、桜ヶ池附近築堤上曲線及び国安川橋上、秋葉線では太田川、原野谷川橋上など皆突風に対しては盲点となる要注意地帯である。

（月刊「しずてつ」昭和二十九年十一月号）

◉桜ケ池宣伝隊まかり通る

去る九月十六日、かねて名古屋方面の信者から御神船の奉納をうけていた桜ケ池の池宮神社では、その神船の受取り方を当社に依頼して来たので、これを機会に桜ケ池宣伝隊を組織し、名古屋、豊橋、浜松を経て静岡清水両市まで足をのばした。

その効果があった為か、九月二十四日の例祭は空前の人出で、整理の係員は汗だくでうれしい悲鳴を上げたものでした。

（月刊「しずてつ」昭和三十年十月号）

◉海水浴に出掛るにはこんな便利なものがある

＝知らない人は読んで皆に教えてあげましょう。

夏の増収虎の巻＝

これからは海水浴シーズン、そして会社の増収夏の陣です。

では会社は、多くのお客様に出来る丈け多く沿線の海水浴場に遊んで頂き、利用して頂く為、どんな夏のサービスをすることになったでしょうか。

（中略）

二、駿遠線は特別割引の大サービス

駿遠沿線の海、川崎、相良、地頭方、国安、横須賀は、砂白く浜なだらかに水の美しい、婦人子供が楽しめる遠浅の海水浴場です。

交通が不便だったので立遅れていましたが、駿遠線のスピード、アップと、輸送力増加によって快適の海水浴場となって参りました。

会社ではこれらの海岸に誘客するため、五人以上、二割引から最高四割引の特別割引をすることになりました。

従来の団体割引からみますと、団体範囲も割引率も家族向に考慮して利用して頂こうというのが狙いです。

（月刊「しずてつ」昭和三十一年七月号）

（駿遠線、国安海岸）

●駿遠線と榛南開発

　御承知の様に榛南地区から所謂地域代表として出て居られます重役に、旧藤相線重役の鈴木八郎左衛門さん、中村円一郎さんのお二人が居られますので、この地区の方々としては、「この両重役に面接して、駿遠線の問題について、会社当局との話し合いを行う場を持ちたいと、従ってそれまで静岡側と同調するわけにはいかない。」とそう言う様な事から、二月の三日に両重役が、地元の方々と会われ、更に五日に、両重役が会社にみえ、八日には榛南地区の方々と、会社においてお会いしたわけであります。その記事が新聞に報道されて居ります駿遠線の三六《さぶろく》拡張と言う問題であります。これについては、会社としても、御承知の様に、前々から考えて居ります問題で例の焼津延長線につながる問題で御座居ます。

　焼津延長線は、今日においては、莫大な資金を必要と致しますが、尚技術的に困難な問題は、安倍川の鉄橋、隧道、又焼津を如何に抜けるかと言う事であります。焼津は南へ線路を敷く事は困難で、北へ敷くと言う事になりますと、今の国鉄線との関連もあり、簡単に解決のつかない問題で御座居ます。

　電車を駿遠線へ乗り入れて行きたいと言う事は、構想として前々から考えて居る事ですから、地元の榛南地区のお話の要点を伺いますと、二《に》六《ろく》を三六《さぶろく》にしてジーゼル車でやってもらいたい、現在の藤枝から袋井まで通してもらいたいと言う事で御座居ますが、工事その他に要します資金は、莫大になりますし、用地の買収、富士見橋の問題、それに相当な地元の協力が得られなければ、実現は困難で御座居ますので、率直に地元の方々にも申上げたわけであります。

　それは拡幅に要する用地買収をどうするか。富士見橋の鉄橋の問題をどう言うふうにお考えになっているか。増資についてはどうお考えか。この三つについて御意見を伺ったわけであります。

　地元の方々のお話としては、「用地は我々沿道町村民が一丸となって、ここに南部交通開発期成同盟会を作って、その会が意見の統一・集約をし、推進母体となって、必要な土地については、それを斡旋する。富士見橋については、新しく陸橋が出来ますので、旧陸橋の払下げ、あるいは併設する等の事項を、県へ向って地元から強力に推進してゆくし、増資についても十分考える。」と言うお話でありました。

（月刊「静鉄」昭和三十三年三月号）

＝鉄道部＝

●駿遠線に直通快速列車

　駿遠線のスピードアップは、かねてより沿線利用者の熱望久しかった問題であったが、既に実施の新藤枝、地頭方間に加えて五月二十日より新三俣、袋井間に快速列車運転を行い、袋井口利用者の要望に応えると共に、更に進んで十月一日実施の国鉄ダイヤ改正を契機に地頭方、新三俣間にもこれを新設、ここに待望の新藤枝、袋井間直通快速列車の夢が実現した。

（月刊「静鉄」昭和三十三年十二月号）

鉄道部　昭和34年年次計画

駿遠線関係

（イ）客車鋼体化

（ロ）内燃客車「キハ」C３号代替車新造

（ハ）内燃客車「キハ」C12号両ボギーに改造

（ニ）ヂーゼル機関車速度二割昂上のため歯車比変更（四輌）

（ホ）内燃客車に速度計取付（二輌）

（ヘ）ヂーゼルエンジン変更（五輌）

◎いすゞＤＡ43型（85ＨＰ）をＤＡ１１０型（１０５ＨＰ）に変更（二輌）

◎金剛ＤＡ６０型（１１０ＨＰ）をふそうＤＢ５型（１３０ＨＰ）に変更（三輌）

（ト）内燃客車車内灯を蛍光灯に変　更（五輌位）

（チ）内燃客車動軸と従軸を連絡し粘着力を増加する（四輌位）

（リ）内燃客車「キハ」１、11号を半鋼製に改造

（月刊「静鉄」昭和三十四年一月号）

鉄道部　昭和34年回顧

本年の鉄道部の最大ニュースー　それは何んといっても、〝駿遠線に於ける貨物運輸営業の廃止〟であり、これは又、今年の鉄道部の進んだ道を、最も端的に示すものでもある。即ち、経営の合理化と営業増進により、如何にして時代の要請にマッチした新しい鉄道に脱皮するかが、我々の努力の目標であったわけである。以下当部の本年の歩みを辿ってみよう。

★駿遠線に新型内燃動客車第二号

――車両の質的改善進む――

〝もはや戦後ではない〟の言葉にも示されるように、戦後の混乱期を経て、一応の安定期を迎えた今日、烈しいサービス競争に打ち勝つ道として、車両の量的サービスに加うるに、質的サービスが問題となってきた。

当社も国体を契機に、その努力を続けて来たが、本年も静岡線に於ては木造制御客車一両の鋼製化、電車八両の車内灯の蛍光灯化工事等を実施。特に駿遠線に於ては昨年沿線の話題をさらったキハＤ一四号に引続き、構造、性能共、更にその上をゆくキハＤ一五号を完成。当線の近代化と輸送力の増強に一大威力を加えた。

★駿遠線の貨物運輸営業廃止

――合理化営業と増進施策進む――

駿遠線の貨物輸送屯数は、年間約五万余屯で、車扱が八五パーセントを占め、しかもその品目は、殆んど肥料、米等の最低賃率のもので占められていたので、収支相償わざる状況にあった。加うるに最近に於ける定期旅客の著しい増加により、その輸送力の充実、特に輸送時間の短縮、ラッシュ時に於ける列車容量の増大を望む声は年と共に昂まって来た。

この様な情勢を背景に六月十一日、遂に懸案の貨物営業は廃止され、同線は経営の健全化を目指すと共に、旅客輸送に総力を集中することにより沿線大衆の要望にこたえるべく、その決意も固く新しいスタートをきったのである。

この外、四月一日より駿遠、秋葉両線の特定運賃の廃止、六月十五日には、前述の貨物廃止に伴い、駿遠線、細江、千浜両駅の駅員無配置駅化、七月十日には、清水市内線のスピード・アップによるダイヤ改正、十一月一日よりは、普通定期運賃の設定等、各線共、合理化と営業増進施策が着々と実施された。

（月刊「静鉄」昭和三十四年十二月号）

☆新造内燃動車にトランジスター蛍光灯☆

ラジオにテレビに世はトランジスターブーム。当社車両にも蛍光灯を使用していますが、電源が問題となっていましたところ、今度、駿遠線キハD一六号新造車（四月完成予定）にこのトランジスターを応用した蛍光灯を採用することとなりましたので、その能率及び維持費等の点について、二十四Vトランジスター蛍光灯の特性をあげてみましょう。

一、トランジスターにより低圧直流点灯ができる（バッテリーDC二十四V）

二、小型にして軽量

重量約十九グラム、幅三十九ミリ、横二十五ミリ、高七ミリ

三、瞬時点灯（約一、五秒）

四、電圧低下にも点灯（十八V）

五、電力消費少く、即ち効率良好

（二十四V―二十W、入力電流一、一A）

六、高周波（七千〜）でチラツキ皆無のため、同容量でも明るく感じ、疲労も軽減される。

インバーター（五十〜六十〜）　バイブ（六十〜百十五〜）

七、寿命長し（半永久的）

八、動作は純電気的で、機械的振動部分や回転機構がない故、故障、磨耗の心配なし。

九、次の保護装置を必要とする。

（イ）車両に使用の場合、天井に取付ける為、夏期の温度上昇を考え、約七十五度以上にて自動的に電源を切る保護装置

（ロ）電池接続の⊕⊖逆接続に対する安全装置

（ハ）蛍光灯断線感度不良、配線の断線の場合、トランジスターに高圧がかかるので、自動的に電圧を下げる安全装置

☆駿遠線客車に尾灯取付☆

駿遠線の木造客車には尾灯がありませんでしたが、この度、この木造客車にも尾灯（赤色６Ｖ・10Ｗ）を車体の前後部に取付け、切換スイッチで前後を切り換える様にしました。

これで全車両三十六両（半鋼製客車十一両、木造客車二十五両）に尾灯がつき、夜間の安全運転役に立つこととなりました。

（月刊「静鉄」昭和三十五年二月号）

相良駅に停車中のキハ D16　撮影：内藤正己

◉萩間川橋梁　改良工事実施

今迄駿遠線の悩みの一つであった萩間川の木造橋脚は、経年の為腐朽が甚しく、之が改築を急がれて居りましたが、今期実施する運びとなりました。

本工事の施工方法は、瀬戸川、勝間田川と同様、遠心力鉄筋コンクリートパイル三本建橋脚の永久構造となりますので、当線改良課題の一つが解決される訳であります。

次に工事の概要を説明致しますと、現在線路中心線上で径間を変更して橋脚の位置をずらし、工事中は仮線に線路を移設致します。現在工事実施中で完成は今月末の予定であります。

概　要

工事費　三六〇万円（前期二四六万円）
橋梁延長　四三、八米
橋　桁　鋼工型桁　六連
橋　台　コンクリートパイル　三本立二基
　径四〇糎×六米
橋　脚　コンクリートパイル　径四〇糎～九米　三本立五脚
翼　壁　コンクリート造

（月刊「静鉄」昭和三十五年四月号）

中遠鉄道　営業収入と営業費

年　次	期　間	営業収入	営業費	純益金
1914（大正 3 年）	第　4 期	4,575 円	7,982 円	− 3,407 円
1917（大正 6 年）	第 10 期	8,685	9,973	− 1,288
1919（大正 8 年）	第 15 期	14,412	14,603	− 191
1922（大正 11 年）	第 20 期	24,393	18,870	5,523
1925（大正 14 年）	第 26 期	31,057	24,514	6,543
1927（昭和 2 年）	第 30 期	40,690	33,836	6,854
1929（昭和 4 年）	第 35 期	37,257	33,514	3,743
1932（昭和 7 年）	第 40 期	30,155	27,719	2,436
1934（昭和 9 年）	第 45 期	35,244	29,802	5,442
1937（昭和 12 年）	第 50 期	47,385	35,627	11,759
1939（昭和 14 年）	第 55 期	75,010	61,904	13,106
1942（昭和 17 年）	第 60 期	131,869	96,292	35,577

開業当初は赤字だった。　　資料：中遠鉄道創業 30 周年記念誌

◉駿遠線　車掌人生

※この「車掌人生」は、榑松守さんがお話してくれたことを
中村修さんがまとめたものです。
駿遠線のお話としては、最高傑作だと思います。

1．車掌人生への道

私が静岡鉄道に入社したのは昭和23年、16才の時でした。この頃はまだ戦後の混乱期で食糧も乏しく、いろいろな物資の配給・統制が続いていました。また家庭も貧しかったため、私は上の学校をあきらめて働くことにしました。決して勉強が嫌いだったわけではありません。私が働きに出たおかげで、妹は上の学校に進むことができました。この時、警察官になろうか鉄道員になろうか、ずいぶん迷いました。しかし「鉄」道職員の方が、堅そうな道に思えたので、そちらに進みました。

それというのも当時は軽便鉄道の全盛時代で、列車は沿線への買い出し客で、連日鈴なりになって走っていました。もしこのとき警察官になっていたら、今頃はまったく違う人生になっていたと思います。それから昭和42年までのちょうど20年間、駿遠線の新三俣～袋井間が廃止されるまで、軽便鉄道の車掌として乗務してきました。

車掌時代の榑松守さん（撮影：鈴木忠彦）

2．厳しい新人時代

新入社員として、まずやらされたのが薪割りです。朝から晩まで薪割りを一日中させられ、もうヘトヘトでした。それというのは当時は燃料統制が続いており、鉄道もバスも代燃車が全盛期でした。

代燃車というのは、薪や木炭から発生するガスを利用して車両を走らせるもので、大きな代燃装置という窯《かま》を備えていました。ここにくべる薪には古い枕木を使いました。枕木は栗材なので良く燃え、火持ちの良いのが特長でした。蒸気機関車もまだ使われていましたが、こちらは専門の機関助手が釜焚きをしていました。

代燃機関は始動が大変です。始発列車のために朝暗いうちから火を入れて、ガスを発生させなければなりません。手を真っ黒にして、汗をぽたぽた流しながら格闘します。やっと始動できると、運転手を迎えに行きます。運転手は白い手袋で、さっそうと列車に乗り込みます。こちらは真っ黒な手袋で切符を売らねばならず、恥ずかしい思いをしました。

これがエンストでもしようものなら、もっと大変。代燃窯《だいねんかま》を必死でかき回さなければ、エンジンがかかりません。駅と駅の間に停まってしまった時など、お客さんに一端降りてもらって、もうもうと立ち込める煙に涙を流しながらエンジンを再始動します。運転手は手を貸しません。これが車掌の仕事でした。

この時代もっと辛かったのは、上の学校に行った同級生が、お客として乗り込んで来ることです。あちらは学校の制服、こちらは鉄道の制服。なかには客車のデッキで煙草を吸う奴がいて、注意しようにも注意できず、悔しくて悲しい思いをしたものです。

3．車掌という仕事

石の上にも3年と言いますが、仕事にも慣れ同級生も卒業していなくなると、少しは楽しみも出てきました。当時は新三俣と地頭方間がつながっており、袋井発新藤枝行き列車に通しで乗務することがありました。

新三俣駅（撮影：新井清彦）

片道約3時間半勤務して、向こうで5時間ほど空き、また約3時間半勤務して戻って来る仕事でした。この5時間の間に床屋に行って散髪したり、制服を脱いで映画を見に行ったりできるようになりました。散髪は身だしなみで、勤務中に伸びた髪は勤務中に切れといった理屈です。

　また乗務中も、地頭方から新三俣まではほとんどお客がいません。停留場を通過しながら、運転手と二人だけで列車を転がして行きました。初夏の頃は、窓から吹き込む風が心地よく、まさに極楽気分でした。

　車掌の仕事は完全な変則勤務で、日曜も休日もありません。正月に家にいたことなど、車掌時代は数えるほどしかありません。正月はお袋が雑煮を作って飯盒《はんごう》に詰めてくれ、仕事の合間にストーブで暖めて食べました。

　乗務員区が新三俣と新藤枝にありましたが、新三俣には車掌15人、運転手16人しかいません。列車は必ず運転手と車掌がいなければ動かせず、長い休みなど取れない状態でした。冠婚葬祭の席なども、ずいぶん失礼しました。もし不幸があっても、勤務明けまではどうすることもできなかったからです。

　車掌は車内に入れないこともしょっちゅうでした。軽便鉄道の客車は小さく、すぐ満員になります。朝夕のラッシュ時などとても車内に入れず、最後部のデッキにしがみつくことになります。

　あの大井川橋では、地獄でした。長い長い木橋を渡る時に、川に吸い込まれそうになって、ひやひやしたものです。また真冬の時期など、遠州の空っ風が下から吹き上げます。普段でも徐行運転をしていますが、強風の時はさらに最徐行。時速5㎞そこそこで渡ります。その間に身体は芯から冷え切り、ようやく渡りきった頃は震えが止まらなくなりました。客室内に暖房もなく、よく身体を壊さなかったものだと感心しています。

　切符を売る仕事も大変でした。今のように電卓など無い時代です。この頃最低運賃は10円でしたが、大人15円・子供8円、大人25円・子供13円という区間がありました。車掌は必ず次の駅までに切符を売らなければなりません。大人3人子供4人とか言われると、とっさの計算に苦労しました。また現金を扱う仕事なので、乗務後には検査がありました。衣服はおろか、靴の中まで調べられました。

　切符を売った時のお釣も、乗務前には２００円分渡されるだけでした。乗務開始早々に５００円札や１０００円札を出されると、お釣に困ります。そのようなお客は、たいてい国鉄連絡切符でした。そこでそのお札を先に預かり、切符を切り、袋井駅に着いて両替をしてからお釣を渡しました。相手はお札を預かられているので、逃げも隠れもできません。これは仕事柄身についた知恵というものでした。

　また車掌は、決して列車を遅らせてはなりません。駿遠線は両方の終点とも国鉄に連絡しており、今のように東海道線が頻繁に走ってはいません。このためどんなことがあっても、接続に間に合わせなければならないのです。そのうえ終点が近づくと、ますますお客が増えて満員になります。切符を売りたくても、車内に入ることもできません。

　やむなく袋井駅に着いてから切符を売ることになりますが、きちんと料金を払う客などなく、皆終点の1駅か2駅手前から乗ったことにしてしまいます。それでも料金を取りは

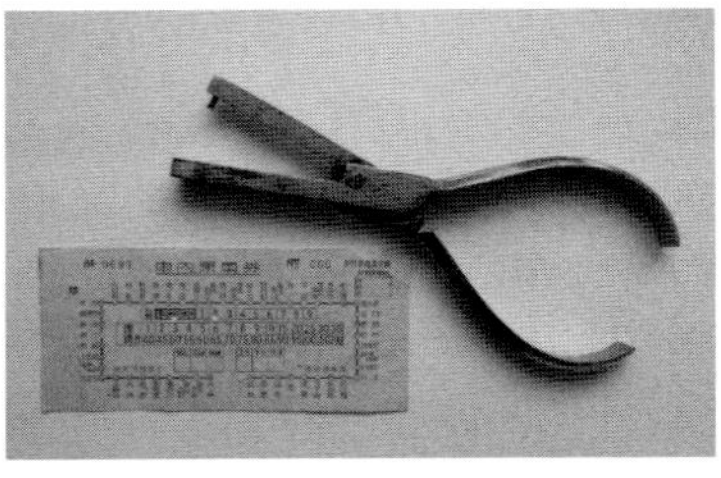

車内販売の切符　車掌はさみ

ぐれるわけにいかず、時間に追われての切符売りはもう大変でした。ときどき静鉄本社の人間が身分を隠して調査に来ましたが、この状況を見れば、車掌の売上金額の少なさが理解してもらえたはずです。

ときに調査員はわざと不正乗車をし、車掌の態度や身なりなどをチェックします。そしてやれ爪が伸びていた、やれ無精髭があったなどと名指しで報告してきます。上司から「おい、ちょっと来い」と言われると、たいていロクなことはありませんでした。

4. 不正乗車の懲りない面々

軽便鉄道の車掌といえば、発車の時笛を吹いて、あとは切符を売っているだけだろうと思われます。しかし車掌は運転以外は何でもやらねばならず、見た目より相当キツい仕事でした。またその仕事は、不正乗車と人身事故との戦いの毎日とも言えました。

長年車掌をやっていると、不正乗車する乗客がなんとなくわかるようになります。いわゆるカンというやつです。たとえば一番最初や最後に乗り込んできたり、車内で絶対に車掌と目を合わせなかったり、なんとなく落ち着かなかったりする客です。

不正乗車で良く捕まえたのは、定期券の改竄《かいざん》です。うまいこと日付や月を書換えるのですが、見破れば罰金徴収をします。傑作だったのは上手の手が余ったのか、うまく年号を書換え、10年定期券を作ってしまった客がいました。日付や月は良くチェックしていますが、年号はすぐに見破れません。しかし定期券というのは、1・3・6ヵ月のものしか無いのです。罰金は全線往復料金の3倍を、不正乗車日数に掛けた額です。まともに10年分払わせたら、家一軒分です。その間に相手が卒業して、軽便鉄道に乗らなくなるかもしれません。その相手は女子高校生でした。

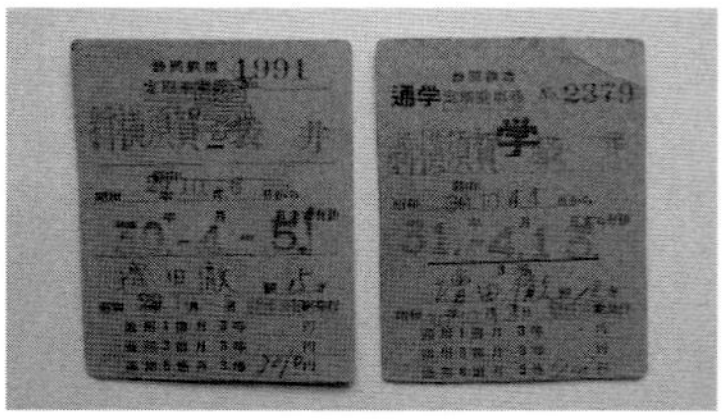

定期券

ついに捕まえると、親と一緒に家まで謝りにきました。親は平謝りで、本人も泣いて謝りました。しかし不正は不正です。その後は二度と不正乗車をしなくなったと思います。きっと今ごろは良いお母さんになっているか、あるいは孫でもいるのかもしれません。

この手の不正乗車は頭脳型といえるかもしれませんが、やって捕まるのはほとんど女子学生でした。一方遁走《とんそう》型といえるのが、男子学生や男の客です。こちらはさんざん追いかけてから捕まえるので、車掌泣かせのやり口です。軽便鉄道は車輪が小さく車体が低いので、客車から地面に平気で飛び降りられます。カーブで速度を落としたりすると、駅でないところでも平気で飛び降りてしまいます。

あるとき前々から目星を付けていた客が、カーブで飛び降りた現場を見つけました。そのカーブはよく機関車がスリップし、スピードがグッと落ちるところです。今日こそはと追いかけて、相手の袖にすがりつきましたが、ワイシャツが破れて逃げられてしまいました。その日に限って機関車がスリップすることなく、列車は車掌を置いたまま行ってしまいました。あわてて次の駅まで追いかけましたが、運転士はいつまでたっても発車の笛が鳴らないので、列車はずっと動けずじまいで待っていました。

頭脳型と遁走《とんそう》型を合わせたやり口もありました。忘れもしません。浅名駅はホーム1本の停留場でした。この反対側に、お稲荷さんの小さな森がありました。ある常連男子学生のやり口は、ホームで客扱いを終えて発車直後、飛び降りて森に隠れてしまうのです。こちらは発車直後でホーム看視をしなければならず、わかっていてもどうすることも出来ません。

その学生は軽い気持ちで、今で言うならゲーム感覚で不正乗車を楽しんでいたのかもしれません。しかし正直に料金を支払ってくれる他のお客さんのことを考えると、とうてい許すことはできない行動でした。

5. 車掌はツライよ

軽便鉄道は最高速度が時速40㎞ほどなので、事故があってもたいしたことないと思われがちです。しかし国鉄のように時速80、90㎞で走っていれば跳ね飛ばされますが、軽便鉄道はむしろズルズル引きずり込まれるのです。このため手足の切断事故がしばしばありました。朝の列車は満員で、一時は客車7両を連結してもまだ乗り切れず、デッキから外にぶら下がる状態でした。

そんな時、ある男子高校生が足を踏み外し、列車に巻き込まれてしまいました。急停車しましたが、その時には足首が完全に切断されていました。不幸中の幸いは乗客の中に看護師さんがいたことで、必死で止血しながら、近所の民家で借りた戸板で列車に担ぎ込みました。近くの駅から病院に運び、なんとか一命を取り止めました。その後、彼は高校を卒業し、立派な社会人になったということです。

軽便鉄道に20年もいると、様々なことがありました。死亡事故も経験しました。線路脇には鉄道電話の電柱が立ち並んでいます。これが袋井に近づくと、線路と道路が併走し、狭い用地ギリギリに電柱が立つようになります。もともと車体幅いっぱいのところ、窓をかすめるような電柱の列です。朝の列車は乗客がデッキにぶら下がるほどの満員で、車掌などさらにハミ出す状態です。気を付けていても二、三度電柱に頭をぶつけたことがあります。まさに目から星が出ました。これはまだ木柱だから命がありましたが、もし鉄柱にぶつかっていたら命がありません。

ある時、乗客が電柱にぶつかって振り落とされました。あわてて列車を停め、血だらけの人を列車に担ぎ込みました。それでも列車を遅らせてはなりません。駅からハイヤーで病院に担ぎ込みましたが、この人はついに助からなかったそうです。

6. とんだ軽便物語

事故といっても物騒なものばかりではありません。今から思うと、笑い話のような事故もありました。たとえば、野中の駅の側線には、翌朝の増結用客車が1両留置されます。これがある夜、ブレーキを掛け忘れたか緩んだかして、無人のまま走り出しました。野中から河原町にかけて下り坂で、途中には踏切も多くあります。しかし暴走した客車は何事もなく、坂を下りきって自然に止まりました。けが人も自動車との衝突もなく、まさに奇跡でした。

野中駅（撮影：新井清彦）

一方、終点の袋井駅手前には、車庫に入る側線のポイントがありました。軽便鉄道用の小さなダルマポイントで、よく近所の子供たちがイタズラをしていました。このポイントは上半分が白塗り下半分が黒塗りで、本線側は白表示、側線側は黒表示になります。

あるとき運転手が子供のイタズラに気付かず、この黒表示を見落として、列車が車庫に入ってしまったことがあります。終点間際の列車が、乗客も降ろさないうちに車庫入りしてしまったからもう大変。あわててバックして、終着駅でお客を降ろすことが出来ました。それからはポイントに鎖錠して、イタズラされないように改良しました。

ちなみにポイントの切換えも車掌の仕事です。車掌は規則で、列車の一番後ろに乗務することになっています。それがポイントを切替えるために、列車の前まで走らなければなりません。そのうえ列車通過後ポイントを元に戻し、こんどは動いている列車の最後部に飛び乗ります。雨の時など、ずいぶんヒヤッとしたことがありました。

また駿遠線は全線単線なので、行き違い（列車交換）ができる駅で、タブレットを受け渡しながら走ります。正しく受け渡さないと、正面衝突の大事故になります。

あるとき大井川駅と上新田駅の間で、列車が正面衝突しそうになりました。両方の駅長が間違えて、2列車同時にタブレットを渡してしまったためです。この時は田圃《たんぼ》で働いていた人が異常に気付き、着ていた物を高く振って、あやうく事故を免れました。その後、この人には会社から感謝状が渡されましたが、両駅の駅長は格下げ処分されたそうです。

大井川駅（撮影：新井清彦）

駅長といっても、仕事は多忙です。なにせ駅長とはいっても駅にはたった一人しかいないのに、タブレット交換から受渡し、ポイントの切換えや信号の表示、切符や定期券を売ったり手・小荷物を受け渡したり、果ては便所掃除までしなければなりません。

あるとき芝の駅で、腕木信号が上下両線とも上がったままになっていました。腕木信号が下がらなければ、両方からの列車とも駅に入るわけにいきません。すわ駅長の身になにかあったのではと、列車最後部から駆けに駆け、息せき切って駅に走り込みました。ところが駅長は、「おい、いったい何があった?」。とたんに拍子抜けしてしまいました。

これは事故ではありませんが、諸井の坂にはよく泣かされました。今では想像もつきませんが、袋井行きの列車には山越えの、わずかな坂が難所でした。

朝の満員列車で、おりから小雨でも降ろうものなら、もう上ることができません。駅を通過できればなんとか上れるのですが、こんな時に限ってホームで待っています。発車する時は列車を100メートルも200メートルもバックさせて、勢いをつけてから坂を上りました。もしこれが電車なら何でもない坂です。いや、軽便鉄道でなければ、機関列車でも上がれる坂です。つくづく軽便鉄道の悲哀を感じました。

7．車掌時代黄金の日々

いやなことばかりではありません。軽便鉄道の良いところは、すぐ乗客と顔馴染になることです。

沿線の飲食店ともかなり馴染みになり、今でも出入りしている店があります。鉄道職員の信用は厚く、現金が無くてもツケで飲み食いができました。厳寒の夜の乗務など、客車に暖房はありません。顔馴染みの店で熱い焼酎をググーッと飲み干し、腹の中に暖房を入れてから仕事につきました。焼酎1盃が35円の時代でした。それでも調子に乗り過ぎてツケをためると、給料日に店のおかみさんが駅の改札口に待ち構えていたりすることがありました。

若い頃は、カツギ屋のおばさんとも顔馴染みになりました。いろいろと面倒をみてあげたところ、あるとき静岡祭に招待してくれました。この時はたいへんなご馳走でもてなしてくれ、食糧難時代の若い食い気盛り、ほんとうに感謝しました。

新川西《しんかわにし》という停留場が、七軒町駅と石津駅の中間にありました。普段は列車が停車しない貨物駅ですが、毎年ある時だけ列車が停車します。

それは付近にあった養鰻場《ようまんじょう》の出荷時期でした。三段重ねのザルに生きたウナギを入れて、「活鰻《かつまん》」として輸送されていました。この時は列車司令係員から、「第何列車、新川西で停車」という指示があります。その指示に従って列車を停め、貨車にウナギを積み込みます。輸送が一段落すると、お礼にといって、太いウナギがどっさり届けられました。

8．さらば軽便鉄道

駿遠線は朝夕は満員の乗客がありましたが、日中はほとんどありません。袋井を発車した軽便は、新横須賀間を過ぎると、もうほとんど乗客がいない状態です。まして新三俣から地頭方までは、毎日空《から》の有様でした。おまけに朝夕満員の乗客のほとんどが学生で、通学定期券は長い期間のものでは約7割引。運んでも運んでも運賃収入はタカが知れていました。

一方、沿線を平行して走るバスは快適なディーゼル車が増え、道路改修とあいまって乗り心地も速度も軽便鉄道を上回るようになりました。乗客にとって軽便鉄道が便利だったのは、運賃の安さと、時間に正確なことだけでした。ことに冬の夜などは、暖房のない薄暗い軽便客車と、暖房のきいた蛍光灯のバスとでは勝負になりません。しだいに列車本数が減り、新横須賀から先は日中の乗客がほとんどいなくなりました。

このような状況から、会社では駿遠線の廃止を決定しました。社長が一度も現場を視察に来たことなく、廃止の意向が現場に伝えられた時、軽便鉄道はもうダメだと直観しました。こうして昭和39年に、まず新三俣～堀野新田間が廃止されました。このとき同時に、大手線も廃止されました。

残された袋井～新三俣間は相変わらずの状態で、しだいに列車本数が削減されて行きました。新横須賀～新三俣間では、日中の列車が1本も走らなくなりました。それでも朝夕は満員の状態が続き、安全輸送には細心の注意を払いました。快速列車は最後まで運転されていましたが、乗客のいない停留場を通過するので、日中はどの列車も快速列車と言えました。

ついに袋井～新三俣間も廃止される日がやってきました。このとき私は35才、娘たちは小学校3年と1年生でした。お別れ列車は、昭和42年8月27日に走りました。袋井駅構内と周辺の線路は、その夜のうちに線路が剥がされ、翌日から代行バスが運転されました。駿遠線としては、1日も運行を休むことはなかったのです。

9．その後の車掌人生

軽便鉄道の列車は、もう二度と走ることはありません。発車の笛を吹くことも、もうありません。20年来働き続けた職場を失うというのは、実に悲しいことです。しかし生活のため家族のため、私はまた新たな道に進まなければなりませんでした。

大型自動車の運転免許を取るため、毎朝5時に起きて、静岡市の教習所まで通いました。この時の苦労は筆舌尽くしがたいものがあります。その後いろいろなことがあり、鉄道とバスの職場の違い、規律の違いを体験しました。数年間はバスの仕事をしてきましたが、やがて会社の早期退職勧告に応じ、静岡鉄道を円満退社しました。それから縁あって別の会社に入り、定年退職まで勤め上げました。

今でも車掌時代の夢をよく見ます。それは列車が止まらなくなったり、デッキから転がり落ちそうになったりする夢です。あまり良い夢ではありませんが、やはり私にとって、駿遠線の車掌をやっていた頃が最高だったのでしょう。

少年時代から勤め始め、青春時代を過ごしてきた軽便鉄道の車掌という仕事が、やはり一番合っていたのかもしれません。

いつの日か駿遠線で働いていた仲間たちと、苦しかったことつらかったこと、悲喜こもごもの軽便鉄道人生を語り合ってみたいものだと思っています。

（2000年11月に聞いたお話です）

榑松守さんと私

◉駿遠線の現状と問題点

駿遠線の現状と問題点

地域開発と交通革命

最近、都市開発、地域開発問題が色々な分野で論議され発展の方向なり、ビジョンが出されております。静岡県においても「第六次総合開発計画」が策定されましたが、それによりますと、東京を中心とする首都圏、大阪を軸とする近畿圏等の大都市地域は次第にその圏域を拡大し最終的には一つの帯状都市を太平洋岸に構成する。いわゆる「東海道メガロポリス」といわれるものであります。そして本県が東海道地域の枢軸線上に位置しており、大都市の分散的発展の方向は先ず最初、枢軸線上に求められてくる。そこで本県としては輻輳が予想される東西交通を円滑に処理し、東西交通の混乱に巻き込まれないようにする為には交通路を整備することが急務である、と結論づけております。

又一方、自動車の便利性、快適性はモータリゼーションを促進し更に国民所得の向上及び道路整備等が国民の生活行動半径を拡大し、これらが一層モータリゼーションに拍車をかけ、静岡県においても自動車の保有台数は飛躍的に増加し、昭和三十七年を基準とし、昭和四十五年には三・五倍になると推定されております。〈表1〉

このような交通革命、地域の開発が進むなかで榛南地区の輸送機関を分担する駿遠線が一般経済産業活動の前提条件を満たすという機能的役割を果し、地域の発展に寄与し、企業の発展のために貢献することができるでしょうか。駿遠線の現状と将来の見とおしについて眺めてみます。

(表1) 静岡県の自動車普及

個別＼年度	3 7 年	4 5 年	倍数
貨物	67,110 台	220,370 台	3.3 倍
乗用車・バス	22,160	88,050	4
合計	89,270	308,420	3.5

駿遠線の現状

東名高速道路の工事は急ピッチで進行しており、四十三年には静岡―富士間が一足先に開通し、四十四年には全線が開通されます。県内十一カ所のインターチェンジには榛南地方への導入口である焼津、吉田、菊川も含まれております。また高速道路と連絡する一般道路も整備が急がれ、既に国道一五〇号線は殆ど完成し、後進的地域といわれる榛南地方にも自動車化の波が押し寄せようとしております。

又静岡県の計画では御前崎を拠点とする工業開発と港湾機能拡大が重点施策の一つとしてとりあげられております。一方道路整備による生活行動半径の拡大、レジャー支出の増加により榛南地方への観光客は昭和三十八年中には年間十六万人でしたが昭和四十五年には百七十八万人と約十一倍の伸び率が予想され、県全体の伸び率約二倍を大きく上まわり、県下各地区の内で最高の伸び率です。

この日進月歩の社会的背景の中で同地区の輸送を担当する駿遠線も毎年設備投資を行い、体質改善に努力してきたのですが、残念ながら現状のような効率の悪い施設をもってしては産業経済の基礎部門として甚だ貧弱だといわざるを得ません。このままの存続では田園的風物詩としての観光客の目を楽しませるというだけの存在価値になってしまうでしょう。

(表2) 従業員一人当り輸送人員 (41 年下期間)

部　　門	従業員数	総輸送人員	従業員一人当輸送人員
静　岡　線	306 人	15,071 千人	49 千人
駿　遠　線	183	2,791	15
自　動　車	2,405	57,327	24

施設、車両の老朽化

特殊事業用の専用鉄道を除いて二呎六吋の軌道で営業しているものは全国で他に岡山の下津井電鉄と新潟の越後交通の二社だけですがこれとて既に電化されております。

駿遠線も大正二年開業以来改軌、電化が計画されましたがその都度立ち消えになりました。近代化の遅れた原因としては設備投資額に比較して輸送総数量が少ないというのが致命的でありました。そして今日では施設車両の老朽化と、並行する道路状況の好転によりまして地方における大量交通機関としての役割を失いつつあるというのが現状であります。

若し仮に百年の大計を樹て存続価値ありとしても改軌、電化をし近代的設備を施すには巨額な投資が必要とされます。このような先行投資は現実において駿遠線の営業が会社全体の収支を圧迫している点からも困難だと言えます。特に大井川橋梁は腐朽が甚だしく、河床低下が大きいため出水時には危険状態になり、これを改修して永久構造物にするだけでも十億近い工事費となります。

乗客のバスへの転移

一般的に云って鉄道がバスより優れている点として大量輸送性があげられますが、従業員一人当りの乗客輸送量を自動車、静岡線と比較しますと〈表2〉のようになります。駿遠線では半年間に一万五千人しか輸送しておらず、バスの二万四千人に大きく水をあけられ、バスに対する優位性を失っております。

このことは生産性にも影響し、各部門の従業員一人一カ月当り稼ぎ高〈表3〉をみますと兼業部門はとびぬけて高いが運輸部門の内では駿遠線が一番低くなっております。

次に駿遠線と沿線バスの乗車人員を比較してみますと〈表4〉定期券利用者では沿線バス利用者は著しい増加を示してきたが駿遠線は減少傾向にあります。定期外については駿遠線では減少傾向が著しく、路線バスは横ばいを示しております。これらの現象から、定期、定期外とも従来の駿遠線利用者がかなり沿線バスへ転移しているものと推定されます。

以上の傾向に対して従来より一部営業廃止、又は配置要員の削減等の手をうってきましたが、大勢を挽回するに至らず労働集約産業という企業特有の宿命からも自ら合理化にも限界があり、又一時的、便法的な手段ではいたらずに悪循環をくり返すだけに終ってしまいます。

累積赤字は五年間で二億六千万円

収支状況を五年間についてみますと〈表5〉赤字額は三十七年→三千六百万円、三十八年→四千六百万円、三十九年→四千二百万円、四十年→五千二百万円、四十一年→八千四百万円と年々増加し、累積赤字額は五年間に二億六千万円に達し、更に営業を継続すれば雪だるま式にふくらんでゆくでしょう。もう少し細かに分析してみますと、先ず収入面では定期、定期外の収入構成の変化が特徴的にあらわれています。割引がなく主な収入源であった定期外の収入が占める割合は年々低下し、近い将来には五〇％を割ろうとしております。全体の輸送量が増えないで割引客の比重が高まれば当然収益力はおちてきます。

支出面では〈表5〉毎年膨張している支出増加分の大部分は人件費です。

（表3）従業員一人一カ月当り稼ぎ高
（41年上期）

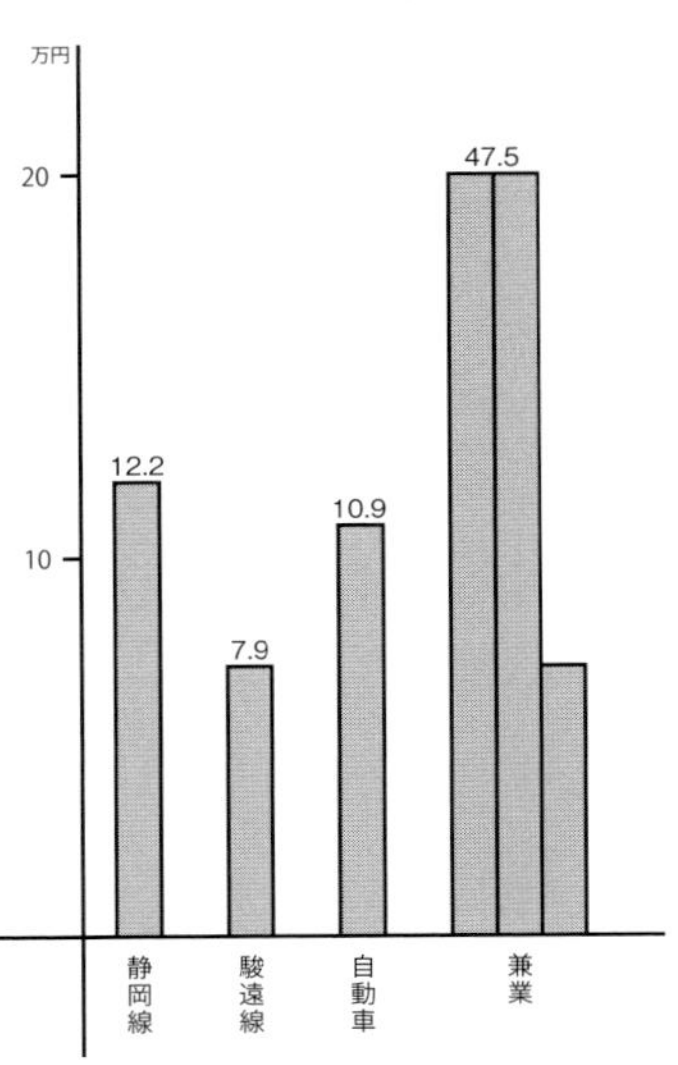

表5によりまして駿遠線全線で収入に対する人件費の割合をみますと昭和三十七年↓八十九%、三十八年↓九十二%、三十九年九十三%、四十年↓九十一%、四十一年↓一〇八%となり四十一年には遂に百%を大きく越してしまいました。稼いだ収入以上に人件費が払われてゆくのでは公営事業でもない限り健全な事業といえないことは明白です。

抜本的対策を

今まで駿遠線の現状と見とおしについて述べてきましたが、決して道路整備とモータリゼーションを強調する余り一般的な鉄道不用論を言っている訳ではありません。鉄道とバスには独自の輸送分野がある筈であり、又時によっては相補完して輸送にたずさわらなければなりません。問題は企業の実力に応じて如何に時代にマッチした輸送サービスを提供するかにあります。

国道一五〇号線等の道路整備でバス運行が容易になり、前述したように駿遠線よりバスへの乗客転移の現象がかなりみられます。しかも同地域内での鉄道、バスの運営は二重投資であり経営上のロスを意味します。

輸送量の減少、合理化の限界等を考えますと、幹線鉄道と異なり同線には新規投資による増収期待や、近代化合理化の効果によって経営を立て直す余地と基盤が欠けていると云えます。

（表4） 乗車人員の推移 （駿遠線（旧藤相線）／駿遠線沿線バス 利用者の比較）

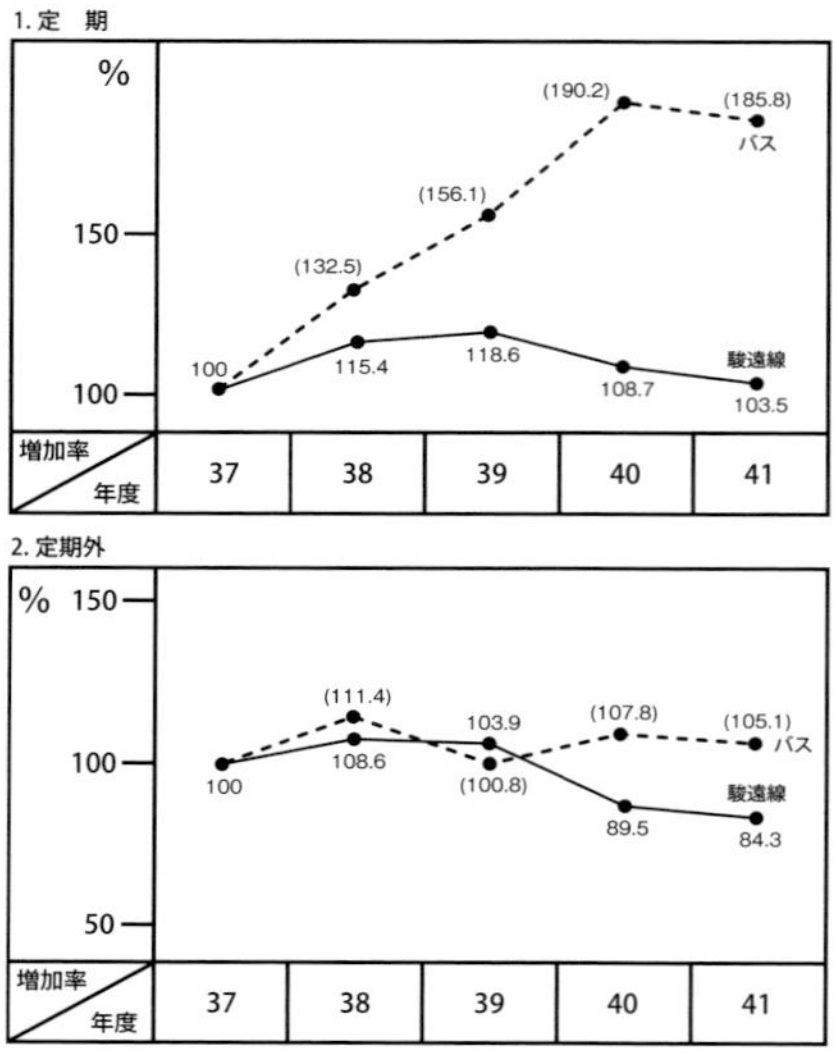

永年その社会的使命を果たしてきた同線が無くなるということは関係者にとって淋しいことでありますが、現実は感傷論の入り込む余地のない程きびしいものであります。一部撤去とか、設備補修等の目さきの問題解決にとらわれて安易な道を選び、会社全体の発展という大局を見失ってはならないと思います。

全面撤去になれば従業員の配置転換とか代行バス等色々な問題が生じてきますが、社是の「親和」にもあるように、全社的な協力態勢のもとに円滑な処理を行ない、あすの繁栄のための貴重な経験としたいものです。（終）

（静苑 1967（昭和42）年7月号）

(表5) 駿遠線収支実績

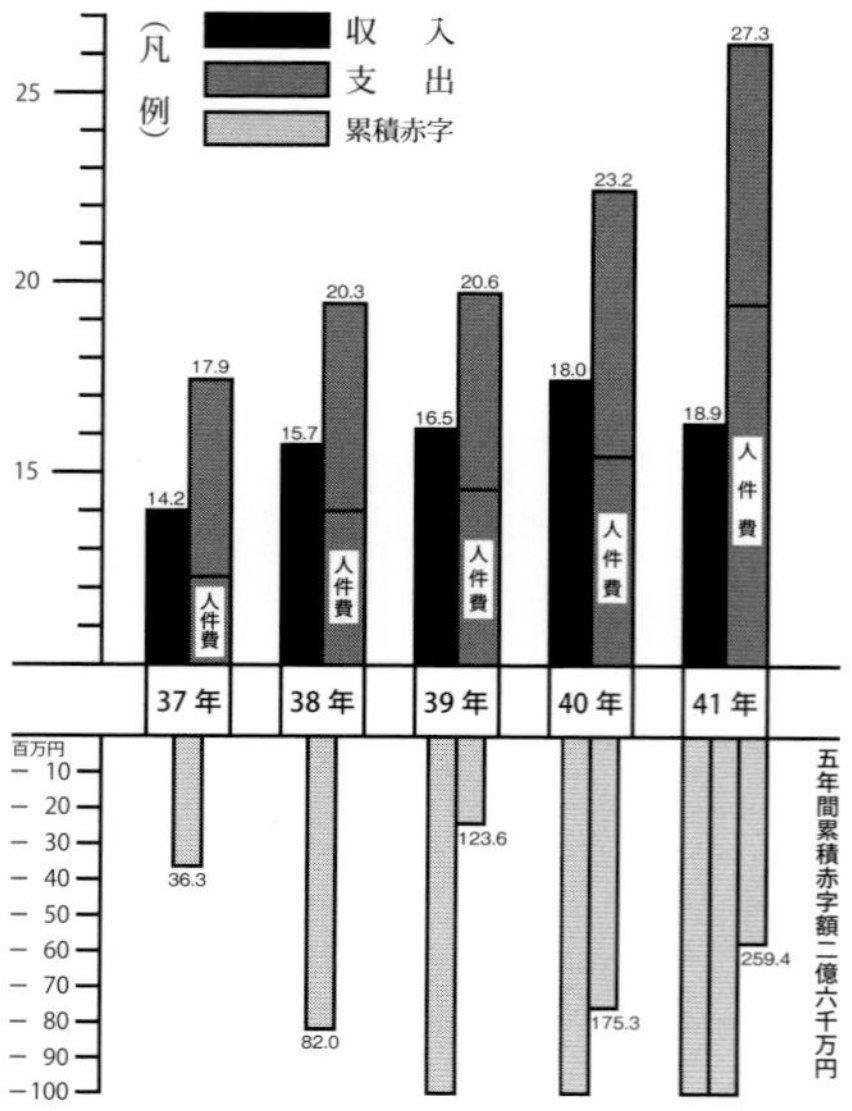

◉駿遠線　56年の歴史をふりかえる

駿遠線
56年の歴史をふりかえる

まえがき

明治末期から大正にかけては、全国各地に、鉄道敷設の要望が盛んにおこった時代であった。

静岡県も例外ではなく、鉄道敷設の免許申請者が相ついであらわれ、ところによっては、二線以上の申請が競願の形になることさえまれではなかった。申請するのは多くは、地元の有力者で素封家の一種の道楽みたいな傾向もなきにしもあらずであったらしい。

また数多い申請者の中には、たんに施設権を得て、これをほかに高く譲渡しようとする利権屋も少なくなかったようだ。

けっきょく、これらの中から、真に公共性のあるものだけが認可され、新しい地方鉄道として実現したわけだが、ここで、静岡鉄道があとに合併する事になる藤相鉄道と中遠鉄道についてその創立のいきさつをみる事にしよう。

藤相鉄道

藤相鉄道は、その名のとおり藤枝町（現在藤枝市）と相良町とを結ぶ目的で計画された鉄道である。

藤枝町は、もともと旧東海道五十三次の一駅で、志太郡下第一の繁栄を誇る町であったが、明治二十二年、東海道線が同町の中心部をはなれて遠く南方に建設されたため、その経済的、文化的繁栄は、鉄道沿線となった焼津や青島などにうばわれた。そのうえ、明治三十四年ごろ、焼津を起点として、海岸沿いに、川崎、相良、横須賀、中泉町に伸びる駿遠鉄道線が計画されたが、これまた藤枝町をはずれていて、これが実現すれば、町がますます繁栄から取り残されることは、明らかな情勢であった。

そこで、藤枝町を中心にした志太郡下の有志は、これに対抗すべく、藤枝町大手から川崎町を経て相良町にいたる軽便鉄道を急拠計画し、全町あげて強力に推進した結果、明治四十四年八月二十八日、免許を受け、資本金三〇万円をもって、藤相鉄道株式会社（初代社長・笹野甚四郎）を設立したのである。

路線建設は、まず大手～藤枝新（国鉄藤枝駅と接続）間で行なわれ、大正二年十一月完工、同十六日、営業を開始し、東海道線に連絡するという多年の要望が満された。つづいて、藤枝新～大井川間の工事に着工、これは、大正三年九月三日営業を開始した。

ところが、それから先がたいへんであった。行く手には、古来、交通上の一大難所をもって知られた大井川の幅一㌔にわたる急流が前進をさまたげている。これに鉄道橋をかけるには、莫大な費用を投じなければならない。それは零細な一私鉄の資本だけではとうてい完成することができなかった。

そのため、とりあえず、対岸の大幡から以南の敷設工事を先にすすめることになり、大幡~細江間は大正四年五月一日に営業を開始した。しかし、大井川は富士見橋を徒歩で連絡したが、これではあまりにも旅客の苦痛が大きい、というので大正四年十一月十一日に定員十二名の人車（手押し客車）がつかわれた。乗客は、大井川、大幡の両駅で人車に乗り替え、貨物は、到着貨車をそのまま機関車で橋上に押し上げ橋の上を手押しで運行した。このような人車鉄道は、全国的にもその例が少なかったというが、いまから思えばまことにのどかな鉄道であった。

新藤枝駅に停車中の軽便鉄道の雄姿＝藤相鉄道時代

細江~川崎間は、大正四年九月十八日に営業を開始した。一方、川崎から先相良町までの延長工事は遅々としてすすまず、大正七年六月十六日にようやく営業を開始するにいたった。

そして、大井川にかかっている県道富士見橋に軌道法による鉄道橋＝併用橋＝が架設され、全線が完全に開通したのは、それからさらに数年後の大正十三年四月四日であり、これと同時に人車運転は廃止された。専用鉄道橋が架設されたのは、さらに遅く昭和十二年七月九日である。

一方、大手~岡部間の延長工事は、大正十四年一月十五日に竣工し、翌十六日に営業を開始した。当時の岡部の戸数は、五~六〇〇戸であり、大手からは現在の藤枝北高から、水守、八幡橋、横内を通って岡部役場前まで、あまり人家のないところを通っていたが、この線の寿命は短かく、昭和十一年五月十八日に営業廃止となった。

岡部線の営業開始より約一年を経過した大正十五年四月二十七日には、相良~地頭方間の延長工事が完成し、営業開始にいたった。

昭和になってから、沿線にバス業者が進出し、年々、これに乗客をうばわれて、社業は極度に圧迫されるようになった。その対策として、静岡線や秋葉線と同じように電化計画をたてたが成功せず、社務の大整理を断行し、それとともに、貨物小口扱の国鉄との連絡運輸を開始した。さらに、昭和六年十二月二十一日には蒸気機関車にかわって、ガソリンカー三両を採用、輸送力の増大をはかった。

一方、大正十三年十二月四日、藤枝自動車商会を買収して開始したバス事業を拡張するため、昭和三年六月九日川崎町

貴重な記録である「人夫」と「人車」藤相鉄道時代

の輸栄社（藤枝駅～相良間バス路線）、昭和五年六月十九日、焼津自動車商会、同年十月二十三日、勝間田自動車と、同九年十一月二十七日駿南自動車を買収、路線の拡張を行なった。そして、その路線が、静岡電鉄のバス路線と交錯した結果、両社共同出資により、駿遠自動車株式会社を設立し、昭和十年五月十一日営業を開始した。

しかし、そうして拡張された路線も太平洋戦争勃発後は、しだいに運行休止をよぎなくされ、昭和十七年には、二〇路線が休止のやむなきにいたった。

しかも、軍需物資の輸送強化や、買出し部隊、通勤者などの増加によって南遠地区の輸送量は激増し、それがことごとく、鉄軌道に集中したため、皮肉にも、同線は、かつてない大混雑を呈するにいたった。

同社では、極力、配車の合理化に努めたが、輸送力の低下はいかんともしがたく、そのような状況の中で、戦時運輸対策として、合併の話が急速にすすめられたのであった。

富士見橋を渡る軽便鉄道＝藤相鉄道時代

中遠鉄道

中遠鉄道株式会社の建設は、ほとんど藤相鉄道と符節を合わせるかのようにすすめられた。

古来、東海道線袋井駅の南方にあたる、通称浅羽五郷は、豊富な穀倉地帯であるが、交通機関には恵まれず、東海道線からも、遠く南方にへだてられ静岡県のチベットといわれるくらいに開発が遅れている地方であった。

明治四十三年に、駿遠鉄道が計画されたときも、路線は、遠く南方海岸道路沿いに走ることになっており、浅羽地方の人びとにとっては、なんとしても、交通の不便なことが悩みの種であった。

一方、袋井町（現在袋井市）にしてみれば、駿遠鉄道が計画どおりにすすめられると、商権を他にうばわれるおそれがあった。

そんなことから、この計画に対抗するため、社長芝田庫太郎は袋井町民と浅羽地方民とが相たずさえて、袋井町から横須賀町にいたる軽便鉄道を計画し、藤相側とも相呼応して、猛運動を展開ついに設立を認可されるにいたったのである。設立は明治四十五年三月九日、資本金は一〇万円の小さな鉄道会社であった。

大正二年十二月末には、新袋井～新横須賀間が竣工し、翌三

袋井駅に停車中の軽便鉄道の雄姿＝中遠鉄道時代

年一月十一日から営業を開始した。その後、大正十四年四月七日、新横須賀〜南大坂まで延長、さらに昭和二年四月一日、南大坂〜新三俣間を延長して、小笠郡南部の中心地、池新田への連絡をすすめた。当初、池新田まで鉄道線を伸ばす計画があったが、昭和に入って、バス事業が急速に進出してきたため、中止となったのである。

このようなバスの進出により一大苦境におちいったことは、藤相鉄道とまったく同様であった。その対策として同社は、かねて計画していた軌道の延長を中止し、昭和四年以降、ガソリンカーに変更、さらに、兼業として、昭和六年十一月十五日、貨物運送業および倉庫業を開始した。これは当時としては、かなりの好成績をあげたようである。

しかし、それもつかの間、不況の波をもろにかぶって、収入は激減し、無配当に転落、それどころか、一部で解散説さえささやかれるほどの状態におちいった。

バス事業のほうは、大正十三年四月十七日定期バス袋井〜池新田間に開業したのを皮切りに、その後、各地に路線を拡張し、昭和五年袋井〜西同笠間、六年福田地内、池新田〜雨垂間、九年横須賀町〜砂スキー場間路線を開業した。

そのほか、大正十五年五月六日、貸切自動車を営業、昭和十三年五月二十一日、観光用大型自動車旅客運送業、不定期貨物運送事業を南大坂〜池新田間に開始している。

新横須賀駅に進入する軽便鉄道＝中遠鉄道時代

太平洋戦争突入後の経過は、藤相鉄道のケースとまったく同じである。

五社合併から静鉄時代へ

昭和十三年公布の陸上交通事業調整法は、会社の合併、事業譲渡または共同経営などにより運営を合理化して、物資節約と能率増進をもたらし、それによって戦力の増強をはかろうとする国家的な要請であった。

昭和十六年三月十日、織田社長が退任し、五島慶太を社長に迎えたが、五島は、着任早々、この国家的要請から静岡県中部の交通機関を統合して、その整備拡充と経営の合理化をはかるという大きな仕事に取り組んだ。

まず、同年八月一日、清水港内巡航船営業の全事業と、その七つの航路、および船舶十一隻を買収、十一月一日から清水港内巡航船、清水〜三保間の営業を開始した。

ついで、十七年以来、藤相鉄道、中遠鉄道、静岡乗合自動車、静岡交通自動車の四株式会社の合併（いわゆる五社合併）と県中部地区所在の五自動車事業の買収の交渉を開始した。

事業の統合は、戦時下の国策でもあり、五社合併の交渉は、おおむね順調に進行した。

合併の条件は、

（1）静岡電気鉄道は、存続して社名を静岡鉄道株式会社と改称し、他の四社は解散する。

（2）資本金は一五〇万円増加して、七五〇万円とする。

（3）増資分に対して発行する株式は、優先、普通の二種類とし、藤相鉄道だけはその収益力が大きいのでその株主に対して優先株式を交付するなどであった。

合併に要する諸手続きは、その後迅速にすすめられ、昭和十八年五月十五日、新会社は正式に発足した。思えば大正、昭和を通じて、静岡地方をめぐる交通事業は、複雑な買収、合併の上に立って発展してきた。

しかし、それらが、あたかも小さな谷川が集まって、やがてとうとうたる大河になるように、相寄り相集まって大同団結を成し遂げ、静岡鉄道株式会社の社名のもとに、きたるべき躍進への歩みを始めるのである。

なお、この記念すべきスタートにあたり、新たに選出されたおもな役員はつぎのとおりであった。

取締役社長　五島慶太
専務取締役　三上宣綱
同　山田平四郎
同　芝田佐平次

駿遠線の誕生

藤相線、中遠線は合併時においても二《フィート》六《インチ》の軽便鉄道で、バスに終始おしまくられ、合併後は、新会社にとって〝やっかいもの〟になるかとさえ思われたが、戦後の苦難時代に、老朽車にムチ打ってかせぎまくったのが、この二つの線であった。

というのは、この両線の伸びている地域が芋などの食糧の豊富な生産地であるために、戦後の食糧難時代に買出し列車として活躍したのである。

菊川の下流・国安付近を通過する
ありし日の駿遠線の姿

当時、おびただしい数の買出し人、闇商人などで、両線は、連日、収拾がつかないくらいの大混雑を呈した。列車がふくらんでみえたという形容さえつかわれたほどで、その混雑ぶりは、まことにすさまじいものがあった。進駐軍の兵隊がそれをめずらしがって、カメラにおさめている風景もしばしばみられたという。こういう状況に対して機関車二両を増備して、旅客輸送の円滑をはかった。

鉄軌道線は別々の会社を合併してきたため、静岡線を含めて、四つの線が比較的近い距離にありながら、それぞれ、静岡、藤枝、袋井を起点として別々に敷設され、互いに連絡されていない、という問題を抱えていた。そのために利用効率が悪いということは、だれの目にも明らかだった。

終戦後新任した川井社長も、この点にいちはやく気がつき、四つの線が分離経営されているのを遺憾として、おのおのを連絡する新線の建設を計画した。

まず、最初に計画したのは、藤相線と中遠線をつなげることであった。この間は、距離からすれば、ほんのわずかである。しかも、ちょうど中間に、旧陸軍の遠江射場があって、弾薬運搬用の専用軌道が敷かれており、それを低廉な価格で払い下げるという話もあった。

そこで、さっそく、その払い下げを受け、ここに両線を結ぶ新線を敷設することを決定、昭和二十一年一月と八月の二度にわたり、国有財産使用許可を申請した。

連絡線は当初、射場専用の軌道を改良して、敷設する予定であったが、これは、元来、トロッコ用につくられた線で、急カーブが多いために、独自の路線を敷設することに変更し、まず、新三俣～射場内池新田地区間から着工、昭和二十二年十二月二十九日に竣工、翌年一月二十日より運輸を開始した。

つづいて、同年八月には、地頭方～池新田間も竣工し、ここに待望の両線の連絡が成り、藤枝大手から袋井までの直通運転が実現した。これを機に、同線は駿遠線と名づけられ、以来東海道線から遠くはなれた静岡県南部を通ずる路線として、県民の注目を集めるところとなった。時は昭和二十三年九月六日であった。

駿遠線撤去

昭和三十一年一月一日付にて、今まで藤枝新駅と呼び親しまれていた駅名を、新藤枝駅と改称した。

また、同年十一月十九日よりは、新藤枝駅～地頭方駅間に快速列車を運転。一方、袋井駅～新三俣駅間には、昭和三十三年五月二十日より快速列車を運転した。

このように近代化を目指して進んで来ましたが、軽便鉄道のため、いかんせん輸送力が弱く、静岡市内線（37・9・14）秋葉線（37・9・19）につづいて、この駿遠線も、ついに昭和三十八年には撤去の方針が確定した。

そして、昭和三十九年九月二十六日新藤枝駅～大手間、および堀野新田駅～新三俣駅間が廃止され、ただちにバス代行輸送に切り替えられた。

駿遠線については、昭和三十一年から、三十二年にかけて、勝間田川と湯日川の鉄道橋を、従来の木橋から鉄橋にかえるなど、ある時間においては、むしろ強化の方針がとられていた。

それというのも、静岡線運動場前と駿遠線大井川駅とを結ぶ新線の計画が立てられ、それが認可を受けていたことにもよるであろう。当時、静清地区と榛南地区との経済的な交流が盛んになり、国鉄焼津駅のごときは、静岡への通勤、通学客のために、朝夕、大混雑するありさまであったから、この新線が開通すれば、駿遠線の利用客も激増することが期待されていたのである。

瀬戸川を渡るあり大手線のありし日の姿

新藤枝駅～大手駅間を結ぶ大手線についても、少なくとも、昭和三十年ごろまでは、路線施設拡充の方針が立てられていた。昭和二十六、七年ごろ、東海道一級国道の建設工事がすすめられ、大手線との交差方法についての協議が行なわれたとき、会社は、路線を四〇〇《メートル》ほど東に移して、立体交差させることを計画し、昭和三十一年、実際にこれを完成したのである。

しかし、二《フィート》六《インチ》の軽便鉄道がバスに対抗できないことは、火を見るより明らかで、しかも、大手線の場合は、距離もほんのわずかである。そういうことから、まず最初に撤去の対象とされたのである。

一方の堀野新田駅～新三俣駅間は、昭和二十三年九月六日に接続された区間である。当時としては、藤相線と中遠線をつなげることによって、利用度を高めるという意図があったわけだが高性能バスの進出のために、そのメリットもついに発揮されることなく撤去の方針が決まった。

この沿線は、ちょうど南遠

桜ヶ池付近を通過するお別れ列車

の大砂丘の付近を走っているので、開通時には独得の風景を描いたものだった。

「あの線は、まるで砂漠の中を走っているみたいだった」

と往時をなつかしがる向きも多い。

つづいて昭和四十二年八月二十七日には、旧中遠線の全線、昭和四十三年八月二十一日には、旧藤相線の大井川駅～堀野新田駅間が撤去された。

沿線人口の漸減と道路整備による自動車交通の発達により、乗客が年々減少してきたことが、おもな原因だが、旧藤相線の場合は、大井川にかかる橋が、砂利の採掘で年々河床低下し、もはや危険な状態になってきていることが撤去を決定的なものにした。

この大井川橋梁については、昭和三十五、六年ごろに、道路と一緒に永久橋にするという計画が建てられたことがあったが、分担金の問題で話がつかず、それよりも二《フィート》六《インチ》が最後まで障害となって、ついに建設が見送られたのである。

もちろん、駿遠線を三《フィート》六《インチ》に改良するという話もなかったわけではない。やはり、昭和三十年代に、県の総合計画の一環として、広軌の鉄道にすることが計画されたこともあった。

昔のおもかげわずかに残る「新岡崎」と「谷口付近の橋梁趾」

しかし、当時から、同地方の人口流出がめだってきていたため、金利を負担するだけの需要もないという結論に達し、これまた、見送らざるをえなかった。

鉄道建設の判断はむずかしい。需要がなければペイしないことは明らかだが、反面、鉄道が敷かれれば、人口が増大するという見方も成り立つ。

けっきょくのところ、駿遠線は、最初に軽便鉄道として敷設されたことが最後まで発展をさまたげる要因としてついてまわった。

（静苑１９７０（昭和45）年9月号）

株式申込證

（本證書ハ同一ノモノ二通ヲ要ス）

參錢
收入
印紙

一藤相輕便鐵道株式會社株式　　株

此金額　　圓

此證據金　　但壹株ニ付金貳圓也

右ハ貴會社定欵及左記ノ事項承認ノ上株式引受申度依テ證據金相添申込候也

一、申込株數ヨリモ少數ノ株式ヲ御割當相成候共異議無之且其減少ノ結果端數ヲ生シタルトキハ創立委員ノ決定ニ一任ス

二、證據金ノ返還ヲ受クル場合ト雖モ之ニ利息ヲ附セサル事

三、證據金ハ拙者ニ於テ第一回ノ拂込ヲ怠リタル爲メ權利ヲ失ヒタルトキハ返還ヲ受ケス

（住　所）

明治四十四年　　月　　日

（姓　名）

藤相輕便鐵道株式會社發起人御中

定欵作成ノ年月日	明治四拾四年壹月拾六日
目的	當會社ノ目的ハ輕便鐵道ヲ敷設シ一般旅客及貨物運輸ノ業ヲ營ムニ在リ
商號	藤相輕便鐵道株式會社
資本金	金參拾萬圓
壹株ノ金額	金五拾圓
第一回拂込金額	金五圓
取締役カ有スヘキ株式數	五拾株以上
本會社所在地	靜岡縣志太郡青島村前島
會社カ公告ヲ爲ス方法	本會社所轄登記所カ公告ヲ爲ス新聞紙
會社ノ負擔ニ歸スヘキ設立費	金壹千五百圓以内

發起人住所氏名及引受株式數

株數	住所	姓名
參百株	静岡市紺屋町七拾番地	笹野甚四郎
貳百株	静岡縣榛原郡勝間田村勝間田貳拾六番地	
貳百株	静岡縣榛原郡吉田村神戸貳百參拾番地	中村圓一郎
百八株	静岡縣志太郡藤枝町鬼岩寺百拾七番地	
百株	静岡縣志太郡藤枝町市部百參拾九番地	
百株	静岡縣志太郡藤枝町市部四拾番地	
百株	静岡縣志太郡藤枝町本百參拾參番地	
百株	静岡縣志太郡岡部町岡部百貳拾五番地	
百株	静岡縣志太郡西益津村田中百七番地	
百株	静岡縣志太郡青島村前島千七百參拾番地	
百株	静岡市兩替町貳丁目拾八番地	
百株	静岡市安西壹丁目九拾四番地	
八拾株	静岡縣志太郡藤枝町本貳百七拾七番地	
七拾株	静岡縣志太郡大洲村忠兵衛貳拾八番地	
七拾株	静岡縣志太郡藤枝町若王子五番地	
七拾株	静岡縣志太郡藤枝町若王子八番地	
七拾株	静岡縣志太郡藤枝町益津七拾六番地	
七拾株	静岡縣志太郡藤枝町本百七拾九番地	
五拾株	静岡縣榛原郡川崎町細江參百八拾貳番地	
五拾株	静岡縣榛原郡吉田村大幡四拾參番地	
五拾株	静岡縣志太郡相川村上泉千八拾六番地	
四拾株	静岡縣志太郡藤枝町市部五拾六番地	
參拾株	静岡縣榛原郡吉田村片岡五拾壹番地	
貳拾株	静岡縣志太郡青島村南新屋拾番地	
貳拾株	静岡縣志太郡高洲村大新島四拾七番地	
拾五株	静岡縣志太郡青島村前島五拾六番地ノ壹	
拾五株	静岡縣志太郡青島村前島貳拾五番地	
拾株	静岡縣榛原郡吉田村川尻貳拾八番地	
拾株	静岡縣榛原郡吉田村吉田五百拾五番地	
五株	静岡縣志太郡西益津村平島六拾七番地	
五株	静岡縣榛原郡相良町大江六百貳番地	
五株	静岡縣榛原郡相良町波津百貳番地	
五株	静岡縣榛原郡相良町福岡拾番地	
五株	静岡縣榛原郡相良町須々木貳拾九番地	
五株	静岡縣榛原郡相良町波津七百貳拾參番地	

申込取扱銀行

静岡縣志太郡藤枝町　共盛銀行
静岡縣志太郡藤枝町　藤枝銀行
静岡縣志太郡藤枝町　木榮銀行
静岡縣志太郡青島村　青島實業銀行
静岡縣榛原郡勝間田村　勝間田銀行
静岡縣榛原郡吉田村　遠陽銀行

静岡縣志太郡青島村前島六百五拾貳番地ノ貳
藤相輕便鐵道株式會社創立事務所

此申込證ハ二通ニ署名捺印ヲ要ス但一通ハ印紙貼用ニ及ハス

●申込期限　十月十五日

明治44年11月25日に会社を創立した。

◉相良停車場にて開通式

拝啓益々御多祥奉賀候陳者相良延長線工事竣成本月十三、十四日兩日鐵道院ノ監査モ無事終了致シ本十六日ヨリ開通ノ運ニ相成候ニ付テハ大手相良間往復乗車券一葉差上候間御便宜ノ節御試乗被成下度此段得貴意候　匆々

大正七年六月十六日

藤相鐵道株式會社

株主各位

藤相鉄道全通祝賀式の光景

「相良町　空前の盛観」

藤相鉄道全通式は、16日午後4時より相良駅前広場において開会された。当日の来賓として、鉄道院より巡察課技師渡邊嘉夫、監督局副参事五島慶太など。本県より豊田警察部長その他一行。

笹野社長の開会の辞、来賓の挨拶後、宴に移る。藤相鉄道万歳を唱和して閉会し、一行は海浜での綱引の余興場に移る。投げ餅、手踊り等もあり、花火は絶えず打ち上げられた。

相良町あげて、この祝賀に酔っている状況。ほとんど空前の盛観なり。なお当日は、新延長の川崎相良間は無料乗車のため、非常の雑踏を極めた。

参考資料　静岡民友新聞　大正7年6月18日

絵はがき　相良駅構内

御案内次第書

一午前五時相良停車場構内ニ於テ祭神式擧行
一午後四時相良停車場構内式場ニ於テ開通式
擧行引續キ開宴
餘興　藝妓手踊、投餅、煙火
右終テ荻間川岸ヨリ御乗船ノ上相良町主催
ノ海岸休憩所ニ御移リヲ願フ事
餘興
引網
潜水機鮑取リ
直ニ鮮魚ヲ調理シ差上候事
一御歸路ノ列車ハ相良發午後八時五十一分ニ
御乗車ノ上院線藤枝發上リ午後十一時六分
發ニ接續致候
以上

藤相鐵道株式會社

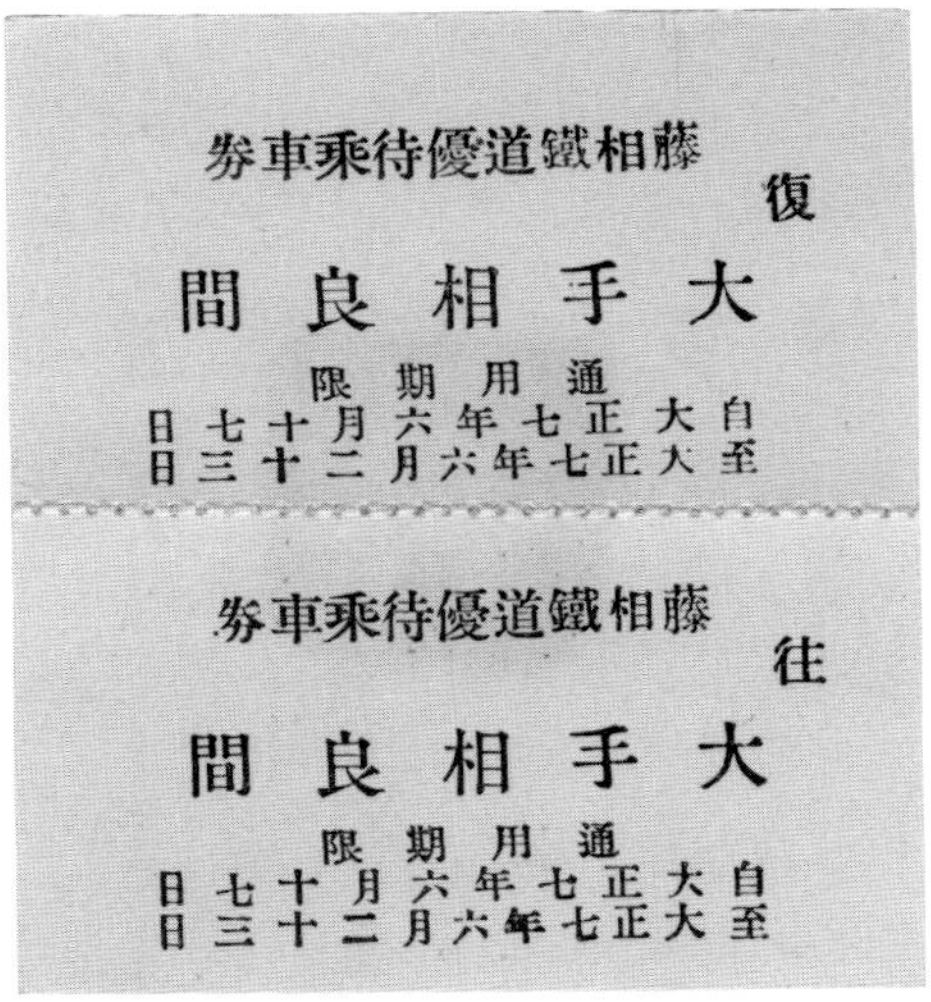

往復鉄道優待乗車券

昭和二年十一月十九日

藤相鐵道株式會社
取締役社長　中村圓一郎

株主　甲賀　殿

拝啓益御多祥奉慶賀候陳者豫テ御回付致置候案件ニ基キ去ル十月二十八日臨時株主總會相開キ候處資本增加並ニ之ニ伴フ定款變更ノ儀ハ總テ提案ノ如ク滿場一致ノ御決議ニヨリ協賛ヲ得又取締役三名ノ選擧ハ熊澤一衛、中條一資、甲賀菊太郎ノ三氏當選孰レモ御快諾ヲ得就任相成候間御了知被下度就テハ各位ガ既ニ御案内ノ如ク近時ニ於ケル當社業績ノ不振ハ覆フベカラザルノ事實ニシテコハ一般ノ深刻ナル不景氣ト急激ナル自動車發達ノ影響ニ依リ貨客集散ノ狀況ニ變遷ヲ來シタルニ外ナラズト存候併シ當鐵道ノ沿線ハ元々物資ニ富ミ人口亦寡カラザルヲ以テ假令他ニ如何ナル交通機關ノ簇出スルコトアルモ本社鐵道線路ガ輸送上中樞ノ要路ヲ占ムル點ハ將來毫モ渝ルコトナキハ明瞭ナル事柄ニ有之候モ如何セン現在ノ二呎六吋ノ蒸汽鐵道ヲ以テシテハ到底現代社會ノ要求ニ副ハズ故ニ差向キ業務上ニ改善ヲ加ヘテ其ノ內容ヲ堅實ナラシムルト共ニ一面速カニ電化ニ對スル準備ニ着手致度旁增資優先株ノ募集ニ關シ重役會ノ協議ニヨリ左記ノ如ク割當致候間何卒當社ノ微衷ヲ察セラル、ト共ニ地方開發上大ニ意義アル計劃ナルコトヲ諒トセラレ奮テ御引受ノ程希上度追テ申込書御回送可仕候モ不取敢右御報旁得貴意度如斯御座候　敬具

記

株

優先株　但シ年八朱

追テ拂込期日ハ當初十二月中ノ見込ナリシモ年內既ニ餘日少ク候ニ付更ニ重役會ニ於テ協議ヲ遂ゲ決定致スベク(第一回拂込金額ハ凡ソ壹株金五圓期日ハ明年二月頃ノ豫定)猶御都合ニヨリ割當株數ヲ超ヘ御申込相成候モ差支ナク尤モ其ノ應募狀況ニヨリ或ハ取捨ノ止ムヲ得サル場合モ可有之ト存候

拜啓陳者來ル三月二十五日午前十時藤枝町下傳馬養命寺ニ於テ當會社臨時株主總會ヲ開キ別記事項御決議相願度候間萬障御繰合御出席被成下度此段御通知申上候也

昭和三年三月一日

静岡縣志太郡青島町前島六百六拾壹番地ノ壹
藤相鐵道株式會社
取締役社長　中村圓一郎

株主各位

追テ決議ハ株金ノ半額以上株主ノ半數以上御出席ヲ要シ候間萬一御出席難相成候ハバ別紙委任狀ニ御記名御調印ノ上折返シ御送付被成下度候

會議ノ目的事項

第一號議案

一、昭和二年十月二十八日決議シタル増資並ニ之ニ伴フ定款變更ノ件ハ之レヲ廢棄スルノ件

理由　別項ノ如ク減資並ニ新ニ増資ノ必要ヲ生シタルニ由ル

第二號議案

一、當會社資本總額金壹百貳萬圓ノ内金貳拾萬四千圓ヲ減少シ缺損補塡並ニ財産價額ノ消却ニ充ツルノ件

二、前項減資ノ方法ノ件

三、前各項減資ノ實行ニ伴ヒ株式名義ノ書換ヲ停止スルノ件

第三號議案

一、當鐵道電化改良資金トシテ優先株金九拾八萬四千圓増資ヲ爲スノ件

二、増資株式ノ募集ニ關スル割當其他一切ノ方法ハ取締役會ノ決議ニ一任スルノ件

第四號議案

一、定款變更ノ件

定款第三條ヲ左ノ如ク改ム

本會社ハ資本金總額ヲ金百八拾萬圓トス

舊「本會社ハ資本總額金百貳萬圓トス」

仝　第五條ヲ左ノ如ク改ム

本會社ノ株式ハ壹株ノ金額ヲ金五拾圓トシ其ノ株數ヲ參萬六千株トシ之レヲ區別スル

◉五社合併　合併契約書

拝啓　時下料峭之候益々御多祥之段奉賀候
陳者來ル三月十二日（金曜日）午後二時ヨリ本社樓上
ニ於テ臨時株主總會相開キ左記事項御決議相願度候
間御出席相成度此段御通知申上候　敬具

追而右總會ハ定款第二十條ニ依ル株主ノ決議ヲ要スル次第ニ付
御出席相成難キ場合ハ別紙委任狀御捺付被下度當日御出席ノ節
ハ株主ノ証トシテ封皮ノ儘受付ニ御差出被下度候

臨時株主總會決議事項

一、當會社ト靜岡電氣鐵道株式會社　藤相鐵道株式會
社　靜岡乘合自動車株式會社及靜岡交通自動車株
式會社ト別紙合併契約書承認ノ件

昭和十八年二月二十四日

合併契約書（寫）

靜岡電氣鐵道株式會社（以下甲ト稱ス）藤相鐵道株式會社（以下乙ト稱ス）中遠鐵道株式會社（以下丙ト稱ス）靜岡乘合自動車株式會社（以下丁ト稱ス）靜岡交通自動車株式會社（以下戊ト稱ス）ノ各會社（以下五會社ト稱ス）ハ靜岡縣中部地方ノ交通機關ノ整備擴充及經營ノ合理化ヲ圖ル爲會社合併ニ關シ左ノ條項ヲ契約ス

第壹條　甲乙丙丁及戊ハ合併シ甲ハ存續シ乙丙丁及戊ハ解散スルモノトス
本合併成立ト同時ニ甲ハ其ノ商號ヲ靜岡鐵道株式會社ト變更スルモノトス

第貳條　甲ハ合併ニ因リ資本金壹百五拾萬圓ヲ增加シ其ノ增加資本ニ對シ額面金五拾圓全額拂込濟株式貳萬六千八百四拾株額面金五拾圓內金貳拾五圓拂込濟株式壹千株額面金五拾圓內金拾圓拂込濟株式貳千壹百六拾株ヲ發行シ之ヲ左ノ割合ニ依リ合併實行ノ日ニ於ケル乙丙及戊ノ最終株主ニ割當交付スルモノトス但シ併合ニ適セザル部分ニ付テハ商法ノ規定ニ依リ處理スルモノトス

一、乙ノ額面金五拾圓全額拂込濟株式壹株ニ付甲ノ同一額面同一拂込濟株式壹株
二、丙ノ額面金五拾圓全額拂込濟株式及額面金五拾圓內金拾圓拂込濟株式壹株ニ付夫々甲ノ同一額面同一拂込濟株式壹株
三、戊ノ額面金五拾圓全額拂込濟株式壹株ニ付甲ノ同一額面同一拂込濟株式壹株及戊ノ額面金五拾圓內金拾貳圓五拾錢拂込濟株式貳株ニ付甲ノ額面五拾圓內金貳拾五圓拂込濟株式壹株

丁ノ株式ハ甲及乙ニ於テ全株所有スルヲ以テ甲ノ株式ノ割當ヲ爲サザルモノトス

第參條　前條ニ依リ甲ガ乙丙及戊ノ株主ニ交付スル株式ノ種類ハ左ノ通トス
一、丙及戊ノ株主ニ交付スル甲ノ株式ハ普通株トス
二、乙ノ株主ニ交付スル甲ノ株式ハ優先株トス
本合併實行前ニ於ケル甲ノ株式ハ普通株トス

第四條　甲ハ優先株主ニ對シ年八分ノ割合ニ依リ配當ヲ爲シタル後普通株主ニ對シ年六分ノ割合ニ依リ配當ヲ爲スモノトス
前項ノ配當ヲ爲シタル後利益ノ剩餘アルトキハ優先株主ニ對シ年九分普通株主ニ對シ年七分ノ割合ニ達スル迄優先株主及普通株主ニ對シ均等ノ割合ニ依リ配當ヲ爲シ尙利益ノ剩餘アルトキハ普通株主ニ對シ年九分ノ割合ニ達スル迄配當ヲ爲スモノトス
優先株主及普通株主ニ對シ引續キ三事業年度年九分ノ利益配當ヲ爲シタルトキハ爾後優先株式ヲ普通株式ニ引直スモノトス

第五條　甲ハ第貳條ノ交付株式ニ對シ左ノ割合ニ依リ配當金ニ代ハル交付金ヲ支拂フモノトス
一、乙ノ株主ニ交付スル株式ニ付テハ昭和拾八年壹月壹日ヨリ合併實行期日ノ前日迄ノ期間ニ付年八分ノ割合
二、丙及戊ノ株主ニ交付スル株式ニ付テハ昭和拾七年拾貳月壹日ヨリ合併實行期日ノ前日迄ノ期間ニ付年六分ノ割合
前項ノ交付金ハ昭和拾八年五月參拾壹日現在ノ最終株主ニ對シ甲ノ利益配當金ノ支拂ト同時ニ之ヲ爲スモノトス

社長は五島慶太。

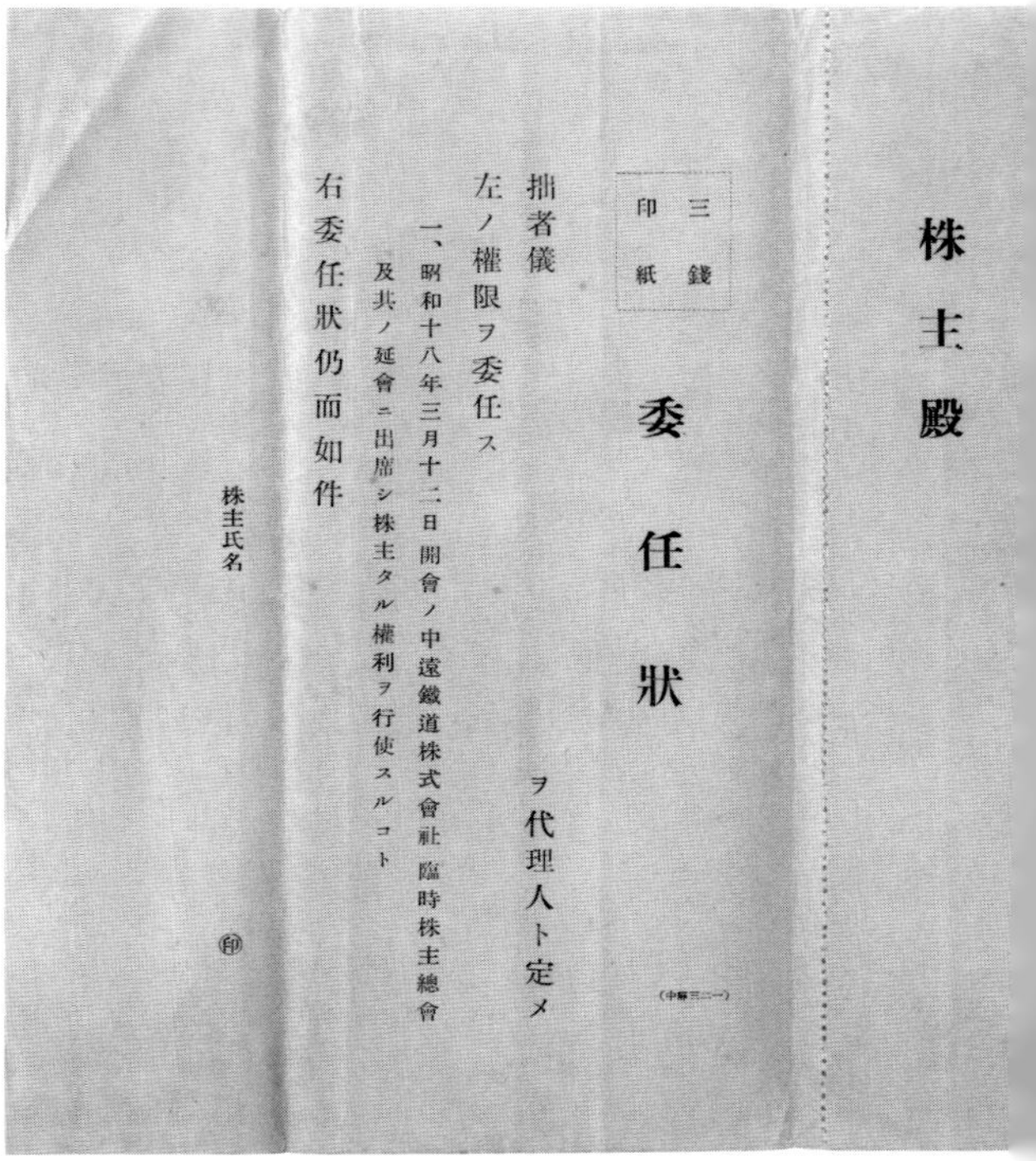

株主殿

三錢
印紙

委任狀

拙者儀

ヲ代理人ト定メ

左ノ權限ヲ委任ス

一、昭和十八年三月十二日開會ノ中遠鐵道株式會社臨時株主總會及其ノ延會ニ出席シ株主タル權利ヲ行使スルコト

右委任狀仍而如件

株主氏名　　㊞

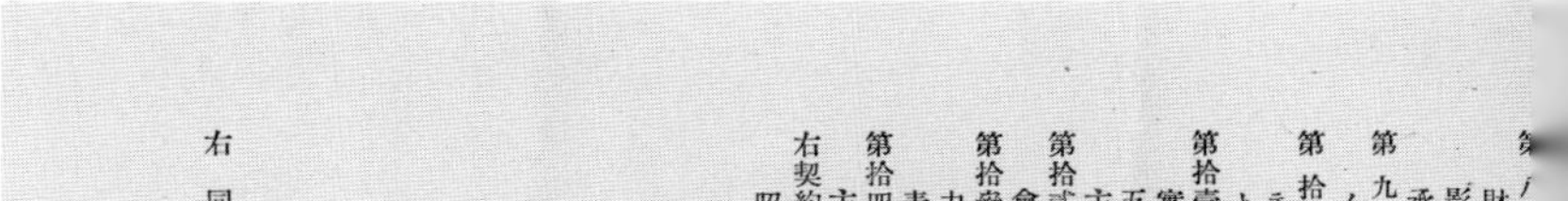

財産ノ管理及日常ノ營業ヲ爲スモノトシ財産ノ處分義務ノ負擔其ノ他財産狀態ニ影響ヲ及ボスベキ重要事項ニ付テハ特ニ定メタルモノヲ除キ豫メ甲ニ協議シ其ノ承認ヲ受クルモノトス

第九條　合併實行ノ際在職ノ乙丙丁及戊ノ使用人ハ甲ニ於テ全部現給ノ儘新規採用ノ形式ニ依リ繼承スルモノトス

第拾條　甲ハ乙丙丁及戊ニ於テ法令又ハ法令ニ基キ主務大臣ノ認容スル範圍内ニ於テ各其ノ役員及從業員ニ對シ退職金竝ニ解散手當ヲ支出スルコトヲ承認スルモノトス

第拾壹條　五會社ハ昭和拾八年參月拾貳日各株主總會ヲ招集シ本契約ノ承認竝ニ其ノ實行ニ必要ナル決議ヲ爲スモノトス

五會社ハ前項ノ株主總會ノ承認竝ニ決議ヲ了シタルトキハ遲滯ナク本合併ニ關シ主務官廳ニ對スル認可許可申請ヲ爲シ其ノ他必要ナル事項ヲ處理スルモノトス

第拾貳條　本契約ニ規定セル事項以外ニ於テ本合併ニ關シ必要ナル事項アルトキハ五會社ノ代表者ニ於テ之ヲ協定實行スルモノトス

第拾參條　本契約締結ノ日ヨリ合併實行期日ニ至ル迄ノ期間ニ於テ天災其ノ他不可抗力ニ因リ契約者ノ一方又ハ双方ノ財産ニ著シキ變動ヲ生ジタルトキハ五會社ノ代表者協議ノ上合併條件ヲ變更シ又ハ本契約ヲ解除スルコトヲ得ルモノトス

第拾四條　本契約ハ五會社ノ何レカノ株主總會ニ於テ承認ヲ得ザルカ又ハ本合併ニ付主務官廳ノ認可許可ヲ得ルコト能ハザルトキハ其ノ效力ヲ失フモノトス

右契約ノ證トシテ本書五通ヲ作成シ各自其ノ壹通ヲ保有スルモノトス

昭和拾八年貳月貳拾日

甲　静岡市鷹匠町壹丁目七拾壹番地
静岡電氣鐵道株式會社
取締役社長　五島慶太

乙　静岡縣志太郡青島町前島六百六拾番地
藤相鐵道株式會社
取締役社長　中村圓一郎

丙　静岡縣磐田郡袋井町高尾千貳百壹番地
中遠鐵道株式會社
取締役社長　五島慶太

丁　静岡市榮町壹丁目八番地
静岡乘合自動車株式會社
取締役社長　多久安信

戊　静岡市安西參丁目參拾貳番地
静岡交通自動車株式會社
取締役社長　山田順策

右同意候也

静岡電氣鐵道株式會社
監查役　三宮四郎

中遠鐵道株式會社
監查役　大川博

昭和18年5月15日に静岡鉄道株式会社が創立した。

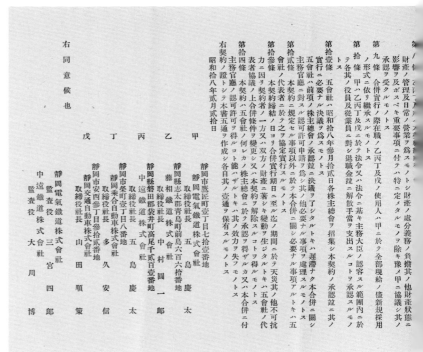

◉中遠鉄道　年賀はがき

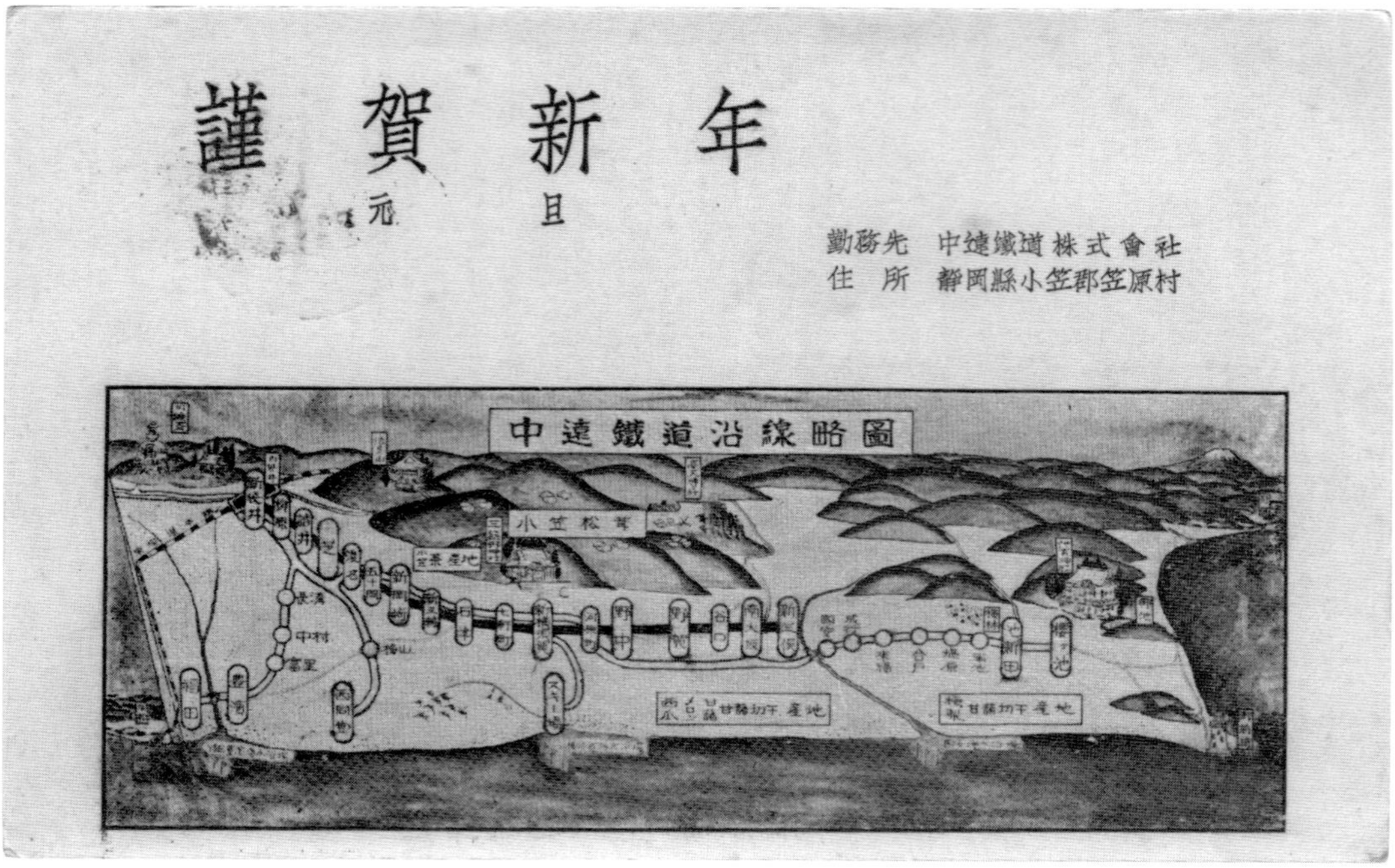

軽便鉄道とバス路線がわかる。

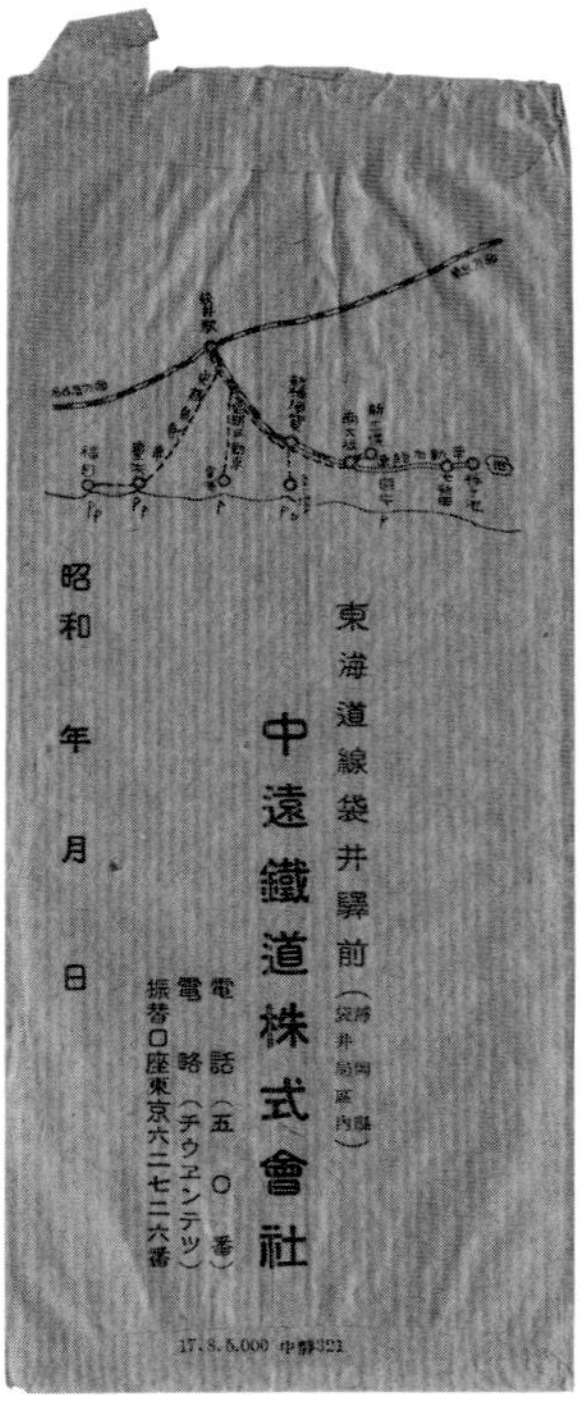

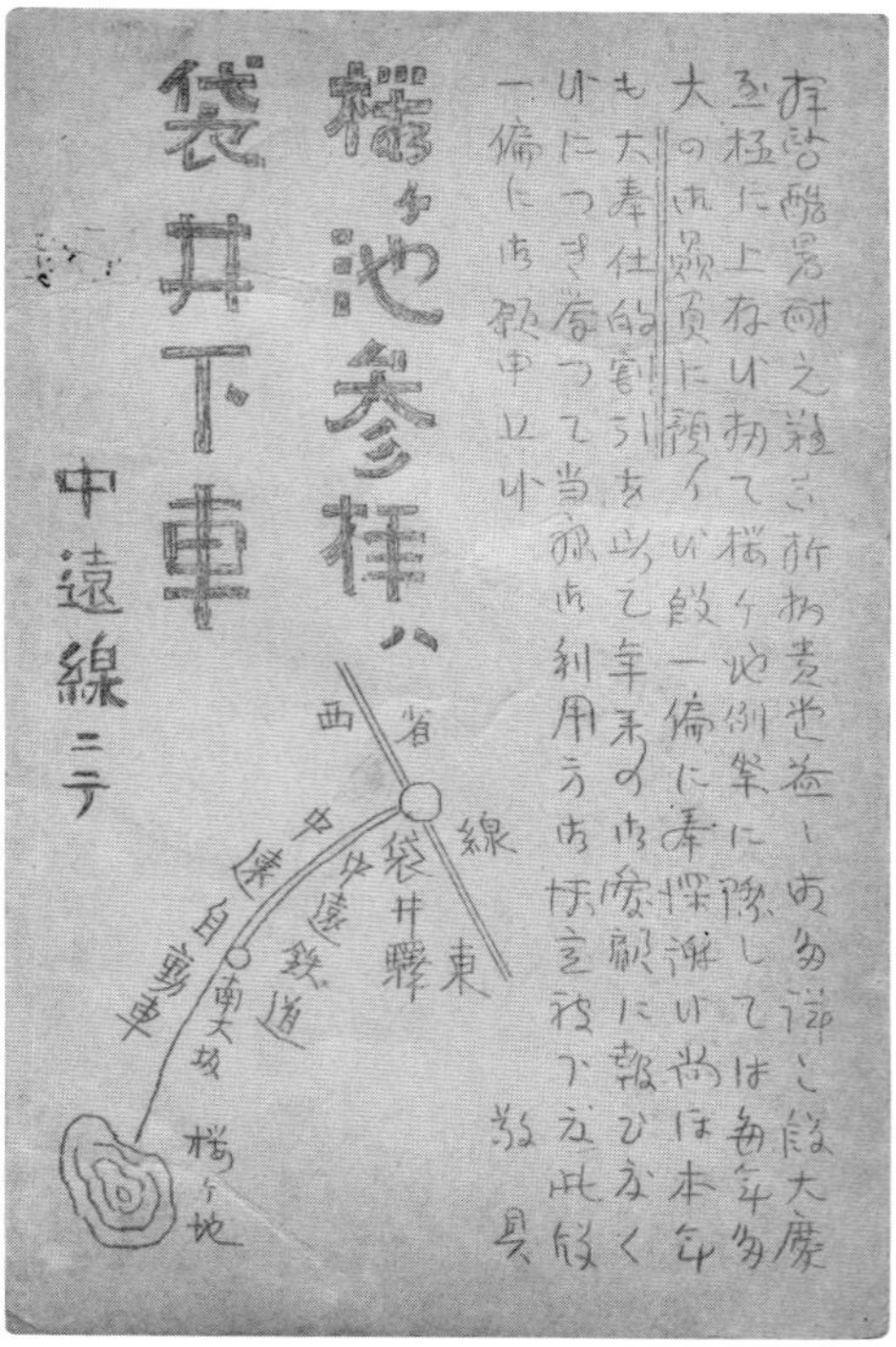

桜ヶ池行きバスあり。

●駿遠鉄道　株券　※ライバル会社

駿遠鐵道株式會社

甲第壹四貳六號

駿遠鐵道株式會社株券

株主

金五百圓也

拾株券

設立ノ登記　明治四拾五年四月貳拾九日
資本總額　金壹百貳拾萬圓也
壹株ノ金額　金五拾圓也

右記名者ハ法令定款ノ規定ヲ遵守シ
當會社株式ノ内拾株ノ株主タルコトヲ
證スル爲メ此株券ヲ交付スルモノ也

明治四十五年五月一日

駿遠鐵道株式會社
取締役會長

ライバル会社の株券

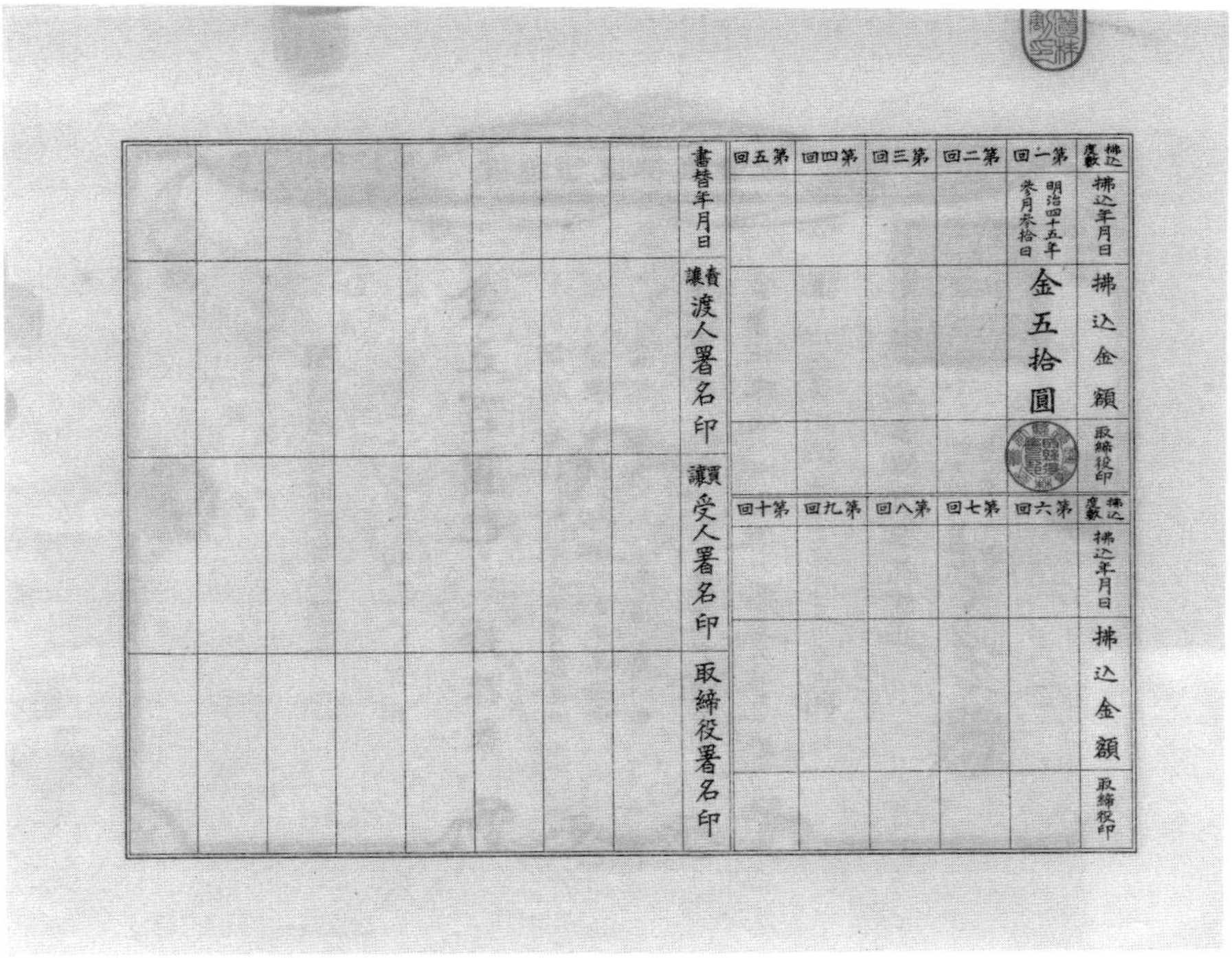

拂込度數	第一回	第二回	第三回	第四回	第五回
拂込年月日	明治四十五年參月參拾日				
拂込金額	金五拾圓				
取締役印					

拂込度數	第六回	第七回	第八回	第九回	第十回
拂込年月日					
拂込金額					
取締役印					

書替年月日	讓渡人署名印（賣）	讓受人署名印（買）	取締役署名印

藤相鉄道　時刻表

大正３年９月に、新藤枝―大井川間が開通。

蒸気機関車の時代　　　　大正３年10月改正

（下り列車）

マイル	賃金	キロ	駅　名		1	3	5	7	9	11	13	15	17	19
0.0	0	0.0	大手	発	526	719	958	1122	1248	1427	1622	1808	2017	2217
0.4	2	0.5	慶全寺前	〃	529	722	1001	1125	1251	1430	1625	1811	2020	2220
0.8	3	1.2	岡出山	〃	532	725	1004	1128	1254	1433	1628	1814	2023	2223
1.1	4	1.7	瀬戸川	〃	535	728	1007	1131	1257	1436	1631	1817	2026	2226
1.5	5	2.3	志太	〃	538	731	1010	1134	1300	1439	1634	1820	2029	2229
1.9	6	3.0	青木	〃	541	734	1013	1137	1303	1442	1637	1823	2032	2232
2.3	7	3.7	藤枝新	〃	623	820	1041	1200	1333	1541	1721	1906	2110	2254
3.7	11	5.9	高洲	〃	631	828	1049	1208	1341	1549	1729	1914	2118	2302
4.6	13	7.4	大洲	〃	637	834	1055	1214	1347	1555	1735	1920	2124	2308
5.1	14	8.2	上新田	〃	641	838	1059	1218	1351	1559	1739	1924	2128	2312
5.9	16	9.4	相川	〃	646	843	1104	1223	1356	1604	1744	1929	2133	2317
6.6	18	10.5	大井川	着	649	846	1107	1226	1359	1607	1747	1932	2136	2320

（上り列車）

マイル	賃金	キロ	駅　名		2	4	6	8	10	12	14	16	18	20
0.0	0	0.0	大井川	発	‥	710	947	1115	1239	1418	1613	1801	2008	2208
0.7	2	1.1	相川	〃	‥	714	951	1119	1243	1422	1617	1805	2012	2212
1.5	4	2.3	上新田	〃	‥	719	956	1124	1248	1427	1622	1810	2017	2217
2.0	5	3.1	大洲	〃	‥	723	1000	1128	1252	1431	1626	1814	2021	2221
2.9	7	4.6	高洲	〃	‥	729	1006	1134	1258	1457	1632	1820	2027	2227
4.3	11	6.8	藤枝新	〃	624	819	1040	1201	1332	1542	1722	1905	2109	2253
4.7	12	7.5	青木	〃	628	823	1044	1205	1336	1546	1725	1909	2113	2257
5.1	13	8.2	志太	〃	631	826	1047	1208	1339	1549	1729	1912	2116	2300
5.5	14	8.8	瀬戸川	〃	634	829	1050	1211	1342	1552	1732	1915	2119	2303
5.8	15	9.3	岡出山	〃	637	832	1053	1214	1345	1555	1735	1918	2122	2306
6.0	16	10.0	慶全寺前	〃	640	835	1056	1217	1348	1558	1738	1921	2125	2309
6.6	18	10.5	大手	着	642	837	1058	1219	1350	1600	1740	1923	2127	2311

青木と志太の停留場があった。

注１）賃金とは三等運賃のこと（当時は三等級制）
注２）キロはマイルを換算したもの
注３）藤枝新は東海道本線藤枝駅とは離れた旧駅

絵はがき　跨線橋

大正8年11月1日改正

新横須賀行

マイル	運賃(銭)	駅　名		不1	3	5	7	9	11	13	15	17	19	21
0.0	0	**袋井新**	発	620	820	948	1100	1250	1355	1515	1656	1740	1855	2010
0.6	3	柳原	〃	624	824	952	1104	1254	1359	1518	1700	1744	1859	2014
1.3	6	諸井	〃	629	829	957	1109	1258	1404	1524	1705	1749	1904	2019
2.0	8	**芝**	〃	634	834	1002	1114	1304	1409	1528	1709	1754	1908	2023
2.5	10	浅名	〃	638	838	1006	1118	1308	1413	1533	1713	1758	1912	2027
3.1	13	五十岡	〃	642	842	1010	1122	1312	1417	1537	1717	1802	1916	2031
3.8	16	**新岡崎**	〃	648	848	1016	1128	1318	1423	1543	1722	1808	1922	2037
4.3	18	新三輪	〃	652	852	1020	1132	1322	1427	1547	1726	1812	1926	2041
4.8	20	石津	〃	656	856	1024	1136	1326	1431	1551	1730	1816	1930	2045
5.5	22	七軒町	〃	701	901	1029	1141	1331	1436	1556	1735	1821	1935	2050
6.3	26	**新横須賀**	着	705	905	1033	1145	1335	1440	1600	1739	1825	1939	2054

太字は連帯駅　　並等車のみ運転　不：不定期列車を示す

袋井新行

マイル	運賃(銭)	駅　名		不2	4	6	8	10	12	14	16	18	20	22
0.0	0	**新横須賀**	発	445	628	802	930	1110	1232	1403	1525	1611	1750	1902
0.8	4	七軒町	〃	450	633	807	935	1115	1237	1408	1530	1616	1755	1907
1.5	6	石津	〃	455	638	812	940	1120	1242	1413	1535	1621	1800	1912
2.0	8	新三輪	〃	459	642	816	944	1124	1246	1417	1539	1625	1804	1916
2.5	10	**新岡崎**	〃	503	647	821	949	1129	1251	1422	1544	1629	1809	1921
3.2	13	五十岡	〃	508	652	826	954	1134	1256	1427	1548	1634	1814	1926
3.8	16	浅名	〃	512	656	830	958	1138	1300	1431	1553	1638	1818	1930
4.3	18	**芝**	〃	516	701	835	1003	1143	1305	1436	1558	1642	1823	1934
5.0	20	諸井	〃	520	705	839	1007	1147	1309	1440	1602	1646	1827	1938
5.7	23	柳原	〃	525	710	844	1012	1152	1314	1445	1607	1651	1832	1943
6.3	26	**袋井新**	着	528	713	847	1015	1155	1317	1448	1610	1654	1835	1946

太字は連帯駅　　並等車のみ運転　不：不定期列車を示す

大正3年に、袋井新—新横須賀が開通。蒸気機関車の時代、ちょうど45分かかった。

絵はがき　新岡崎駅

藤相鐵道　列車發着時刻表　〔下り〕

◉大正五年一月一日ヨリ施行

列車番號	大手發	慶全寺前發	岡出山發	瀬戸川發	志太發	青木村發	藤枝新着	院線 下り	院線 上り	藤枝新發	高洲發	大洲發	上新田發	相川發	大井川着	富士見橋	大幡發	神戸村發	上吉田發	下吉田發	根松發	細江發	遠州川崎町着
一	五、五六	五、五八	六、〇〇	六、〇三	六、〇五	六、〇七	六、一〇	六、一九		｜	｜	｜	｜	｜	｜		｜	｜	｜	｜	｜	｜	｜
二三	｜	｜	｜	｜	｜	｜	｜			｜	｜	｜	｜	｜	｜		六、二五	六、三〇	六、三六	六、四〇	六、四四	六、五〇	六、五五
三	六、四九	六、五一	六、五三	六、五六	六、五八	七、〇〇	七、〇三		七、一〇	七、一八	七、二五	七、二九	七、三三	七、三七	七、四一		八、一九	八、二三	八、二九	八、三三	九、三七	八、四二	八、四七
二五	七、四九	七、五一	七、五三	七、五六	七、五八	八、〇〇	八、〇三	八、一三		｜	｜	｜	｜	｜	｜		｜	｜	｜	｜	｜	｜	｜
五	八、三九	八、四一	八、四三	八、四六	｜	｜	八、五三		九、〇〇	九、〇八	九、一五	九、一九	九、二三	九、二七	九、三一		九、五三	九、五六	一〇、〇二	一〇、〇六	一〇、一〇	一〇、一五	一〇、二〇
七	九、五[illegible]	九、五[illegible]	九、五[illegible]	九、五[illegible]	九、五[illegible]	一〇、〇[illegible]	一〇、〇[illegible]	一〇、一[illegible]	一〇、三[illegible]	一〇、四[illegible]	一〇、四[illegible]	一〇、五[illegible]	一〇、五[illegible]	一一、〇[illegible]	一一、〇[illegible]		一一、二[illegible]	一一、二[illegible]	一一、三[illegible]	一一、三[illegible]	一一、四[illegible]	一一、四[illegible]	一一、五[illegible]
九	一一、二九	一一、三一	一一、三三	一一、三六	一一、三八	一一、四〇	一一、四三	一一、五七	一一、五四	一二、〇六	一二、一三	一二、一七	一二、二一	一二、二五	一二、二九		一二、五三	一二、五七	一、〇三	一、〇七	一、一一	一、一七	一、二三
一一	一二、四八	一二、五〇	一二、五二	一二、五五	一二、五七	一二、五九	一、〇二	一、三	一、一一	一、三〇	一、三七	一、四一	一、四五	一、四九	一、五三		二、一七	二、二二	二、二八	二、三二	二、三六	二、四二	二、四七
一三	一、三二	一、三四	一、三六	一、三九	一、四一	一、四三	一、四六		二、五五	三、〇五	三、一二	三、一六	三、二〇	三、二四	三、二八		四、〇三	四、〇八	四、一四	四、一八	四、二三	四、二八	四、三三
二七	三、二三	三、二五	三、二七	三、三〇	三、三二	｜	三、三六	三、四五		｜	｜	｜	｜	｜	｜		｜	｜	｜	｜	｜	｜	｜
二九	四、一三	四、一四	四、一六	四、一九	四、二一	｜	四、二五		四、三	｜	｜	｜	｜	｜	｜		｜	｜	｜	｜	｜	｜	｜
一五	四、五五	｜	四、五九	五、〇三	｜	｜	五、〇七	五、一三		五、二三	五、三〇	五、三四	五、三八	五、四二	五、四六		六、一四	六、一九	六、二五	六、二九	六、三三	六、三九	六、四四
一七	六、一三	六、一五	六、一七	六、二〇	六、二二	六、二四	六、二七	六、三六	六、四七	六、五七	七、〇四	七、〇八	七、一二	七、一六	七、二〇		七、五〇	七、五五	八、〇一	八、〇五	八、〇九	八、一五	八、二〇
一九	八、二二	八、二三	八、二五	八、二八	八、三〇	八、三三	八、三五	八、四四	八、五六	九、〇六	九、一三	九、一七	九、二一	九、二五	九、二九		一〇、一〇	一〇、一五	一〇、二一	一〇、二五	一〇、二九	一〇、三五	一〇、四〇
二一	一〇、四二	一〇、四四	一〇、四六	一〇、四九	一〇、五一	一〇、五三	一〇、五六	一一、一一	一一、〇六	一一、二〇	一一、二七	一一、三一	一一、三五	一一、三九	一一、四三								

志太、青木村、下吉田の停留場があった。

藤相鐵道　列車發着時刻表　〔上り〕

◉大正五年一月一日ヨリ施行

列車番號	遠州川崎町發	細江發	根松發	下吉田發	上吉田發	神戸村發	大幡着	富士見橋	大井川發	相川發	上新田發	高洲發	大洲發	藤枝新着	院線 下り	院線 上り	藤枝新發	青木村發	志太發	瀬戸川發	岡出山發	慶全寺前發	大手着
二二	|	|	|	|	|	|	|		|	|	|	|	|	|	六、一九		六、二九	六、三二	六、三五	六、三八	六、四〇	六、四二	六、四四
二	五、四五	五、五一	五、五七	六、〇一	六、〇五	六、一〇	六、一五		六、三七	六、四一	六、四五	六、四八	六、五三	七、〇〇		七、一〇	七、一九	七、二二	七、二四	七、二七	七、二九	七、三一	七、三三
二四	|	|	|	|	|	|	|		|	|	|	|	|	|	八、一三		八、二〇	|	|	八、二八	八、三〇	|	八、三三
四	七、三三	七、三八	七、四四	七、四八	七、五二	七、五九	八、〇二		八、三〇	八、三四	八、三八	八、四一	八、四六	八、五三		九、〇〇	九、〇九	九、一二	九、一四	九、一七	九、一九	九、二一	九、二三
六	八、五五	九、〇一	九、〇七	九、一一	九、一五	九、二一	九、二四		九、四二	九、四六	九、五〇	九、五三	九、五八	一〇、〇五	一〇、一四	一〇、三五	一〇、四四	一〇、四七	一〇、四九	一〇、五二	一〇、五四	一〇、五六	一〇、五八
八	一〇、三〇	一〇、三六	一〇、四二	一〇、四六	一〇、五〇	一〇、五七	一一、〇〇		一一、二一	一一、二五	一一、二九	一一、三三	一一、三七	一一、四四	一一、五七	一一、五四	一二、〇七	一二、一〇	一二、一二	一二、一五	一二、一七	一二、一九	一二、二一
一〇	一一、五五	一二、〇一	一二、〇六	一二、一〇	一二、一四	一二、二〇	一二、二三		一二、四〇	一二、四四	一二、四八	一二、五一	一二、五六	一、〇三	一、一三	一、一一	一、三一	一、三四	一、三六	一、三九	一、四一	一、四三	一、四五
一二	一、三三	一、三九	一、四四	一、四八	一、五二	一、五九	二、〇三		二、二四	二、二八	二、三二	二、三五	二、四〇	二、四七		二、五五	三、〇四	|	|	三、一三	|	|	三、一七
二六	|	|	|	|	|	|	|		|	|	|	|	|	|	三、四五		三、五三	|	|	四、〇〇	四、〇二	四、〇四	四、〇六
一四	三、〇八	三、一五	三、二〇	三、二四	三、二八	三、三五	三、三八		四、〇〇	四、〇四	四、〇八	四、一一	四、一六	四、二三		四、三三	四、三八	|	|	四、四五	四、四七	|	四、五〇
二八	|	|	|	|	|	|	|		|	|	|	|	|	|	五、一三		五、二三	五、二五	五、二七	五、三〇	五、三二	五、三四	五、三六
一六	五、一二	五、一八	五、二三	五、二七	五、三一	五、三八	五、四一		六、〇三	六、〇七	六、一一	六、一四	六、一九	六、二六	六、三六	六、四七	六、五六	六、五九	七、〇一	七、〇四	七、〇六	七、〇八	七、一〇
一八	七、〇〇	七、〇七	七、一二	七、一六	七、二〇	七、二七	七、三〇		八、一一	八、一五	八、一九	八、二二	八、二七	八、三四	八、四四	八、五六	九、〇五	九、〇八	九、一〇	九、一三	九、一五	九、一七	九、一九
二〇	九、三〇	九、三七	九、四二	九、四六	九、五〇	九、五七	一〇、〇〇		一〇、二三	一〇、二六	一〇、三〇	一〇、三三	一〇、三八	一〇、四五	一一、一〇	一一、〇七	一一、一九	一一、二二	一一、二四	一一、二七	一一、二九	一一、三一	一一、三三

大井川は人車（手押し客車）軌道の時代。

◉時刻表　相川競馬場臨時列車

來る四月(七日、八日、九日)相川競馬場に於て公認競馬開催に付左の臨時列車運轉致候

大手發	午前一〇、二八		正午一二、一二	
岡出山發	一〇、三三		一二、一六	
瀬戸川發	一〇、三五		一二、一九	
藤枝新發	定期列車ニ連絡ス	午前一〇、五二	一二、三〇	
高洲發		各驛停車	……	
上新田發			一二、四八	
大井川着		一一、一五	一二、五三	
大幡發				午後四、三〇
上吉田發				各驛停車
川崎町着				五、〇〇

川崎町發	午前一一、二一			
上吉田發	一一、三二			
大幡着	一一、四一			
大井川發	午前一一、二七	午後四、一四		午後四、五二
上新田發	各驛停車	各驛停車		各驛停車
藤枝新着	一一、五〇	四、三七		五、一五
藤枝新發	一一、五二	定期列車ニ連絡ス	午後四、二七	定期列車ニ連絡ス
瀬戸川發	……		四、三四	
岡出山發	……		四、三七	
大手着	一二、〇四		四、四一	

大正五年四月

藤相鐵道株式會社

藤枝方面から２本の臨時列車を運轉した。

藤枝競馬倶楽部《くらぶ》 相川《あいかわ》競馬場

明治41（1908）年に「社団法人藤枝競馬倶楽部」が認可される。大正7（1918）年、福島県に移転するまで、大井川河川敷に相川競馬場があった。

競馬場敷地は、県有地字堤外の内5万坪を払い下げを受け、造成した。走路の規模は、内回り1610．9メートル（890間）、外回り1744．84メートル（964間）。走路の幅員は21．7メートル（12間）であった。旧堤沿いに設けられた観客席スタンドは、幅59．73メートル（33間）、長さ153．85メートル（85間）という大規模なものだった。他にも、赤煉瓦造りの入場券売り場・厩舎も建設された。

大正3年4月3日の静岡新報には、次の記事がある。

「藤枝競馬会。相川競馬場で行われ、入場者数三千余名、場外には一万六千人ほどの人出」

藤枝からの交通手段は、田沼街道以外ないにもかかわらず、常時三千人以上の入場者を集め、場外無料見物人もたくさん集まった。

大正3（1914）年9月3日、藤相鉄道藤枝新駅と大井川駅間が開通し、観客にとって便利になった。馬匹も軽便で貨物輸送されるようになった。

藤相鉄道唱歌にも紹介されている。

「見渡す限りの砂原《すなはら》に　見ゆるは常設競馬場　春秋二期の開催も
　優勝馬匹《ばひつ》の投票も」
「公認競馬の徳《とく》なるぞ　駅夫《えきふ》の案内も懇《まめや》かに　又もや人車《じんしゃ》に乗り込んで
　渡るも長き富士見橋」

参考文献　大井川町史下巻

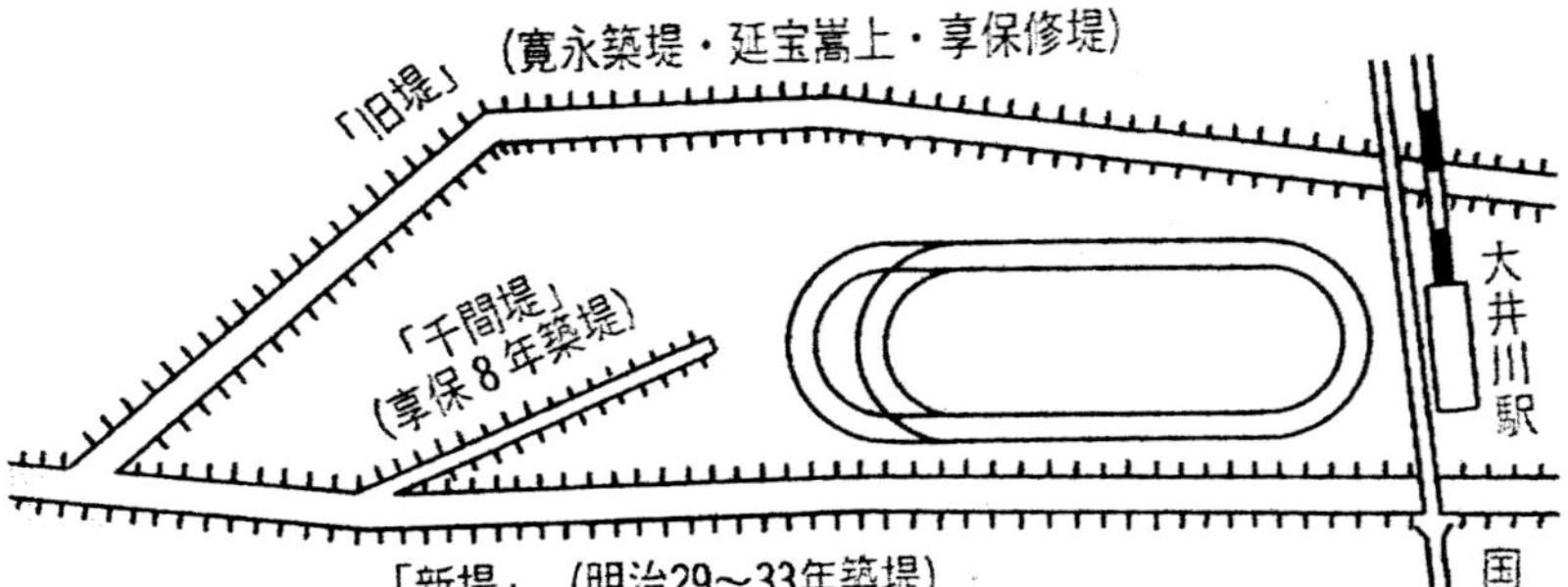

相川競馬場概略図

◉時刻表　大井川人車時代

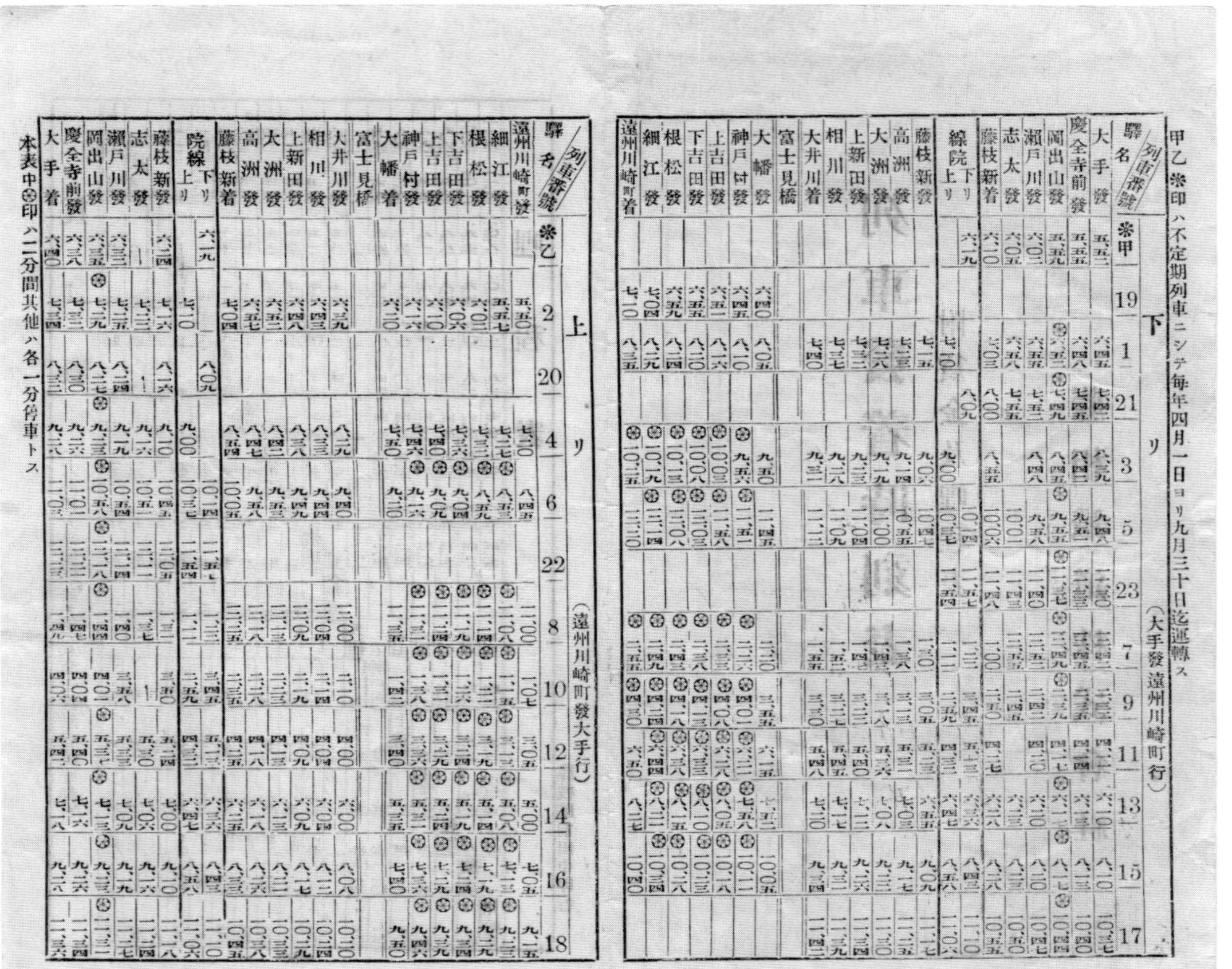

青木村が消えた。志太、下吉田の停留場はある。

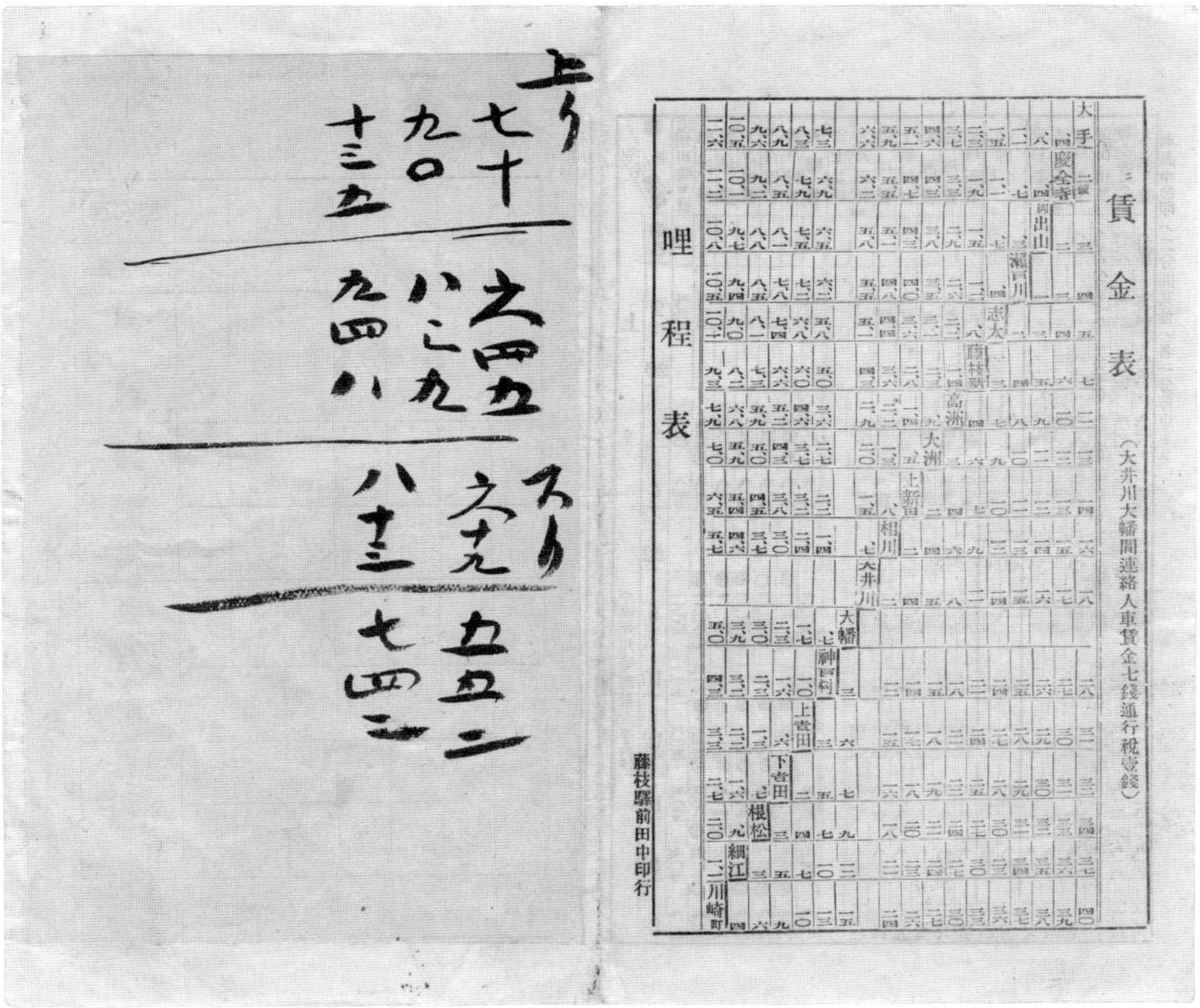
賃金表
（大井川大幡間連絡人車賃金七銭通行税壱銭）
大手
慶全寺
岡出山
瀬戸川
志太
藤枝新
高洲
大洲
上新田
相川
大井川
大幡
神戸村
上吉田
下吉田
根松
細江
川崎町
哩程表
藤枝驛前田中印行

◉時刻表　大正9年

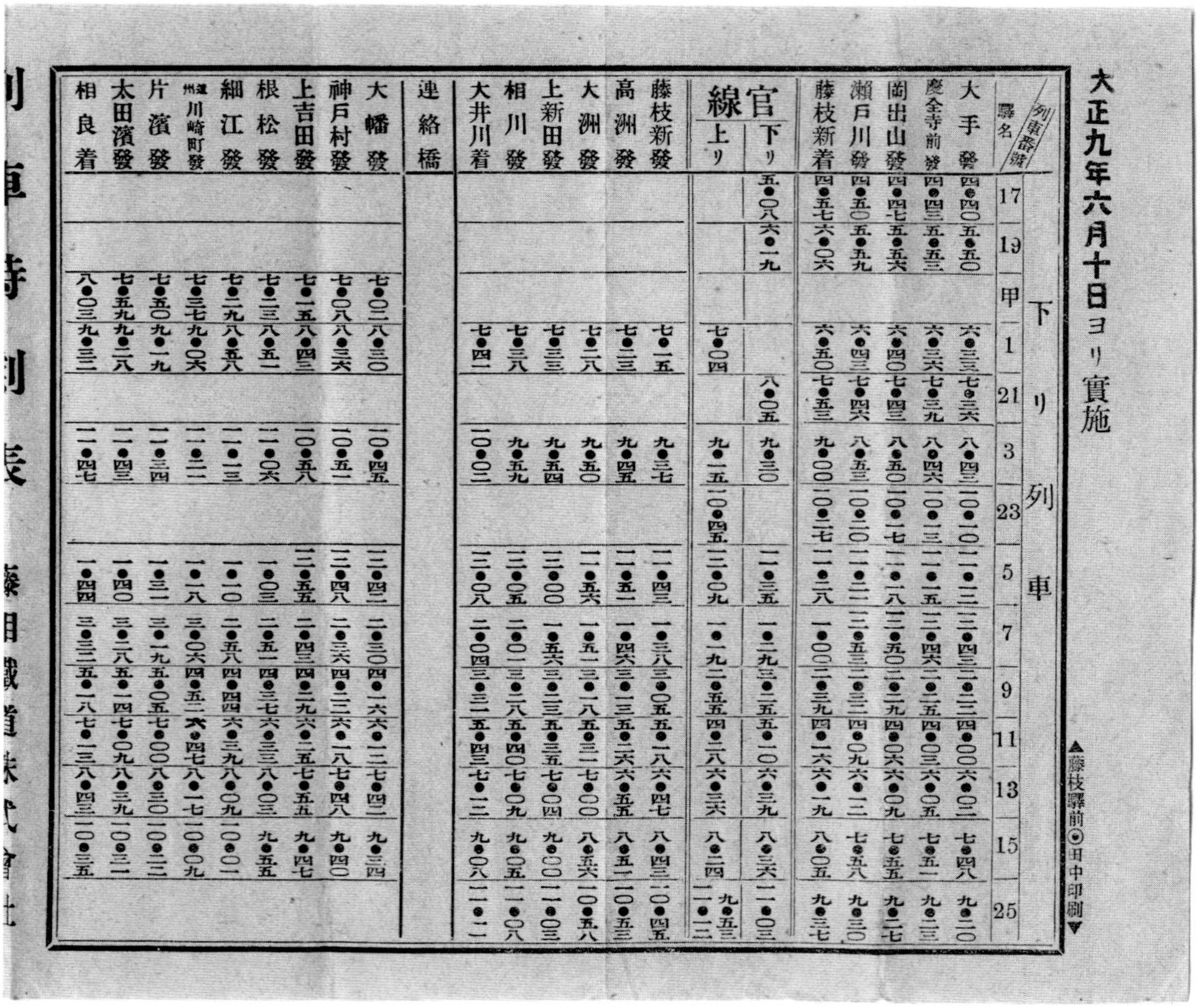

列車時刻表　藤相鐵道株式會社

大正九年六月十日ヨリ實施

下リ列車

列車番號	大手發	慶全寺前發	岡出山發	瀬戸川發	藤枝新着	官線 下リ	官線 上リ
17	四●四〇	四●四三	四●四七	四●五〇	四●五七	五●〇八	
19	五●五〇	五●五三	五●五六	五●五九	六●〇六	六●一九	
甲1							
1	六●三三	六●三六	六●四〇	六●四三	六●五〇		七●〇四
21	七●三六	七●三九	七●四三	七●四六	七●五三	八●〇五	
3	八●四三	八●四六	八●五〇	八●五三	九●〇〇	九●三〇	九●一五
23	一〇●一〇	一〇●一三	一〇●一七	一〇●二〇	一〇●二七		一〇●四五
5	一一●一二	一一●一五	一一●一八	一一●二一	一一●二八	一一●三五	一二●〇九
7	一二●四三	一二●四六	一二●五〇	一二●五三	一●〇〇	一●二九	一●一九
9	二●二二	二●二五	二●二九	二●三二	二●三九	三●二五	二●五五
11	四●〇〇	四●〇三	四●〇六	四●〇九	四●一六	五●一〇	四●二八
13	六●〇二	六●〇五	六●〇九	六●一二	六●一九	六●三九	六●三六
15	七●四八	七●五一	七●五五	七●五八	八●〇五	八●三六	八●二四
25	九●二〇	九●二三	九●二七	九●三〇	九●三七	一一●〇三	九●五三 一一●一三

列車番號	藤枝新發	高洲發	大洲發	上新田發	相川發	大井川着	連絡橋
17							
19							
甲1							
1	七●一五	七●二三	七●二八	七●三三	七●三八	七●四一	
21							
3	九●三七	九●四五	九●五〇	九●五四	九●五九	一〇●〇二	
23							
5	一二●四三	一二●五一	一二●五六	一三●〇〇	一三●〇五	一三●〇八	
7	一●三八	一●四六	一●五一	一●五六	二●〇一	二●〇四	
9	三●〇五	三●一三	三●一八	三●二三	三●二八	三●三一	
11	五●一八	五●二六	五●三一	五●三五	五●四〇	五●四三	
13	六●四七	六●五五	七●〇〇	七●〇四	七●〇九	七●一二	
15	八●四三	八●五一	八●五六	九●〇〇	九●〇五	九●〇八	
25	一〇●四五	一〇●五三	一〇●五八	一一●〇三	一一●〇八	一一●一一	

列車番號	大幡發	神戸村發	上吉田發	根松發	細江發	遠州川崎町發	片濱發	太田濱發	相良着
17									
19									
甲1	七●〇二	七●〇八	七●一五	七●二三	七●二九	七●三七	七●五〇	七●五九	八●〇三
1	八●三〇	八●三六	八●四三	八●五一	八●五八	九●〇六	九●一九	九●二八	九●三二
21									
3	一〇●四五	一〇●五一	一〇●五八	一一●〇六	一一●一三	一一●二一	一一●三四	一一●四三	一一●四七
23									
5	一二●四二	一二●四八	一二●五五	一●〇三	一●一〇	一●一八	一●三一	一●四〇	一●四四
7	二●三〇	二●三六	二●四三	二●五一	二●五八	三●〇六	三●一九	三●二八	三●三二
9	四●一六	四●二二	四●二九	四●三七	四●四四	四●五二	五●〇五	五●一四	五●一八
11	六●一二	六●一八	六●二五	六●三三	六●三九	六●四七	七●〇〇	七●〇九	七●一三
13	七●四二	七●四八	七●五五	八●〇三	八●〇九	八●一七	八●三〇	八●三九	八●四三
15	九●三四	九●四〇	九●四七	九●五五	一〇●〇二	一〇●〇九	一〇●二二	一〇●三一	一〇●三五
25									

▲藤枝驛前◉田中印刷▼

大正７年に遠州川崎町—相良が開業。

列車時刻表　藤相鐵道株式會社

上リ列車

列車番号	相良發	太田濱發	片濱發	遠州川崎町發	細江發	根松發	上吉田發	神戸村發	大幡着
18									
20									
乙	五●〇〇	五●〇六	五●一八	五●二八	五●三六	五●四二	五●五〇	五●五七	六●〇二
乙									
22									
2	六●五一	六●五七	七●〇九	七●一九	七●二八	七●三四	七●四二	七●四九	七●五三
4	八●二二	八●二八	八●四〇	八●五〇	八●五九	九●〇五	九●一三	九●二〇	九●二四
24									
6	一〇●三五	一〇●四一	一〇●五三	一一●〇三	一一●一二	一一●一八	一一●二六	一一●三三	一一●三七
8	一二●三二	一二●三八	一二●五〇	一●〇〇	一●〇九	一●一五	一●二三	一●三〇	一●三四
10	二●二〇	二●二六	二●三八	二●四八	二●五六	三●〇二	三●一〇	三●一七	三●二二
12	四●〇六	四●一二	四●二四	四●三四	四●四三	四●四九	四●五七	五●〇四	五●〇八
14	六●〇二	六●〇八	六●二〇	六●三〇	六●三八	六●四四	六●五二	六●五九	七●〇三
16	七●三二	七●三八	七●五〇	八●〇〇	八●〇八	八●一四	八●二二	八●二九	八●三三

列車番号	連絡橋	大井川發	相川發	上新田發	大洲發	高洲發	藤枝新着	官線 下リ	官線 上リ	藤枝新發	瀬戸川發	岡出山發	慶全寺前發	大手着
18								五●〇八		五●一三	五●二一	五●二五	五●二八	五●三〇
20								六●一九		六●一〇	ー	ー	ー	六●二三
乙														
乙		六●二三	六●二七	六●三三	六●三七	六●四二	六●四九		七●〇四	七●一〇	七●一八	七●二二	七●二五	七●二七
22								八●〇五		八●一三	八●二一	八●二五	八●二八	八●三〇
2		八●二四	八●二八	八●三四	八●三八	八●四三	八●五〇	九●三〇	九●一五	九●三八	九●四六	九●五〇	九●五三	九●五五
4		一〇●一〇	一〇●一四	一〇●一九	一〇●二三	一〇●二八	一〇●三五		一〇●四五	一〇●五〇	一〇●五八	一一●〇二	一一●〇四	一一●〇六
24								一一●三五	一二●〇九	一二●一五	一二●二三	一二●二七	一二●三〇	一二●三二
6		一二●二〇	一二●二四	一二●三〇	一二●三四	一二●三九	一二●四六	一●二九	一●一九	一●三九	一●四七	一●五一	一●五四	一●五六
8		二●一五	二●一九	二●二五	二●二九	二●三四	二●四一	三●二五	二●五五	三●三二	三●四〇	三●四三	三●四六	三●四八
10		三●四八	三●五二	三●五七	四●〇二	四●〇六	四●一三	五●一〇	四●二八	五●二〇	五●二八	五●三二	五●三五	五●三七
12		五●五五	五●五九	六●〇五	六●〇九	六●一四	六●二一	六、三九	六●三六	六●四八	六●五六	七●〇〇	七●〇三	七●〇五
14		七●三五	七●三九	七●四五	七●四九	七●五四	八●〇一	八●三六	八●二四	八●四五	八●五三	八●五七	九●〇〇	九●〇二
16		九●一七	九●二一	九●二六	九●三〇	九●三五	九●四二	一一●〇三	九●五三 一一●一二	一〇●四六	一〇●五四	一〇●五八	一一●〇一	一一●〇三

◆十七、十八、十九、二十、列車及甲、乙列車相良大幡間ハ不定期列車ニシテ乗客輻湊ノ塲合運轉スルモノトス

大井川は人車軌道の時代。

藤相鐵道列車發着時刻表

大正十四年十二月十日ヨリ實施

岡部發相良行

驛名	岡部發	横内發	八幡橋發	水守發	農學校前	大手發	慶全寺前	岡出山發	瀬戸川發	藤枝新着	省線（藤枝驛）下り	省線（藤枝驛）上り	藤枝新發	高洲發	大洲發	上新田發	大井川發	神戸村發	上吉田發	根松發	細江發	川崎町發	片濱發	太田濱發	相良着
25						六、〇〇	六、〇三	六、〇六	六、一〇	六、一六	六、二四		六、三三	六、四〇	六、四七	六、五一	六、五七	七、一〇	七、一七	七、二四	七、二九	七、三六	七、四六	七、五三	七、五七
1	六、二七	六、三三	六、三九	六、四一	六、四四	六、四七	六、五〇	六、五三	六、五七	七、〇三		七、一三	七、二三	七、三〇	七、三六	七、四一	七、四七	八、〇一	八、〇八	八、一五	八、二〇	八、二六	八、三六	八、四三	八、四七
3	七、一五	七、二〇	七、二七	七、二九	七、三二	七、三六	七、三九	七、四二	七、四六	七、五二	八、一一		八、二三	八、三一	八、三七	八、四一	八、四七	九、〇〇	九、〇七	九、一四	九、二一	九、二七	九、三七	九、四四	九、四八
5	八、一二	八、一七	八、二四	八、二六	八、二九	八、三三	八、三六	八、三九	八、四三	八、四九	九、三〇	八、五九	九、四一	九、四九	九、五五	一〇、〇〇	一〇、〇六	一〇、一九	一〇、二六	一〇、三四	一〇、三九	一〇、四五	一一・五五	一一、〇二	一一、〇六
7	九、三六	九、四一	九、四八	九、五〇	九、五三	九、五七	一〇、〇〇	一〇、〇三	一〇、〇七	一〇、一三		一〇、二七	一〇、三八	一〇、四六	一〇、五二	一〇、五六	一一、〇三	一一、一六	一一、二三	一一、三〇	一一、三五	一一、四二	一一、五二	一一、五九	一二、〇三
9	一〇、四六	一〇、五一	一〇、五九	一一、〇一	一一、〇四	一一、〇七	一一、一〇	一一、一三	一一、一七	一一、二三	一一、三九	一一、五二	一二、〇七	一二、一五	一二、二一	一二、二七	一二、三三	一二、四六	一二、五三	一、〇一	一、〇六	一、一二	一、二二	一、二九	一、三三
11	一二、三八	一二、四三	一二、五〇	一二、五二	一二、五五	一二、五八	一、〇一	一、〇四	一、〇八	一、一四		一、二三	一、二六	一、三四	一、四一	一、四五	一、五一	二、〇四	二、一一	二、一九	二、二四	二、三〇	二、四〇	二、四七	二、五一
13	一、四二	一、四七	一、五五	一、五七	二、〇〇	二、〇三	二、〇六	二、〇九	二、一三	二、一九		二、三〇	二、三四	二、四二	二、四八	二、五三	二、五九	三、一二	三、一九	三、二七	三、三二	三、三八	三、四八	三、五五	三、五九
15	二、三七	二、四二	二、四九	二、五一	二、五四	二、五八	三、〇一	三、〇四	三、〇八	三、一四	三、三一		三、四〇	三、四八	三、五四	三、五九	四、〇五	四、一八	四、二五	四、三二	四、三八	四、四四	四、五四	五、〇一	五、〇五
17	三、三一	三、三六	三、四三	三、四五	三、四八	三、五二	三、五五	三、五八	四、〇二	四、〇八		四、三一	四、四四	四、五二	四、五八	五、〇二	五、一〇	五、二三	五、三〇	五、三七	五、四二	五、四九	五、五九	六、〇六	六、一〇
19	四、五〇	四、五六	五、〇三	五、〇五	五、〇八	五、一一	五、一四	五、一七	五、二一	五、二七	五、四一	六、一〇	六、〇一	六、〇九	六、一五	六、一九	六、二六	六、三九	六、四六	六、五三	六、五八	七、〇五	七、一五	七、二三	七、二六
21	六、〇一	六、〇六	六、一四	六、一六	六、一九	六、二三	六、二五	六、二八	六、三三	六、三八	六、五七		七、一九	七、二七	七、三三	七、三七	七、四四	七、五七	八、〇四	八、一一	八、一六	八、二三	八、三三	八、四〇	八、四四
23	七、三三	七、三八	七、四五	七、四七	七、五〇	七、五三	七、五六	七、五九	八、〇三	八、〇九	九、〇〇	八、二五	九、一一	九、二〇	九、二六	九、三〇	九、三六	九、四九	九、五六	一〇、〇三	一〇、〇八	一〇、一四	一〇、二四	一〇、三一	一〇、三五
27	九、〇四	九、〇九	九、一六	九、一八	九、二一	九、二五	九、二八	九、三一	九、三五	九、四一	一〇、三三	九、五三													

大正14年1月に大手—駿河岡部が開業。

相良發岡部行

藤相鐵道列車發着時刻表

大正十四年十二月十日ヨリ實施

驛名	相良發	太田濱發	片濱發	川崎町發	細江發	根松發	上吉田發	神戸村發	大井川發	上新田發	大洲發	高洲發	藤枝新着
2	五、三七	五、四一	五、五〇	五、五九	六、〇五	六、一〇	六、一八	六、二四	六、三七	六、四三	六、四八	六、五四	七、〇一
4	六、三五	六、三九	六、四八	六、五七	七、〇三	七、〇八	七、一六	七、二二	七、三五	七、四二	七、四六	七、五二	八、〇九
6	七、一二	七、一六	七、二五	七、三五	七、四一	七、四六	七、五五	八、〇二	八、一五	八、二一	八、二五	八、三二	八、三九
8	八、五二	八、五六	九、〇五	九、一四	九、二〇	九、二五	九、三三	九、三九	九、五二	九、五九	一〇、〇三	一〇、〇九	一〇、一六
10	九、五八	一〇、〇三	一〇、一二	一〇、二一	一〇、二七	一〇、三三	一〇、四二	一〇、四八	一一、〇二	一一、〇八	一一、一二	一一、一八	一一、三五
12	一一、二〇	一一、二四	一一、三三	一一、四三	一一、四九	一一、五四	一二、〇二	一二、〇八	一二、二一	一二、二八	一二、三二	一二、三八	一二、四五
14	一二、二八	一二、三三	一二、四一	一二、五〇	一二、五六	一、〇二	一、一〇	一、一六	一、二九	一、三五	一、四〇	一、四六	一、五三
16	一、四四	一、四八	一、五七	二、〇六	二、一二	二、一八	二、二六	二、三二	二、四五	二、五二	二、五六	三、〇二	三、〇九
18	二、五二	二、五六	三、〇五	三、一四	三、二〇	三、二六	三、三四	三、四〇	三、五三	四、〇〇	四、〇四	四、一〇	四、一七
20	四、〇八	四、一二	四、二一	四、三〇	四、三七	四、四二	四、五〇	四、五六	五、〇九	五、一五	五、一九	五、二五	五、三二
22	五、二五	五、二九	五、三八	五、四八	五、五四	五、五九	六、〇七	六、一三	六、二七	六、三三	六、三七	六、四三	六、五〇
24	六、四一	六、四五	六、五四	七、〇四	七、一〇	七、一五	七、二三	七、二九	七、四三	七、四九	八、五三	八、五九	八、〇六
甲													
26	八、〇一	八、〇五	八、一四	八、二四	八、三〇	八、三五	八、四三	八、四九	九、〇二	九、〇八	九、一二	九、一九	九、二六

驛名	省線（藤枝驛）下リ	省線（藤枝驛）上リ	藤枝新發	瀬戸川發	岡出山發	慶全寺前	大手發	農學校前	水守發	八幡橋發	横内發	岡部着
2		七、一三	七、一七	七、二五	七、二八	七、三一	七、三五	七、三七	七、四〇	七、四三	七、五〇	七、五四
4	八、一一		八、一六	八、二四	八、二七	八、三〇	八、三四	八、三六	八、三九	八、四二	八、四九	八、五三
6	九、三〇	八、五九	九、三八	九、四六	九、四九	九、五二	九、五六	九、五八	一〇、〇一	一〇、〇四	一〇、一一	一〇、一五
8		一〇、二七	一〇、三四	一〇、四二	一〇、四五	一〇、四八	一〇、五一	一〇、五三	一〇、五六	一一、〇〇	一一、〇七	一一、一一
10	一一、三九	一一、五二	一一、五八	一二、〇六	一二、〇九	一二、一二	一二、一五	一二、一七	一二、二〇	一二、二三	一二、三〇	一二、三四
12		一、一三	一、二八	一、三六	一、三九	一、四二	一、四五	一、四七	一、五〇	一、五四	二、〇一	二、〇五
14	二、〇五	二、三〇	二、三九	二、四七	二、五〇	二、五三	二、五七	二、五九	三、〇二	三、〇五	三、一二	三、一六
16	三、三一		三、三五	三、四三	三、四六	三、四九	三、五三	三、五五	三、五八	四、〇一	四、〇八	四、一二
18		四、三一	四、二四	四、三二	四、三五	四、三八	四、四一	四、四三	四、四六	四、四九	四、五七	五、〇一
20	五、四一	六、一〇	五、四七	五、五五	五、五八	六、〇一	六、〇四	六、〇六	六、〇九	六、一三	六、二〇	六、二四
22	六、五七		七、〇四	七、一二	七、一五	七、一八	七、二一	七、二三	七、二六	七、二九	七、三七	七、四一
24	九、〇〇	八、二五	九、〇六	九、一四	九、一七	九、二〇	九、二四	九、二六	九、二九	九、三二	九、三九	九、四三
甲		九、五三	九、五八	一〇、〇六	一〇、〇九	一〇、一二	一〇、一四					
26	一〇、二二		一〇、二七	一〇、三五	一〇、三八	一〇、四一	一〇、四四	一〇、四六	一〇、四九	一〇、五二	一〇、五九	一一、〇三

大井川で乗り換えなし。直通運転。

大正十五年四月二十七日ヨリ實施

下リ列車

驛名＼列車番號	25	1	3	5	7	9	11	13	15	17	19	21	23	27
駿河岡部發		六、二七	七、一五	八、一三	九、三六	一〇、四六	午后一二、三八	一、四二	二、三七	三、三二	四、五四	六、〇一	七、三三	九、〇四
横内發		六、三三	七、二〇	八、一七	九、四一	一〇、五二	一二、四三	一、四七	二、四二	三、三六	四、五九	六、〇六	七、三八	九、〇九
八幡橋發		六、三九	七、二七	八、二四	九、四八	一〇、五九	一二、五〇	一、五五	二、四九	三、四三	五、〇六	六、一四	七、四五	九、一六
水守發		六、四一	七、二九	八、二六	九、五〇	一一、〇二	一二、五三	一、五七	二、五一	三、四五	五、〇八	六、一六	七、四七	九、一八
農學校前發		六、四四	七、三三	八、二九	九、五三	一一、〇四	一二、五五	二、〇〇	二、五四	三、四八	五、一一	六、一九	七、五〇	九、二一
大手發	午前六、〇〇	六、四七	七、三六	八、三三	九、五七	一一、〇七	一二、五八	二、〇三	二、五八	三、五二	五、一四	六、二三	七、五三	九、二五
慶全寺前發	六、〇三	六、五〇	七、三九	八、三六	一〇、〇〇	一一、一〇	一、〇一	二、〇六	三、〇一	三、五五	五、一七	六、二五	七、五六	九、二八
岡出山發	六、〇六	六、五三	七、四二	八、三九	一〇、〇三	一一、一三	一、〇四	二、〇九	三、〇四	三、五八	五、二〇	六、二八	七、五九	九、三一
瀬戸川發	六、一〇	六、五七	七、四六	八、四三	一〇、〇七	一一、一七	一、〇八	二、一三	三、〇八	四、〇三	五、二四	六、三三	八、〇三	九、三五
藤枝新着	六、一六	七、〇三	七、五二	八、四九	一〇、一三	一一、二三	一、一四	二、一九	三、一四	四、〇八	五、三〇	六、三八	八、〇九	九、四一
省線 下リ	六、二四		八、一二	九、三〇		一一、三九			三、三一		五、四一	六、五七	九、〇〇	一〇、三
省線 上リ		七、三		八、五九	一〇、二七	一一、五二	一、三	二、三〇		四、三三	六、一〇		八、二五	九、五三
藤枝新發	午前六、三三	七、二四	八、二三	九、四〇	一〇、三六	一一、五八	午后一、四一	二、四三	三、四三	四、四六	五、五六	七、一八	九、〇八	
高洲發	六、四〇	七、三三	八、三一	九、四八	一〇、四四	一二、〇六	一、五〇	二、五二	三、五三	四、五四	六、〇四	七、二六	九、一七	
大洲發	六、四七	七、三八	八、三七	九、五四	一〇、五〇	一二、一二	一、五六	二、五八	三、五八	五、〇〇	六、一〇	七、三三	九、二三	
上新田發	六、五一	七、四三	八、四一	九、五九	一〇、五四	一二、一六	二、〇一	三、〇三	四、〇三	五、〇四	六、一四	七、三六	九、二七	
大井川發	六、五七	七、四九	八、四七	一〇、〇五	一一、〇二	一二、二三	二、〇八	三、〇八	四、〇八	五、一三	六、二三	七、四三	九、三三	
神戸村發	七、一〇	八、〇三	九、〇〇	一〇、一八	一一、一四	一二、三七	二、二三	三、二一	四、二一	五、二五	六、三六	七、五六	九、四六	
上吉田發	七、一七	八、一〇	九、〇七	一〇、二五	一一、二三	一二、四五	二、三一	三、二八	四、二八	五、三三	六、四四	八、〇三	九、五三	
根松發	七、二四	八、一七	九、一四	一〇、三三	一一、二九	一二、五二	二、三八	三、三五	四、三五	五、四〇	六、五一	八、一〇	一〇、〇〇	
細江發	七、二九	八、二三	九、二〇	一〇、三八	一一、三四	一二、五九	二、四三	三、四一	四、四一	五、四六	六、五七	八、一五	一〇、〇五	
遠州川崎町發	七、三六	八、二八	九、二六	一〇、四四	一一、四一	一、〇五	二、五一	三、四八	四、四七	五、五三	七、〇四	八、二三	一〇、一一	
片濱發	七、四六	八、三九	九、三六	一〇、五五	一一、五一	一、一五	三、〇一	三、五九	四、五七	六、〇三	七、一四	八、三三	一〇、二二	
太田濱發	七、五三	八、四六	九、四三	一一、〇二	一一、五八	一、二二	三、〇八	四、〇六	五、〇四	六、〇九	七、二一	八、三九	一〇、二八	
相良發	七、五八	八、五二	九、四八	一一、〇八	一二、〇三	一、二七	三、一三	四、一三	五、一〇	六、一四	七、二六	八、四四	一〇、三三	
相良新發	八、〇三	八、五六	九、五三	一一、一三	一二、〇七	一、三二	三、一七	四、一七	五、一五	六、一八	七、三〇	八、四八	×一〇、三七	
波津發	八、〇六	九、〇〇	九、五七	一一、一七	一二、一二	一、三六	三、二二	四、二二	五、一九	六、二三	七、三四	八、五三	×一〇、四一	
須々木發	八、一三	九、〇六	一〇、〇三	一一、二三	一二、一八	一、四二	三、二七	四、二七	五、二五	六、二九	七、四一	八、五八	×一〇、四七	
落居發	八、一七	九、一二	一〇、〇八	一一、二八	一二、二三	一、四七	三、三二	四、三三	五、三〇	六、三四	七、四六	九、〇三	×一〇、五二	
地頭方着	八、二三	九、一七	一〇、一四	一一、三四	一二、二九	一、五三	三、三八	四、三八	五、三六	六、四〇	七、五二	九、〇九	×一〇、五八	

大正 15 年 4 月 27 日　相良—地頭方が開業。

上リ列車

驛名＼列車番號	2	4	6	8	10	12	14	16	18	20	22	24	甲	26
地頭方發	午前 ×五、一二	六、〇九	六、四六	八、二四	九、二九	一〇、五二	午后 一二、〇四	一、〇八	二、〇三	三、四四	四、五二	六、一五		七、二九
落居發	×五、一八	六、一六	六、五三	八、二九	九、三六	一〇、五八	一二、一一	一、一五	二、一〇	三、五一	四、五八	六、二一		七、三六
須々木發	×五、二三	六、二一	六、五八	八、三六	九、四二	一一、〇三	一二、一七	一、二〇	二、一五	三、五六	五、〇三	六、二八		七、四二
波津發	×五、二九	六、二七	七、〇四	八、四二	九、四七	一一、〇九	一二、二二	一、二六	二、二一	四、〇三	五、〇九	六、三四		七、四八
相良新發	×五、三三	六、三一	七、〇八	八、四六	九、五二	一一、一四	一二、二七	一、三一	二、二五	四、〇六	五、一四	六、三八		七、五二
相良發	五、三七	六、三五	七、一三	八、五一	九、五七	一一、一九	一二、三二	一、三五	二、二九	四、一一	五、一八	六、四三		七、五七
太田濱發	五、四一	六、三九	七、一六	八、五五	一〇、〇二	一一、二三	一二、三五	一、三九	二、三三	四、一五	五、二二	六、四六		八、〇一
片濱發	五、五〇	六、四八	七、二五	九、〇四	一〇、一一	一一、三二	一二、四四	一、四八	二、四二	四、二四	五、三一	六、五五		八、一一
遠州川崎町發	五、五九	六、五七	七、三五	九、一四	一〇、二〇	一一、四二	一二、五三	一、五七	二、五二	四、三三	五、四〇	七、〇五		八、二一
細江發	六、〇五	七、〇三	七、四一	九、二一	一〇、二六	一一、四八	一、〇〇	二、〇三	二、五九	四、四〇	五、四七	七、一一		八、二七
根松發	六、一〇	七、〇八	七、四六	九、二六	一〇、三二	一一、五三	一、〇五	二、〇八	三、〇四	四、四五	五、五二	七、一六		八、三三
上吉田發	六、一八	七、一六	七、五五	九、三四	一〇、四〇	一二、〇二	一、一三	二、一六	三、一四	四、五三	六、〇〇	七、二四		八、四〇
神戸村發	六、二四	七、二二	八、〇三	九、四〇	一〇、四六	一二、〇八	一、一九	二、二二	三、二二	四、五八	六、〇六	七、三〇		八、四六
大井川發	六、三七	七、三五	八、一五	九、五三	一一、〇〇	一二、二二	一、三二	二、三六	三、三六	五、一一	六、二〇	七、四四		八、五九
上新田發	六、四三	七、四二	八、二一	一〇、〇〇	一一、〇六	一二、二八	一、三八	二、四二	三、四二	五、一七	六、二六	七、五〇		九、〇五
大洲發	六、四八	七、四六	八、二五	一〇、〇四	一一、一〇	一二、三二	一、四二	二、四六	三、四六	五、二二	六、三〇	七、五四		九、〇九
高洲發	六、五四	七、五二	八、三二	一〇、一〇	一一、一六	一二、三八	一、四九	二、五三	三、五三	五、二七	六、三六	八、〇〇		九、一六
藤枝新着	七、〇二	七、五九	八、三九	一〇、一七	一一、二三	一二、四五	一、五六	三、〇〇	四、〇〇	五、三四	六、四三	八、〇七		九、二三
省線 下リ		八、一二	九、三〇		一一、三九		二、〇五	三、二一		五、四一	六、五七	九、〇〇		一〇、一三
省線 上リ	七、一三		八、五九	一〇、二七	一一、五二	一、一三	二、三〇		四、一三	六、一〇		八、二五	九、五三	
藤枝新發	午前 七、一七	八、一六	九、三八	一〇、三四	一一、五七	午后 一、二八	二、三九	三、三五	四、一六	五、四七	七、〇四	九、〇六	九、五八	一〇、二七
瀬戸川發	七、二五	八、二四	九、四六	一〇、四二	一二、〇五	一、三六	二、四七	三、四三	四、二四	五、五五	七、一二	九、一四	一〇、〇六	一〇、三五
岡出山發	七、二八	八、二七	九、四九	一〇、四五	一二、〇八	一、三九	二、五〇	三、四六	四、二七	五、五八	七、一五	九、一七	一〇、〇九	一〇、三八
慶全寺前發	七、三一	八、三〇	九、五二	一〇、四八	一二、一一	一、四二	二、五三	三、四九	四、三〇	六、〇一	七、一八	九、二〇	一〇、一二	一〇、四一
大手發	七、三五	八、三四	九、五六	一〇、五一	一二、一四	一、四五	二、五七	三、五三	四、三三	六、〇四	七、二一	九、二四	止 一〇、一四	一〇、四四
農學校前發	七、三七	八、三六	九、五八	一〇、五三	一二、一六	一、四七	二、五九	三、五五	四、三五	六、〇六	七、二三	九、二六		一〇、四六
水守發	七、四〇	八、三九	一〇、〇一	一〇、五六	一二、一九	一、五〇	三、〇二	三、五七	四、三八	六、〇九	七、二六	九、二九		一〇、四九
八幡橋發	七、四三	八、四二	一〇、〇四	一一、〇〇	一二、二二	一、五四	三、〇五	四、〇一	四、四一	六、一三	七、二九	九、三二		一〇、五二
横内發	七、五〇	八、四九	一〇、一二	一一、〇七	一二、二九	二、〇一	三、一二	四、〇八	四、四八	六、二〇	七、三七	九、三九		一〇、五九
駿河岡部着	七、五四	八、五三	一〇、一五	一一、一一	一二、三三	二、〇五	三、一六	四、一二	四、五二	六、二四	七、四一	九、四三		一一、〇三

備考　×印ハ不定期列車ニテ季節ニヨリ運轉スルモノナリ

地頭方から藤枝新まで1時間50分。28㎞。

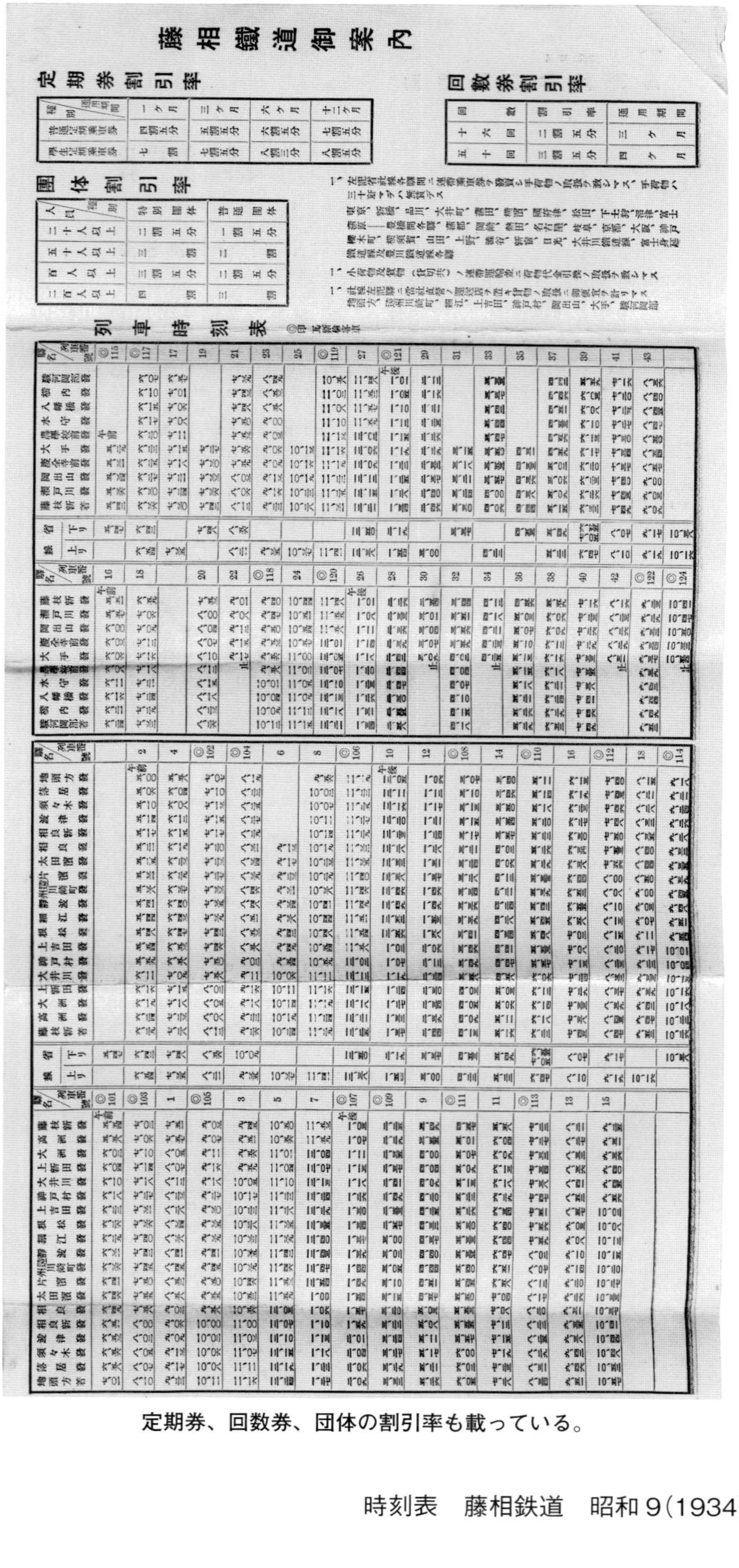

藤相鐵道御案内

定期券割引率

種別＼適用期間	一ヶ月	三ヶ月	六ヶ月	十二ヶ月
普通定期乗車券	四割五分	五割五分	六割五分	七割五分
學生定期乗車券	七割	七割五分	八割三分	八割五分

回數券割引率

回數	割引率	通用期間
十六回	二割五分	三ヶ月
五十回	三割五分	四ヶ月

團体割引率

人員＼種別	特別團体	普通團体
二十人以上	二割五分	一割五分
五十人以上	三割	二割
百人以上	三割五分	二割五分
二百人以上	四割	三割

一、左記省線各驛間ニ連帯乗車券ヲ發賣シ手荷物ノ取扱ヲ致シマス、手荷物ハ三十瓩マデハ無賃デス

東京、新橋、品川、大井町、蒲田、横濱、國府津、松田、下土狩、沼津、富士
静岡——豊橋間各驛、蒲郡、岡崎、熱田、名古屋、岐阜、京都、大阪、神戸
櫻木町、横須賀、山田、上野、澁谷、新宿、日光、大井川鐵道線、富士身延鐵道線及豊川鐵道線各驛

一、小荷物及貨物（貸切共）ノ連帯運輸並ニ荷物代金引換ノ取扱ヲ致シマス

一、社線左記驛ニ當社直營ノ運送店ヲ置キ貨物ノ取扱ニ御便宜ヲ計リマス
地頭方、遠州川崎町、細江、上吉田、神戸村、岡出山、大手、駿河岡部

列車時刻表　◎印瓦斯倫車

定期券、回数券、団体の割引率も載っている。

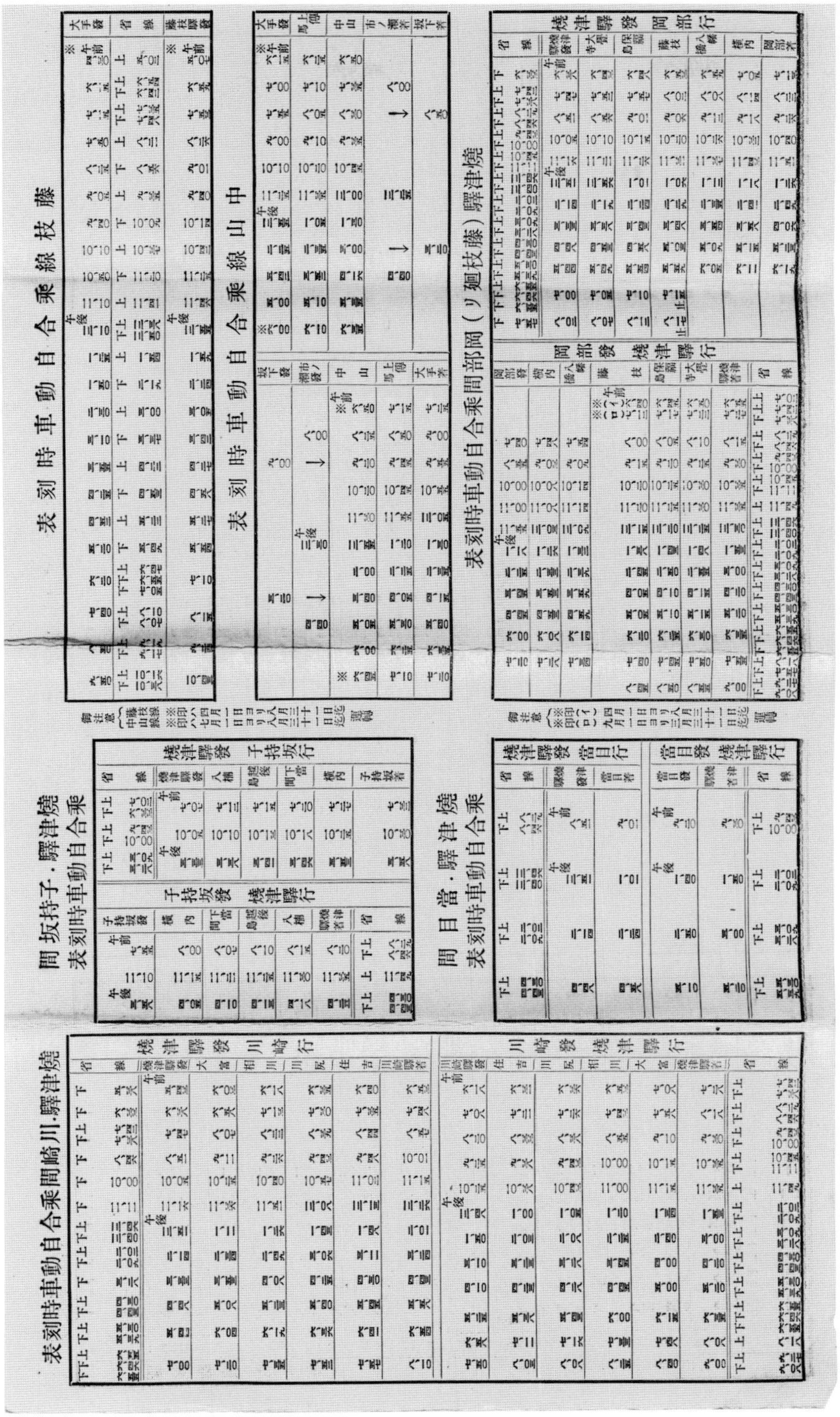

藤枝線乗合自動車時刻表

中山線乗合自動車時刻表

焼津驛(藤枝廻り)岡部間乗合自動車時刻表

焼津驛・持子坂間乗合自動車時刻表

焼津驛・當目間乗合自動車時刻表

焼津驛・川崎間乗合自動車時刻表

大手—藤枝駅は乗合自動車も走っていた。

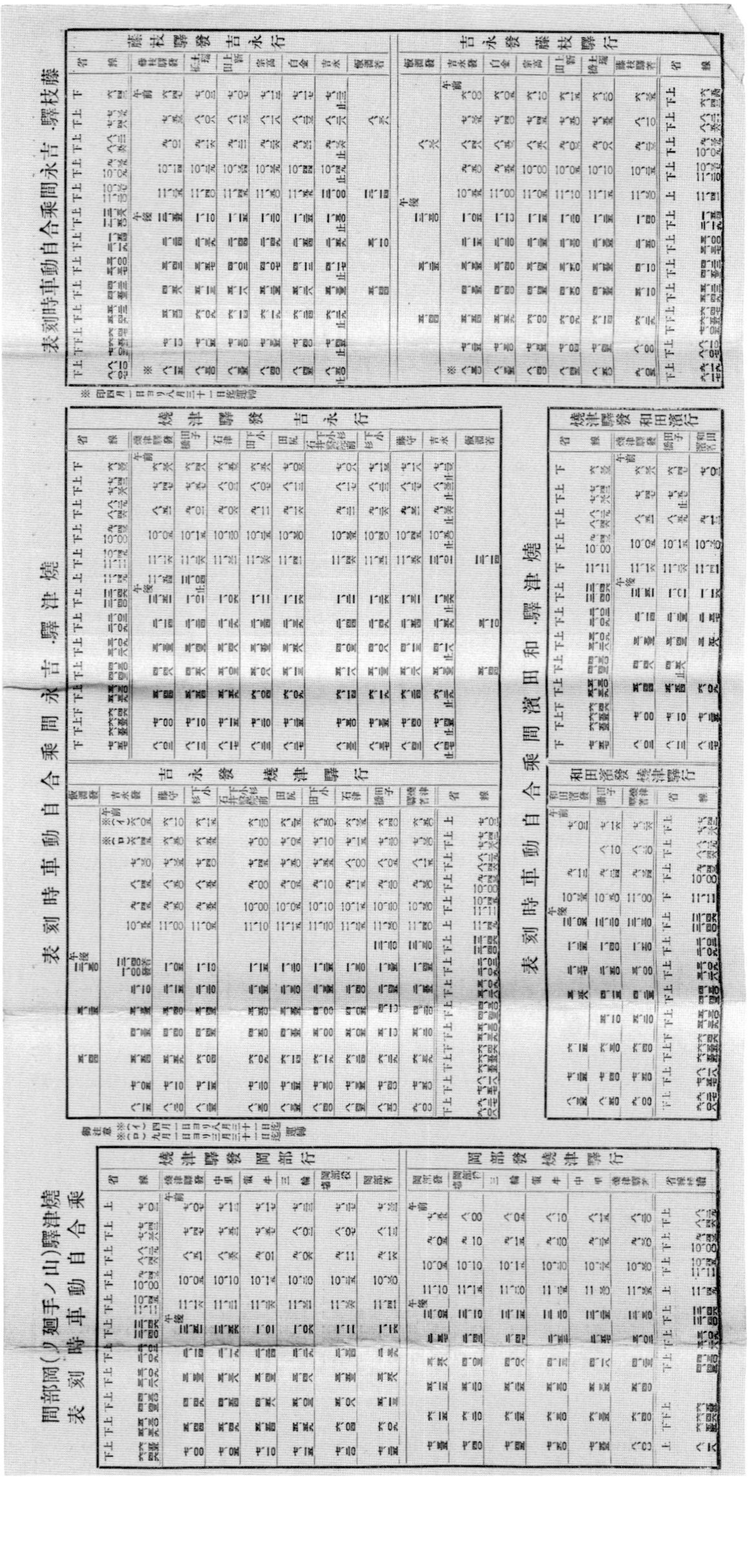
藤枝驛・吉永間乗合自動車時刻表
藤枝驛發 吉永行
吉永發 藤枝驛行
※印四月一日ヨリ八月三十一日迄運轉
燒津驛・吉永間乗合自動車時刻表
燒津驛發 吉永行
吉永發 燒津驛行
御注意 ※(イ)四月一日ヨリ八月三十一日迄 ※(ロ)九月一日ヨリ三月三十一日迄運轉
燒津驛・和田濱間乗合自動車時刻表
燒津驛發 和田濱行
和田濱發 燒津驛行
燒津驛(山ノ手廻リ)岡部間乗合自動車時刻表
燒津驛發 岡部行
岡部發 燒津驛行

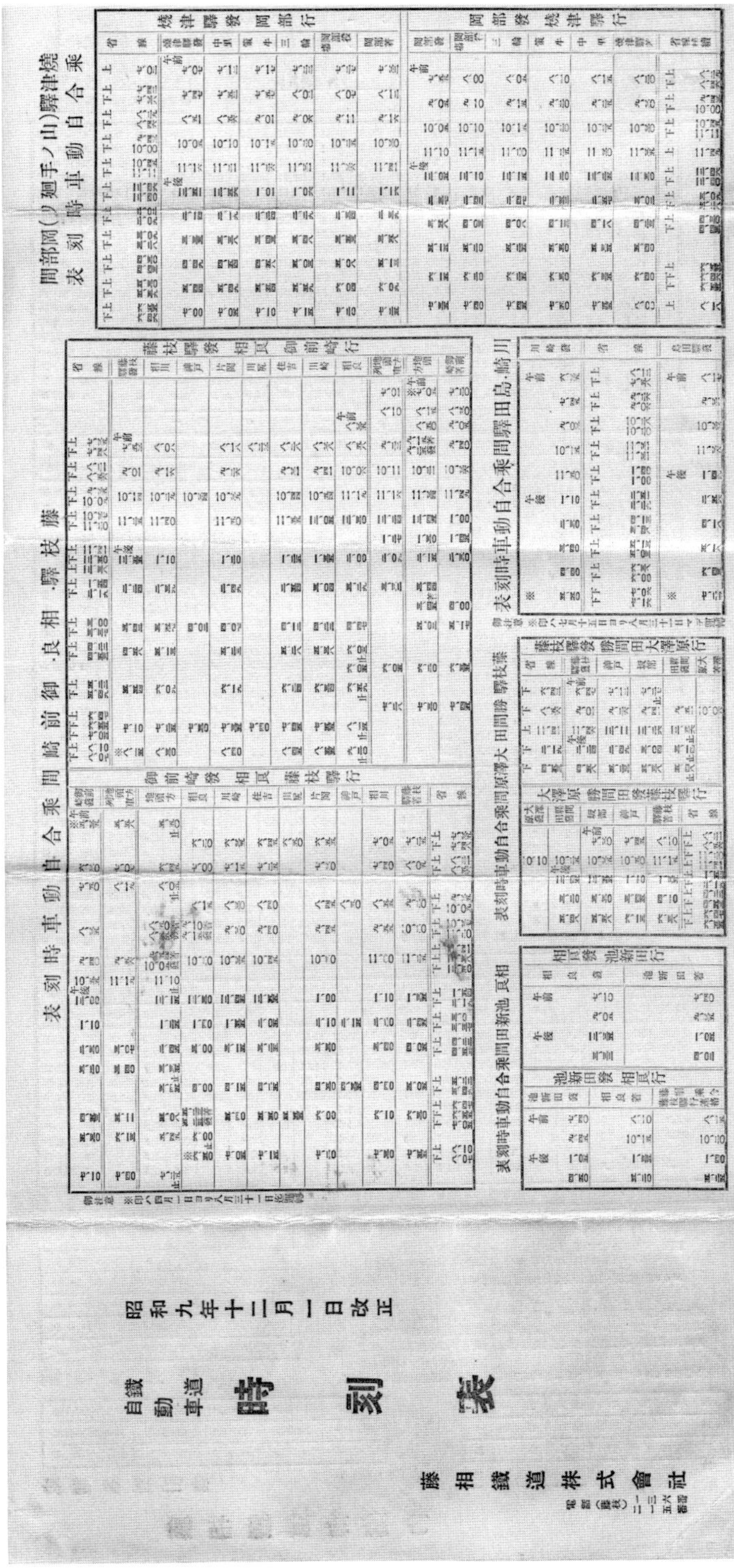

藤枝駅―相良は乗合自動車も走っていた。

藤相鐵道

大手・藤枝新間

昭和十三年八月一日改正

◎印 瓦斯倫客車　混印 混合列車　貨印 貨物列車

列車番號	大手發	慶全寺前發	岡出山發	瀬戸川發	藤枝新着	省線 上リ	省線 下リ	列車番號	藤枝新發	瀬戸川發	岡出山發	慶全寺前發	大手着
57 混	午前 六、二〇	六、二三	六、二六	六、二九	六、三五	六、五四	六、四二	58 混	午前 六、五九	七、〇六	七、〇九	七、一二	七、一四
23 ◎	七、一五	七、一七	七、一九	七、二二	七、二七	七、三五	七、四八	24 ◎	七、五三	七、五九	八、〇二	八、〇四	八、〇六
59 混	七、五四	七、五七	八、〇一	八、〇四	八、一〇	八、二一							
25 ◎	八、三四	八、三六	八、三八	八、四一	八、四六		八、五六	26 ◎	九、〇二	九、〇七	九、〇九	九、一一	九、一三
27 ◎	九、一五	九、一七	九、一九	九、二二	九、二七	九、三五		28 ◎	九、三九	九、四五	九、四七	九、四九	九、五一
29 ◎	九、五二	九、五四	九、五六	九、五九	一〇、〇四		一〇、〇九	30 ◎	一〇、一四	一〇、一九	一〇、二二	一〇、二四	一〇、二五
61 混	一〇、一四	一〇、一七	一〇、二一	一〇、二四	一〇、三〇	一〇、三七		60 混	一〇、四七	一〇、五四	一〇、五七	一一、〇〇	一一、〇二
63 混	一一、一六	一一、一九	一一、二二	一一、二五	一一、三二	一一、四二	一一、二〇	62 混	一一、四九	一一、五六	一一、五九	三・〇二	三・〇四
65 混	午後 三・一三	三・一六	三・一九	三・二三	三・二八	三・三八	三・五〇	64 混	午後 三・五八	一・〇五	一・〇八	一・一一	一・一三
67 混	一・一九	一・二三	一・二五	一・二八	一・三四	一・四七	二・一九	66 混	二・二四	二・三一	二・三四	二・三七	二・三九
31 ◎	二・四〇	二・四三	二・四四	二・四七	二・五三	三・〇〇		32 ◎	三・一〇	三・一六	三・一九	三・二一	三・二三
69 混	三・一三	三・一六	三・二〇	三・二三	三・二九		三・三七	34 ◎	三・四五	三・五一	三・五三	三・五五	三・五七
33 ◎	四・〇〇	四・〇二	四・〇四	四・〇七	四・一三	四・二三		36 ◎	四・二七	四・三三	四・三六	四・三八	四・四〇
35 ◎	四・三〇	四・三三	四・三五	四・三七	四・四三		四・五三	38 ◎	五・〇〇	五・〇六	五・〇九	五・一一	五・一三
37 ◎	五・〇三	五・〇五	五・〇八	五・一〇	五・一五	五・二三	五・四九	40 ◎	五・五七	六・〇三	六・〇五	六・〇七	六・〇九
39 ◎	六・二三	六・二五	六・二七	六・三〇	六・三五	六・四七	六・五五 七・〇五	42 ◎	七・一〇	七・一六	七・一八	七・二〇	七・二三
41 ◎	七・四三	七・四四	七・四八	七・五〇	七・五五	八・一〇		84 貨	七・四〇	七・四六	七・四九	七・五一	七・五三
83 貨	七・五八	八・〇〇	八・〇四	八・〇六	八・一三		八・〇七	68 混	八・二〇	八・二七	八・三〇	八・三三	八・三五
71 混	八・五〇	八・五三	八・五六	八・五九	九・〇五	九・一九	九・一七	70 混	九・二五	九・三三	九・三五	九・三八	九・四〇
						一〇・一六	一〇・三八	72 混	一〇・四三	一〇・五〇	一〇・五三	一〇・五六	一〇・五八

自動車線 御前崎發	列車番號	地頭方發	落居發	須々木發	波津發	相良新發	相良發	太田濱發	片濱發	遠州川崎町發	静波發
	2 ◎	午前 五、一二	五、二六	五、三〇	五、三三	五、三六	五、三九	五、四三	五、四八	五、五四	五、五六
	4 ◎	六、〇八	六、一二	六、一六	六、一九	六、二三	六、二六	六、三〇	六、三五	六、四〇	六、四三
六、三〇	6 ◎	六、五五	六、五九	七、〇三	七、〇六	七、〇九	七、一二	七、一六	七、二一	七、二七	七、二九
七、四五	8 ◎	八、一二	八、一六	八、二〇	八、二三	八、二六	八、二九	八、三三	八、三七	八、四三	八、四六
九、一五	10 ◎	一〇、一五	一〇、二〇	一〇、二四	一〇、二八	一〇、三〇	一〇、三三	一〇、三七	一〇、四二	一〇、四八	一〇、五〇
一〇、二五	52 混	一〇、五九	一一、〇五	一一、〇九	一一、一三	一一、一六	一一、二一	一一、二五	一一、三一	一一、三九	一一、四二
一一、三五	12 ◎	午後 三・一六	三・二〇	三・二四	三・二七	三・三〇	三・三四	三・三七	三・四三	三・四八	三・五一
三・三五	14 ◎	一・三六	一・四〇	一・四四	一・四八	一・五〇	一・五五	一・五八	二・〇三	二・〇九	二・一一
一・三五	16 ◎	二・四五	二・四九	二・五三	二・五六	二・五九	三・〇二	三・〇六	三・一一	三・一九	三・二三
三・二五	18 ◎	三・五四	三・五八	四・〇三	四・〇五	四・〇八	四・一一	四・一四	四・一九	四・二五	四・二七
四・三〇	54 混	四・五五	五・〇一	五・〇六	五・一〇	五・一三	五・一七	五・二二	五・二七	五・三六	五・三九
	82 貨	五・四九	五・五四	五・五九	六・〇三	六・〇九	六・一五	六・一八	六・二三	六、三三	六・三五
六・〇五	20 ◎	六・四三	六・四七	六・五一	六・五四	六・五七	七・〇三	七・〇六	七・一二	七・一八	七・二一
七・〇〇	22 ◎	七・五八	八・〇三	八・〇六	八・〇九	八・一三	八・一六	八・一九	八・二四	八・三〇	八・三三
	56 混	八・四九	八・五五	八・五九	九・〇三	九・〇六	九・一一	九・一五	九・二二	九・二九	九・三三

昭和11年に駿河岡部―大手が廃止。

車時刻表

地頭方・藤枝新間

列車番號	藤枝新發	高洲發	大洲發	上新田發	大井川發	神戸村發	上吉田發	根松發	細江發	静波發	遠州川崎町發	片濱發	太田濱發	相良發	相良新發	波津發	須々木發	落居發	地頭方着	自動車線 御前崎着	省線 上リ	省線 下リ	藤枝新着	高洲發	大洲發	上新田發	大井川發	神戸村發
1◎	午前 五、三二	五、三五	五、三九	五、四二	五、四六	五、五四	五、五八	六、〇三	六、〇七	六、〇九	六、一二	六、一七	六、二二	六、二六	六、二九	六、三三	六、三五	六、三九	六、四三	七、〇〇	五、〇二							
3◎	六、五八	七、〇二	七、〇六	七、〇九	七、一四	七、二一	七、二六	七、三〇	七、三四	七、三七	七、三九	七、四五	七、五〇	七、五三	七、五六	七、五九	八、〇二	八、〇六	八、一〇	八、二八	六、五四	六、四三	六、三五	六、三一	六、二七	六、二五	六、二〇	[illegible]
5◎	七、五三	七、五七	八、〇三	八、〇六	八、一一	八、二〇	八、二五	八、三〇	八、三五	八、三八	八、四三	八、四八	八、五三	八、五七	九、〇〇	九、〇三	九、〇六	九、〇九	九、一三	九、四五	七、三五	七、四八	七、二二	七、一七	七、一三	七、一〇	七、〇五	[illegible]
51混	九、〇四	九、一〇	九、一六	九、一九	九、二四	九、三五	九、四〇	九、四六	九、五〇	九、五三	九、五七	一〇、〇四	一〇、一〇	一〇、一四	一〇、一八	一〇、二二	一〇、二五	一〇、二九	一〇、三四	一〇、五五	八、二二	八、五六	八、一〇	八、〇六	八、〇二	七、五八	七、五四	[illegible]
7◎	一〇、二二	一〇、二五	一〇、三〇	一〇、三三	一〇、三八	一〇、四七	一〇、五二	一〇、五七	一一、〇一	一一、〇三	一一、〇六	一一、一二	一一、一七	一一、二二	一一、二五	一一、二八	一一、三二	一一、三五	一一、三九	一二・〇五	九、三五	一〇、〇九	九、二四	九、二〇	九、一六	九、一三	九、〇八	[illegible]
9◎	一一、三四	一一、三八	一一、四三	一一、四六	一一、五一	一二・〇〇	一二・〇五	一二・一〇	一二・一四	一二・一六	一二・一九	一二・二五	一二・三〇	一二・三五	一二・三八	一二・四一	一二・四五	一二・四八	一二・五二	一・二五	一〇、三七	一一、二〇						
																					一一、四一		一一、二九	一一、二五	一一、二一	一一、一八	一一、一四	[illegible]
11◎	午後 一二・五九	一・〇三	一・〇七	一・一〇	一・一五	一・二三	一・二七	一・三一	一・三五	一・三七	一・四〇	一・四六	一・五一	一・五五	一・五八	二・〇〇	二・〇四	二・〇七	二・一一	二・三〇	一二・二八	一二・五〇	一二・二九	一二・二四	一二・一九	一二・一六	一二・一一	[illegible]
81貨	一・四三	一・四八	一・五三	一・五七	二・〇三	二・一四	二・二三	二・三〇	二・三五	二・三七	二・四三	二・四九	二・五四	三・〇四	三・〇九	三・一一	三・一六	三・一九	三・二四									
13◎	二・三三	二・三六	二・四三	二・四五	二・五〇	二・五八	三・〇三	三・〇八	三・一三	三・一五	三・一九	三・二四	三・二九	三・三三	三・三六	三・三八	三・四三	三・四五	三・四九	四・一〇	一・四七	二・一九	一・三〇	一・二六	一・二三	一・一九	一・一五	[illegible]
53混	三・四五	三・五一	三・五七	四・〇〇	四・〇五	四・一六	四・二二	四・二七	四・三一	四・三四	四・三八	四・四五	四・五一	四・五五	四・五九	五・〇三	五・〇六	五・一〇	五・一五	五・三五	三・〇〇	三・三七	二・五〇	二・四六	二・四三	二・三八	二・三四	[illegible]
15◎	五・〇九	五・一三	五・一七	五・二〇	五・二四	五・三三	五・三六	五・四一	五・四五	五・四七	五・五〇	五・五五	六・〇〇	六・〇四	六・〇七	六・〇九	六・一三	六・一六	六・二〇	六・四〇	四・一三	四・五五	四・〇四	四・〇〇	三・五六	三・五三	三・四七	[illegible]
17◎	六・〇三	六・〇六	六・一一	六・一五	六・一九	六・二七	六・三三	六・三七	六・四一	六・四三	六・四六	六・五二	六・五六	七・〇二	七・〇四	七・〇六	七・一〇	七・一三	七・一七	七・三五	五・三三	五・四九	五・〇六	五・〇三	四・五八	四・五五	四・五一	[illegible]
55混	七・一〇	七・一六	七・二二	七・二四	七・二九	七・四〇	七・四五	七・五一	七・五五	七・五八	八・〇二	八・〇七	八・一三	八・一七	八・二二	八・二四	八・二八	八・三三	八・三七		六・四七	六・五五 七・〇五	六・二九	六・二四	六・一九	六・一六	六・一〇	[illegible]
																							七・三〇	七・二五	七・二一	七・一五	七・一〇	[illegible]
19◎	八・一四	八・一八	八・二二	八・二五	八・二九	八・三七	八・四三	八・四七	八・五一	八・五三	八・五六	九・〇二	九・〇六	九・一二	九・一四	九・一六	九・二〇	九・二三	九・二七		八・一〇	八・〇七	八・〇二	七・五七	七・五三	七・五一	七・四六	[illegible]
21◎	九・二七	九・三一	九・三五	九・三八	九・四三	九・五一	九・五五	一〇・〇〇	一〇・〇三	一〇・〇六	一〇・〇八	一〇・一四	一〇・一九	一〇・二三	一〇・二五	一〇・二八	一〇・三一	一〇・三五	一〇・三九		九・一九	九・一七	九・一〇	九・〇六	九・〇三	九・〇〇	八・五五	[illegible]
																						一〇・三八	一〇・二〇	一〇・一五	一〇・一〇	一〇・〇七	一〇・〇三	[illegible]

藤相鐵道株式會社

昭和12年に、駿遠線専用の鉄道橋が完成している。

◉時刻表　昭和32年

相良	新相良	須々木	地頭方	堀野新	遠佐倉	浜岡町	千浜	新三俣	南大坂	野賀	野中	横須賀	新岡崎	芝	袋井	上り	行先	下り	行先
（新藤枝 → 袋井）																（国鉄袋井）			
								437	440	446	451	458	510	519	529	542	東京	541	富山
								540	544	550	554	602	614	623	633	625	東京	645	大阪
								604	607	613	619	629	642	652	703	655	沼津	713	豊橋
								641	646	652	657	709	723	732	743	728	東京	754	浜松
			616	622	628	635	止	709	713	719	724	736	750	800	811	820	東京		
640	644	650	658	704	710	718	720	着738											
								745	**749**	——	——	**802**	**811**	——	**824**	準841	東京	830	糸崎
								803	807	813	817	直824 842	855	904	914	929	東京	935	豊橋
			着727																
710	713	719	815	821	827	835	847	902	906	912	918	927	941	951	1002	1006	富士		
816	819	825	832	止															
835	止																		
845	**847**	——	着958 858					着939								準1028	東京		
			859	905	911	919	931	**940**	**944**	——	——	**957**	**1006**	——	**1019**	1039	東京	1029	大阪
								953	957	1003	1008	1019	1031	1041	1051			1102	浜松
917	921	928	944	950	956	1005	1018	1034	1028	1044	1049	1059	1113	1123	1134	1204	東京	1144	大阪
933	止																		
956	959	1005	着1012																
			1043	1049	1055	1103	1115	1127	1131	1137	1142	1156	1209	1218	1228	1304	東京	1233	豊橋
								1220	1224	1230	1235	1245	1258	1308	1317				
1053	1057	1104	1113	止															
1014	止																		
147	1150	1156	1214	1220	1226	1234	1240	1256	1300	1306	1311	1326	1338	1347	1357	1411	沼津	1403	京都
225	1228	1234	1242	止				1333	1338	1344	1349	1402	1417	1428	1439	1448	**東京**		
248	止							**1414**	**1417**	——	——	**1431**	**1439**	——	**1452**			1500	米原
309	1313	1320	着1329																
			1348	1354	1400	1409	1422	1433	1437	1444	1448	1459	1514	1525	1536	1546	東京		
339	止							1521	1525	1531	1536	1544	1550	1605	1615	1647	熱海	1619	京都
																		1712	名古屋
433	1437	1444	1456	1502	1508	1517	1530	着1538											
								1602	1606	1612	1617	1630	1647	1703	1714	1733	東京	1757	豊橋
458	1502	1509	1517	止															
539	1543	1550	1602	1608	1614	1623	1636	着1644											
								1703	1708	1714	1719	1728	1741	1750	1759				
601	**1604**	——	**1615**	止				1730	1734	1740	1745	1753	1805	1817	1827	1829	静岡	1833	浜松
618	止																	準1855	**大垣**
651	1654	1700	1713	1719	1725	1733	1745	1753	1757	1802	1808	1819	1831	1847	1856	1914	大船	1901	米原
745	1748	1754	1803	1809	1815	1823	1835	着1843											
								1859	1903	1909	1918	1927	1940	1949	1958	2012	掛川	2003	門司
																		準2029	**名古屋**
846	1850	1857	1905	止															
												着2010							
								1948	1952	1958	2003	2022	2034	2043	2053	2103	沼津	2059	岡崎
			着1914																
857	1901	1907	1930	1936	1942	1949	止												
913	止																		
947	1950	1957	2006	止				2028	2032	2038	2042	2056	2108	2117	2127	2147	掛川	2133	浜松
005	止																		
057	2100	2106	2114	止															
133	2136	2143	2152	止															
208	2221	2227	2234	止															
310	2313	2319	2326	止															

太字は快速

新藤枝―袋井の時刻表

(大手→新藤枝)					(国鉄藤枝)				下									
大手	慶前寺	藤本町	瀬戸川	新藤枝	上り	行先	下り	行先	新藤枝	高洲	大洲	上新田	大井川	神戸村	上吉田	根松	細江	静波
521	523	526	528	534	540	東京												
					552	東京	558	大阪	605	611	616	618	623	633	638	643	647	650
600	602	605	607	613	642	東京	626	豊橋	650	656	700	710	720	732	738	744	748	751
635	638	641	643	649	701	富士												
					716	東京	708	浜松	718	727	732	735	743	755	801	807	811	814
708	711	714	716	822	731	静岡												
716	719	722	725	731	739	沼津	743	糸崎	750	——	——	——	——	812	818	823	——	828
752	755	758	800	806	817	東京	816	島田	825	831	836	838	844	854	859	905	908	911
812	814	817	820	826	844	静岡	845	豊橋	849	855	900	902	907	917	922	928	931	934
833	836	839	841	847														
847	849	852	854	900	907	東京												
					準912	東京			926	932	937	940	947	959	1007	1014	1018	1021
917	920	923	925	931			942	大阪	953	1001	1006	1010	1019	1030	1037	1043	1047	1051
948	950	953	956	1001	1017	東京	1018	浜松	1026	1032	1037	1040	1049	1058	1104	1109	1113	1116
							1050	大阪										
1027	1029	1032	1035	1040	1052	富士	準1103	大垣	1109	1115	1119	1122	1127	1137	1143	1148	1152	1155
1100	1102	1105	1108	1113	1124	東京			1136	1142	1146	1149	1154	1205	1212	1219	1222	1225
1130	1132	1135	1137	1143			1152	豊橋	1201	1209	1213	1216	1221	1231	1236	1241	1245	1248
									1235	1241	1245	1248	1253	1303	1308	1313	1317	1320
1211	1213	1216	1218	1224	1250	東京			1306	1313	1218	1321	1328	1340	1348	1354	1358	1402
1245	1247	1250	1252	1258			1309	京都	1334	1342	1347	1352	1358	1409	1416	1423	1427	1430
1345	1347	1350	1352	1358	1408	東京	1410	米原	1423	1430	1435	1438	1444	1455	1502	1508	1512	1515
							1432	島田										
1429	1431	1434	1436	1442	1453	沼津												
1442	1444	1447	1449	1455					1508	——	——	——	——	1529	1534	1539	——	1545
									1515	1521	1525	1528	1533	1543	1548	1554	1557	1600
1511	1513	1516	1519	1524	1533	東京	1532	京都	1547	1553	1558	1601	1606	1615	1620	1626	1629	1632
1525	1528	1530	1533	1538	1606	沼津	1607	島田	1629	1635	1639	1642	1647	1657	1702	1708	1711	1716
1557	1600	1602	1605	1610	1628	東京	1626	名古屋										
1630	1633	1635	1638	1643	1648	沼津	1710	豊橋	1725	1732	1737	1742	1748	1801	1807	1813	1817	1821
1701	1703	1706	1709	1714	1731	熱海												
1721	1723	1726	1729	1734			1746	浜松	1752	1758	1803	1805	1810	1820	1825	1831	1835	1838
1736	1738	1741	1743	1749			1805	米原	1819	——	——	——	——	1841	1846	1851	——	1857
					1819	東京			1831	1838	1843	1846	1852	1903	1909	1915	1919	1922
1810	1812	1815	1817	1823			1850	掛川	1857	1904	1909	1911	1916	1926	1931	1936	1940	1943
1842	1844	1847	1849	1855	準1921	東京	1916	門司										
					1924	静岡												
1912	1914	1917	1919	1925			1935	島田	1944	1950	1954	1957	2002	2011	2017	2023	2026	202
							準1954	名古屋										
1942	1944	1947	1949	1955	2001	大船	2014	岡崎	2020	2027	2032	2036	2042	2052	2057	2104	2108	211
2033	2035	2038	2040	2046	2105	三島	2052	浜松	2114	2120	2124	2128	2133	2142	2147	2153	2156	21
2125	2127	2130	2132	2138	2149	沼津	2201	浜松	2207	2213	2217	2220	2225	2234	2239	2245	2248	225

快速が走っている。約２時間半で袋井到着。

→ 新藤枝）											（国鉄藤枝）				（新藤枝→大手）				
原町	静波	細江	根松	上吉田	神戸村	大井川	上新田	大洲	高洲	新藤枝	上り	行先	下り	行先	新藤枝	瀬戸川	藤本町	慶前寺	大手
440	443	446	450	455	500	509	514	517	521	527	540	東京			543	549	551	554	556
											552	東京	558	大阪	614	620	622	625	62
525	528	531	535	542	547	557	603	606	612	618			626	豊橋	632	638	641	644	646
											642	東京			652	658	700	703	70
											701	富士							
552	556	559	602	608	613	625	630	633	638	644	716	東京	708	浜松					
621	624	627	631	639	644	656	703	706	712	718	731	静岡			736	742	745	747	749
53	**656**	——	**700**	**706**	**710**	——	——	——	——	**732**	739	沼津	743	糸崎	749	755	758	801	803
															809	815	818	820	822
07	711	714	719	725	730	741	747	750	757	803	817	東京	816	島田	830	836	839	842	844
34	737	740	744	750	755	806	811	813	818	823	844	静岡	845	豊橋	903	909	911	914	916
11	815	818	823	829	833	813	848	851	856	901	907	東京			913	919	922	925	927
										準	917	東京	942	大阪	945	951	954	956	958
17	920	923	927	933	937	947	952	955	1000	1005	1017	東京	1018	浜松	1023	1029	1032	103	1036
													1050	大阪	1057	1103	1106	1108	1110
50	953	956	959	1005	1009	1019	1024	1027	1032	1037	1052	富士	準1103	大垣					
18	1022	1025	1028	1035	1039	1049	1054	1057	1101	1107	1124	東京							
47	1050	1053	1057	1103	1108	1117	1123	1125	1130	1135			1152	豊橋	1155	1201	1203	1206	1208
13	1117	1120	1124	1132	1140	1154	1200	1203	1208	1214	1250	東京			1228	1234	1236	1239	1241
08	1211	1214	1218	1226	1232	1242	1249	1252	1257	1303			1309	京都	1312	1318	1320	1323	1325
51	1254	1257	1301	1310	1317	1327	1333	1336	1311	1347									
															1403	1409	1411	1414	1416
22	**1325**	——	**1330**	**1336**	**1340**	——	——	——	——	**1402**	1408	東京	1410	米原	1415	1421	1423	1426	1428
													1432	島田					
39	1342	1346	1354	1402	1409	1418	1423	142	1431	1436	1453	沼津			1456	1502	1504	1507	1509
12	1415	1418	1422	1428	1433	1444	1449	1451	1456	1501					1508	1514	1517	1519	1521
											1533	東京	1532	京都	1542	1548	1550	1553	1555
47	1450	1453	1458	1504	1509	1522	1528	1530	1535	1540	1606	沼津	1607	島田	1615	1621	1623	1626	1628
18	1522	1525	1529	1537	1543	1554	1600	1603	1708	1814	1628	東京	1626	名古屋	1615	1651	1653	1656	1658
											1648	沼津			1658	1704	1707	1709	1711
04	1608	1611	1614	1621	1626	1636	1642	1644	1649	1654			1710	豊橋	1717	1723	1726	1728	1730
											1731	熱海							
41	1645	1648	1652	1702	1707	1718	1724	1727	1732	1738			1746	浜松	1753	1759	1801	1804	1806
13	**1716**	——	**1720**	**1726**	**1730**	——	——	——	——	**1752**	1819	東京	1805	米原	1826	1832	183	1837	1839
41	1744	1747	1750	1756	1800	1811	1816	1818	1825	1830	準		1850	掛川	1857	1903	1905	1908	1910
18	1822	1825	1831	1836	1842	1852	1857	1859	1904	1909	1921	東京							
											1924	静岡	1916	門司	1927	1933	1935	1938	1940
													1935	島田					
41	1844	1847	1851	1858	1905	1917	1923	1926	1931	1937	2001	大船	準1954	名古屋	2014	2020	2022	2025	2027
													2014	岡崎					
02	2005	2008	2011	2017	2021	2031	2036	2039	2043	2049	2105	三島	2052	浜松	2108	2114	2116	2119	2121
53	2056	2059	2103	2109	2113	2123	2128	2131	2135	2141	2149	沼津	2201	浜松	2205	2211	2213	2216	2218

太字は快速

1番列車は、4時6分地頭方発。朝早い。

(国鉄袋井)　上り　(袋

上り	行先	下り	行先	袋井	芝	新岡崎	横須賀	野中	睦賀	南大坂	新三俣	千浜	浜岡町	遠佐倉	堀野新	地頭方	須々木	新相良
																406	414	420
																447	456	503
																542	551	558
																620	——	631
																627	636	643
													638	646	652	659	707	714
542	東京	541	富山	554	604	614	627	635	640	645	656	705	717	725	731	739	747	753
																843	852	858
625	東京						735	着										着
655	沼津	645	大阪	703	713	723	746	756	800	807	814	823	835	843	848	900	908	914
728	東京	713	豊橋	747	800	811	827	835	841	847	858	906	919	927	933	938	946	952
		754	浜松															
820	東京	830	糸崎	832	844	854	909	918	923	930	940	948	1004	1013	1019	1029	1038	1046
準841	東京			918	930	941	959	1008	1013	1020	1023	止						
929	東京	935	豊橋	941	952	1006	1019	1028	1032	1038	1042	1050	1104	1112	1118	1126	1135	1143
1006	富士															1206	1215	1222
準1028	東京																	
1038	東京	1029	大阪	1052	1103	1115	1133	1142	1147	1153	1156							
		1102	浜松	1134	——	1143	1157	——	——	—	1212	着				1253着		
											1213	1222	1234	1242	1248	1254	——	1306
1204	東京	1144	大阪	1208	1219	1229	1242	1250	1255	1301	1303							
																1337	1345	1351
		1233	豊橋	1236	1248	1259	1318	1327	1332	1339	1347	1356	1410	1419	1425	1434	1444	1451
1304	東京			1318	1329	1339	1357	1406	1410	1418	1420	止						
1411	沼津	1403	京都	1418	1428	1440	1456	1505	1509	1515	1518	止						
448	東京			1454	1504	1514	1527	1536	1541	1546	1549	止				1540	1550	1557
		1506	米原	1517	——	1531	1543	——	——	1556	1559	着				1641着		
											1601	1610	1622	1630	1636	1642	——	1655
																1708	1716	1722
1546	東京			1553	1606	1616	1634	1643	1648	1654	1657							
		1619	京都	1631	——	1645	1655	——	——	1708	1710	着						
											1711	1720	1733	1742	1748	1802	1811	1818
1647	熱海			1652	1704	1714	1734	1744	1750	1757	1800	止						
		1712	名古屋	1719	1730	1740	1759	1808	1812	1818	1820	止						
1733	東京			1738	1751	1805	1821	1829	1835	1840	1849	1857	1909	1917	1923	1929	1937	1943
		1757	豊橋	1807	1818	1831	1845	1853	1858	1904	1906	止						
1829	静岡	1833	浜松	1837	1847	1857	1910	1918	1923	1928	1934	1942	1956	2004	2010	2018	2026	2032
		準1855	大垣															
1914	大船	1901	米原	1919	1929	1939	1952	2002	2007	2012	2015	止						
2012	掛川	2003	門司	2015	2025	2035	2050	2058	2103	2108	2111	止						
		準2029	名古屋															
2103	沼津	2059	岡崎	2107	2118	2127	2140	2148	2153	2158	2201	止						
2147	掛川	2133	浜松	2152	2202	2211	2224	2232	2237	2242	2245	止						

11：34 快速で袋井を出発。2 時間 28 分で新藤枝着。

時刻表

静岡鉄道　**地頭方駅**　電話24番

上り（藤枝方面ゆき）

列車番	地頭方到着時刻	地頭方発車時刻	相良到着時刻	相良発車時刻	新藤枝着時刻	国鉄藤枝接続
202			始発	五・〇〇	5.55	上 六・〇八 東京／下 五・五九 大垣／〃 六・二六 米原
204			〃	五・三九	6.36	上 六・四三 沼津／〃 七・〇〇 静岡／下 六・四四 浜松
102	始発	五・四一	五・五六	五・五八	7.00	上 七・一三 興津／下 七・一四 浜松
206			始発	六・一三	7.13	上 七・二五 東京
104	始発	六・一〇	六・二五	六・二八	7.26	上 七・四〇 静岡／下 七・三一 島田
1002		六・三五（相良より快速）	六・五〇	六・五二	7.45	上 七・五六 静岡／〃 八・〇二 東京／〃 八・[illegible]八 〃／〃 七・五二 豊橋／下 八・〇九 島田
2	七・〇二	七・〇二	七・一八	七・一九	8.19	上 八・二八 静岡／〃 八・三八 〃／〃 八・五二 東京／〃 八・二四 米原／下 八・四五 浜松
208			始発	七・五〇	8.55	上 九・〇八 沼津
4	七・五六	七・五七	八・一四	八・一八	9.14	上 九・二二 静岡／〃 九・五七 東京／下 九・三四 名古屋
106	始発	八・三七	八・五二	九・〇五	10.08	上 [illegible]七 東京／下 一〇・二三 浜松／〃 [illegible]九 名古屋
210			始発	九・三九	10.34	下 一〇・五二 米原

下り（堀野新田ゆき）

列車番	新藤枝発時刻	相良到着時刻	相良発車時刻	地頭方到着時刻	地頭方発車時刻
501				始発	六・四六
1	6.13	七・一八	七・二〇	七・三五	七・三六
201	6.49	七・四八	相良止		
101	7.16	八・一七	八・一八	八・三四	地頭方止
203	7.45	八・四五	相良止		
205	8.07	九・〇五	〃		
207	8.42	九・三九	〃		
209	9.02	一〇・〇六	〃		
211	9.38	一〇・三四	〃		
213	10.11	一一・〇六	〃		
215	11.06	一二・〇一	〃		
17	.21	一三・一五	〃		

日中は、地頭方の発着がない。新藤枝と相良の間で運転。

列車発着

昭和40年11月1日改正

	228	110	12	108	10	8	6	226	224	222	220	218	216
		始発	一九・〇一	始発	一七・三九	一六・〇九	一六・一九						
		二〇・〇四	一九・〇二	一八・一五	一七・四一	一七・一二	一六・二〇						
	始発	二〇・一九	一九・一七	一八・三〇	一七・五六	一七・二七	一六・三五	〃	〃	〃	〃	〃	〃
	二〇・四九	二〇・二〇	一九・一八	一八・三一	一八・〇四	一七・二八	一六・五三	一五・四五	一五・一一	一四・四三	一四・一四	一三・一六	一二・一九
	21.43	21.17	20.17	19,32	19.07	18.28	17.52	17.02	16.28	15.51	15.27	14.20	13.13
	下 二二・五四 浜松 上 二二・一七 沼津	下 二一・四一 豊橋 上 二一・四一 静岡	下 二一・〇〇 浜松 〃上 [illegible] 沼津 静岡	〃下 [illegible] 島田 姫路 上 一九・五八 東京	下 [illegible] 大垣 上 一九・三二 静岡	〃〃下 [illegible] 菊川 豊橋 島田 〃上 [illegible] 東京	〃下上 [illegible] 大垣 豊橋 沼津	下 [illegible] 岡崎 上 [illegible] 三島	下 一六・五六 大垣 上 一六・五四 東京	下 一六・一七 米原 上 一六・二一 東京	下 一五・五二 豊橋 上 一五・四六 熱海	〃下 [illegible] 島田 豊橋 上 [illegible] 沼津	下 一三・二四 豊橋 〃上 [illegible] 沼津

	227	113	111	225	109	223	107	105	221	2001	103	7	5
	21.50	21.19	20.22	19.54	19.20	19.07	18.42	18.18	18.04	17.43	17.03	15.57	15.28
	二二・四三	二二・一三	二一・一七	二〇・四八	二〇・一九	二〇・〇四	一九・四五	一九・一七	一九・〇〇	[illegible]	一七・五七	一六・五二	一六・三三
	相良止	二二・一五	二一・一九	相良止	二〇・二三	相良止	一九・四六	一九・一九	相良止	一八・三二	一七・五八	一六・五四	一六・三六
		二二・三〇	二一・三四		二〇・三七		二〇・〇一	一九・三四		一八・四七	一八・一三	一七・〇九	一六・五一
		〃	地頭方止		地頭方止		〃	地頭方止		一八・四八	地頭方止	一七・一一	一六・五二

旅館・寿
寿し源
電話三三番

パイロット万年筆
ヤマハオルガン・ハーモニカ
丸善書店
電話一〇二番

モービル石油
一力石油店
電話六一二七番

地頭方—堀野新田は往復6本だけ。

新横須賀駅発　南大坂駅発 列車 バス 時刻表

袋井行

袋井行	東海道本線【袋井連絡】
6時02分	上 6時37分浜～東 上 6時47分浜～静 下 6時47分静～垣
6時19分	下 7時05分静～米
6時35分	上 7時15分豊～東 下 7時26分静～浜
7時00分	上急 7時43分垣～東 上 7時48分豊～静
7時21分	上 8時06分阪～東 上 8時18分岡～沼 下 8時01分沼～浜
8時03分	上 8時41分浜～静 下急 8時37分修～垣 下 8時41分沼～豊
8時26分	上 9時10分垣～東 下 9時07分沼～米 下 9時33分沼～浜
9時46分	上 10時30分浜～沼 下 10時18分東～名
11時01分	上 11時40分豊～沼 上 12時32分名～沼 下 11時31分沼～米
12時27分	上 13時10分浜～沼 上 13時46分豊～沼 下 13時04分東～浜
13時31分	上 14時21分名～掛 上急 14時32分垣～修 下 14時07分沼～豊
14時33分	上急 15時22分名～東 下 15時09分東～豊
15時05分	上 15時42分垣～東 上 16時15分浜～東 下 15時49分梨～浜
15時53分	上 16時45分米～三 下 16時33分静～豊 下 17時06分沼～米
16時55分	上 17時38分名～沼
17時17分	上 18時03分豊～東 下 17時51分沼～垣
17時56分	上 18時46分米～静 下 18時25分静～岡 下 18時40分沼～豊
18時33分	上 19時20分豊～東 下 19時08分東～垣 下 19時39分沼～豊
19時10分	上 19時59分垣～静 下急 20時05分東～垣
19時52分	上 21時02分米～静 下 20時33分東～豊
21時11分	上 21時45分米～沼 下 21時41分東～浜 下 22時33分静～豊

新幹線（上り）

浜松駅発		静岡駅発	
7.35	15.35	7.09	15.09
8.05	16.05	7.39	15.35
8.35	16.35	8.09	16.09
9.05	17.05	8.39	16.39
9.35	17.35	9.09	17.09
10.35	18.05	9.39	17.39
11.05	18.54	10.09	18.09
11.35	19.05	11.09	18.39
12.05	19.35	11.39	19.23
12.35	20.35	12.09	19.39
13.35	静止21.05	12.39	20.09
14.35	21.35	13.09	21.09
15.05	静止22.35	14.09	22.09

新幹線（下り）

浜松駅発		静岡駅発	
7.02	14.32	6.34	14.04
7.32	15.32	7.04	15.04
8.32	16.02	名止8.04	名止15.34
9.02	16.32	8.34	16.04
9.32	17.02	9.04	16.34
10.02	17.32	9.34	17.04
10.32	18.02	10.04	17.34
11.02	19.02	10.34	18.34
名止11.32	19.32	名止11.04	19.04
12.02	20.32	11.34	20.04
12.32	名止21.02	12.04	名止20.34
13.32	21.32	13.04	21.04
名止14.02	名止22.02	名止13.34	名止21.34

袋井行

袋井行
5時46分
6時16分
7時00分
7時47分
17時00分
17時40分

三俣行

三俣行
7時37分
16時46分
17時33分
18時54分
19時55分
21時49分

掛川行バス

【井崎廻】	【入山瀬廻】
6時00分	6時09分
6.15	6.44
6.38	7.19
6.48	8.20
7.23	9.10
8.25	10.05
9.25	11.40
10.15	13.40
11.05	15.20
12.10	16.15
13.50	17.20
14.51	18.40
15.50	
16.45	
17.20	
18.13	
19.03	

菊川行バス

【平田廻】	【井崎内田廻】
6時20分	7時18分
※ 9.11	※ 10.27
11.05	13.56
15.09	15.50
17.14	18.16

※は菊川病院前廻り

静鉄バス

◆袋井行◆

横止	6時02分
横止	6.35
	7.03
横止 日祭日運休	7.14
横止	7.47
	8.16
	9.08
	10.03
	10.48
	11.28
	12.12
	12.53
	13.38
横止	14.15
横止	14.47
	15.09
	16.13
横止	16.45
（横須賀旧道）	17.10
横止	18.11
大坂止	18.35
横止	19.30

御前崎方面行

	6時33分	御前崎
日祭日運休	7.06	大坂止
	7.18	御前崎
	7.45	浜岡
	8.18	御前崎
	9.22	〃
	10.02	浜岡
	10.47	〃
	11.32	〃
	12.32	〃
	13.22	御前崎
	14.22	〃
	14.46	大坂止
	15.17	浜岡
	16.00	〃
	16.45	御前崎
	17.18	浜岡
	18.12	〃
	18.47	三俣
	19.17	浜岡
	20.12	〃

41年10月1日改正

日中、南大坂駅の発着はない。袋井―新横須賀の運転。

◉運賃表　昭和31年

昭和31年6月1日改正

普通旅客運賃表（駿遠線）

静岡鉄道株式会社

	慶全寺前	藤枝本町	瀬戸川	新藤枝	高洲	大洲	上新田	大井川	神戸村	上吉田	根松	細江	静波	榛原町	片浜	太田浜	相良	新相良	波津	須々木	落居	地頭方	堀野新田	玄保	遠州佐倉	桜ケ池	浜岡町	塩原新田	合戸	千浜	西千浜	新三俣	南大坂	谷口	野賀	野中	河原町	新横須賀	七軒町	石津	新三輪	新岡崎	五十岡	浅名	芝	諸井	柳原	新袋井
大手	10	10	10	10	25	30	35	40	50	55	65	70	70	75	85	95	100	100	105	110	115	120	130	130	135	140	140	150	160	160	165	170	175	175	180	185	185	195	195	200	205	205	210	215	215	220	225	225
慶全寺前		10	10	10	25	30	30	40	50	55	65	70	70	75	85	95	100	100	105	110	115	120	125	130	130	135	140	150	155	160	165	170	170	175	180	185	185	190	195	200	200	205	205	210	215	215	220	225
藤枝本町			10	10	20	25	30	35	45	55	60	65	70	70	85	90	95	100	100	105	115	115	120	125	130	135	140	145	150	155	160	165	170	170	175	180	185	190	195	195	200	200	205	210	210	215	220	225
瀬戸川				10	20	25	25	35	45	50	60	65	70	70	80	85	95	100	100	105	110	115	120	125	130	130	140	145	150	155	160	165	170	170	175	180	185	185	190	195	195	200	205	205	210	215	215	220
新藤枝					10	15	20	25	40	40	50	55	60	65	70	80	85	85	90	95	100	105	115	120	120	125	130	140	145	150	155	160	160	165	170	170	180	180	185	185	190	195	195	200	205	205	210	215
高洲						10	10	20	25	35	40	45	50	55	65	70	75	80	85	85	95	100	105	110	115	120	120	130	135	140	145	150	155	155	160	165	170	175	180	180	185	185	190	195	195	200	205	205
大洲							10	10	25	25	40	40	45	50	55	65	70	75	75	85	85	95	100	105	110	115	120	125	130	135	140	145	150	150	155	160	165	170	170	175	180	180	185	185	190	195	195	200
上新田								10	20	25	35	40	40	45	55	65	70	70	75	80	85	90	100	100	105	110	115	120	130	130	140	140	145	150	150	160	160	165	170	175	175	180	180	185	185	190	195	200
大井川									10	20	25	30	35	40	50	55	60	65	70	70	80	85	90	95	100	105	110	115	120	125	130	135	140	140	145	150	155	160	165	170	170	170	180	180	180	185	190	195
神戸村										10	15	25	25	25	40	45	50	55	55	60	70	70	85	85	90	95	100	110	115	115	120	130	130	130	135	140	145	155	155	160	160	165	170	170	175	180	180	185
上吉田											10	15	20	25	30	40	45	50	50	55	60	70	75	80	85	85	95	100	110	115	120	120	125	130	130	140	140	145	150	150	155	160	160	165	170	170	175	180
根松												10	10	15	25	30	40	40	40	45	55	55	70	70	75	80	85	95	100	105	115	115	120	120	125	130	135	140	140	145	150	150	155	160	160	165	170	170
細江													10	10	20	25	30	35	40	40	50	55	60	70	70	75	80	90	95	100	105	115	115	115	120	125	130	135	140	140	145	150	150	155	155	160	165	170
静波														10	15	25	25	30	35	40	45	50	60	65	70	70	75	85	95	95	100	110	115	115	115	120	125	130	135	140	140	145	150	150	155	160	160	165
榛原町															10	20	25	25	30	35	40	45	55	60	55	70	70	85	90	90	100	105	110	110	115	120	120	130	130	135	140	140	145	150	150	155	160	160
片浜																10	15	20	25	25	30	40	45	50	55	55	65	70	80	85	90	95	100	100	105	115	115	120	125	130	130	130	135	140	140	145	150	155
太田浜																	10	10	10	20	25	30	40	40	45	50	55	65	70	75	85	85	90	95	100	105	110	115	115	120	120	125	130	130	135	140	140	145
相良																		10	10	10	20	25	35	40	40	45	50	60	70	70	75	85	85	85	90	100	100	110	115	115	120	120	125	130	130	135	140	140
新相良																			10	10	15	20	30	35	40	40	45	55	65	70	75	80	85	85	90	95	100	105	110	115	115	120	120	125	130	130	135	140
波津																				10	10	20	25	30	35	40	45	55	60	65	70	75	80	85	85	95	100	100	105	115	115	115	120	120	125	130	[illegible]	135
須々木																					10	10	25	25	30	35	40	50	55	60	70	70	75	80	85	85	95	100	100	105	110	115	115	120	120	125	130	130
落居																						10	15	20	25	25	35	40	50	55	60	65	70	70	75	85	85	90	100	100	100	105	110	115	115	120	120	130
地頭方																							10	15	20	25	30	40	45	50	55	60	65	70	70	75	85	85	90	95	100	100	105	110	115	115	120	120
堀野新田																								10	10	15	20	30	35	40	45	55	55	55	60	70	70	80	85	85	90	95	100	100	100	110	115	115
玄保																									10	10	15	25	30	35	40	45	55	55	55	65	70	75	80	85	85	85	95	100	100	105	110	115
遠州佐倉																										10	10	20	25	30	40	40	50	50	55	60	65	70	75	80	85	85	90	95	95	100	105	110
桜ケ池																											10	15	25	25	35	40	40	45	50	55	60	65	70	75	75	80	85	85	90	95	100	105
浜岡町																												10	20	25	30	35	40	40	45	50	55	60	65	70	70	75	80	85	85	90	95	100
塩原新田																													10	10	20	25	30	30	35	40	45	55	55	60	65	65	70	75	75	85	85	90
合戸																														10	10	20	25	25	25	35	40	45	50	55	55	60	65	70	70	75	80	85
千浜																															10	15	20	20	25	30	35	40	45	50	55	55	60	65	70	70	75	80
西千浜																																10	10	10	15	25	25	35	40	40	45	50	55	55	60	65	70	70
新三俣																																	10	10	10	20	25	30	35	40	40	40	50	55	55	60	65	70
南大坂																																		10	10	15	20	25	30	35	40	40	45	45	50	55	60	65
谷口																																			10	10	15	25	25	30	35	40	40	45	50	55	55	60
野賀																																				10	10	20	25	25	30	35	40	40	45	50	55	55
野中																																					10	10	15	20	25	25	30	35	40	40	45	50
河原町																																						10	10	15	20	25	25	30	35	40	40	45
新横須賀																																							10	10	15	15	25	25	25	30	40	40
七軒町																																								10	10	10	15	20	25	25	30	35
石津																																									10	10	10	15	20	25	25	30
新三輪																																										10	10	10	15	20	25	30
新岡崎																																											10	10	10	20	25	25
五十岡																																												10	10	10	15	25
浅名																																													10	10	15	20
芝																																														10	10	15
諸井																																															10	10
柳原																																																10

自動車運賃

地頭方＝御前崎　２０円

（昭31.6—100）

新藤枝から袋井まで215円。

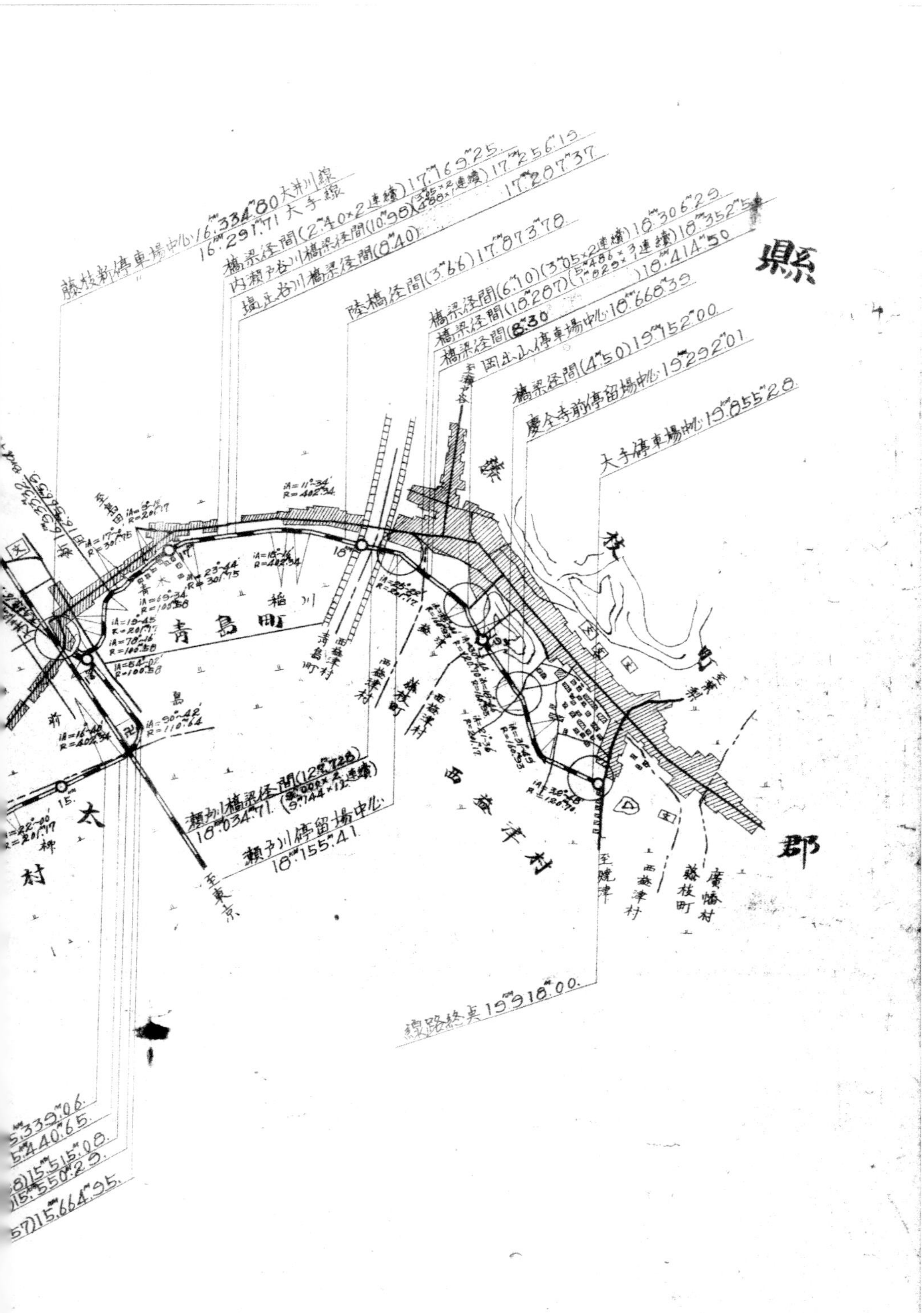

藤枝新停車場中心
大井川線
大手線
橋梁径間
内瀬戸谷川橋梁径間
塩立谷川橋梁径間
陸橋径間
橋梁径間
橋梁径間
橋梁径間
岡出山停車場中心
橋梁径間
慶全寺前停留場中心
大手停車場中心
縣
郡
青島町
西益津村
瀬戸川橋梁径間
瀬戸川停留場中心
線路終点
至東京
至島田
至瀬戸谷
至燒津
西益津村
藤枝町
廣幡村
太
村

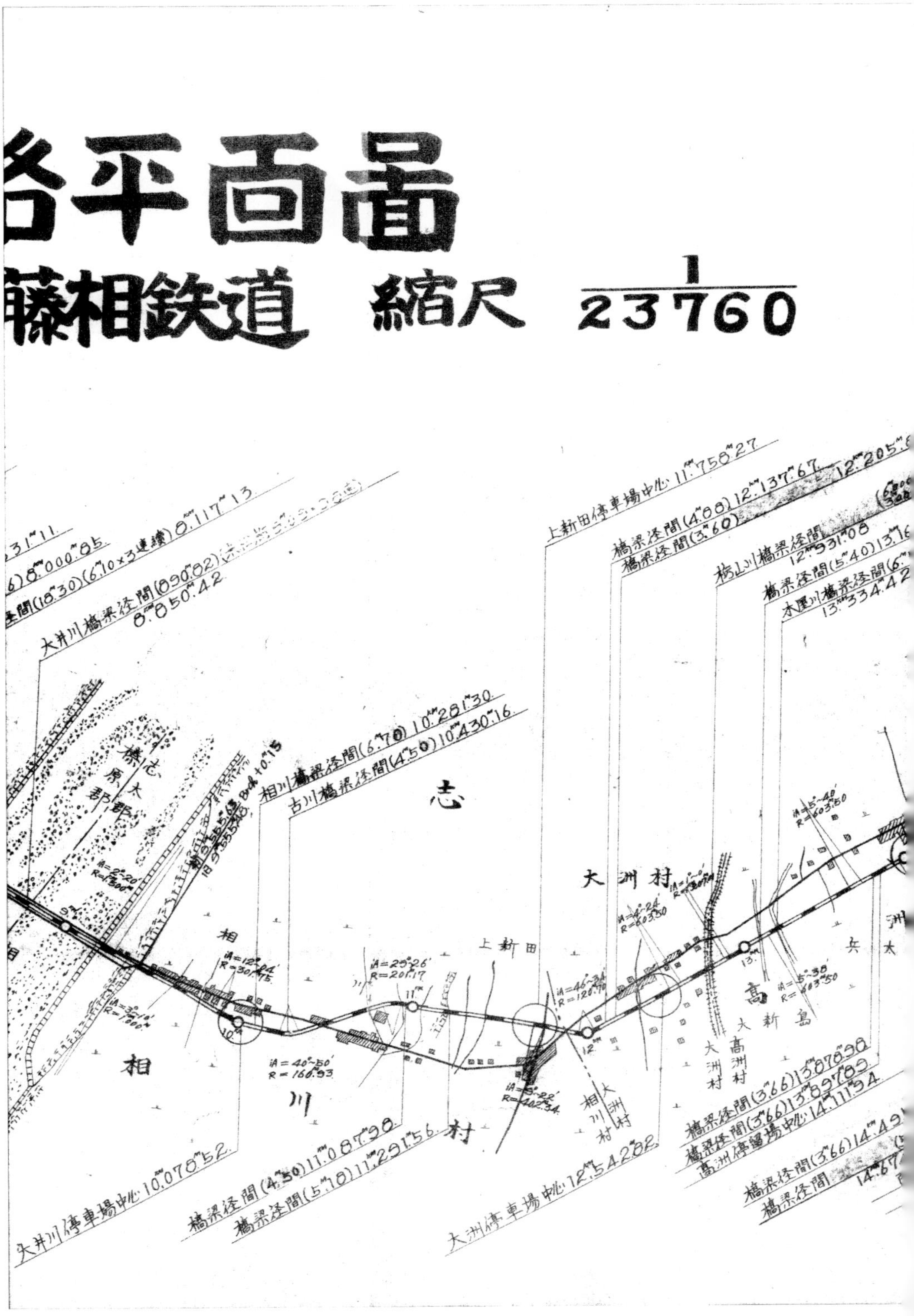

路平面圖
藤相鉄道 縮尺 1/23760
上新田停車場中心 11.758.27
大井川橋梁径間
相川橋梁径間(6.70) 10.281.30
古川橋梁径間(4.50) 10.430.16
志
大洲村
上新田
相
相
川
村
大井川停車場中心 10.078.52
橋梁径間(4.50) 11.087.98
橋梁径間(5.10) 11.291.56
大洲停車場中心 12.542.82
相川村
大洲村
高洲村
大新島
兵太
橋梁径間(3.66) 13.870.90
高洲停留場中心 14.111.94

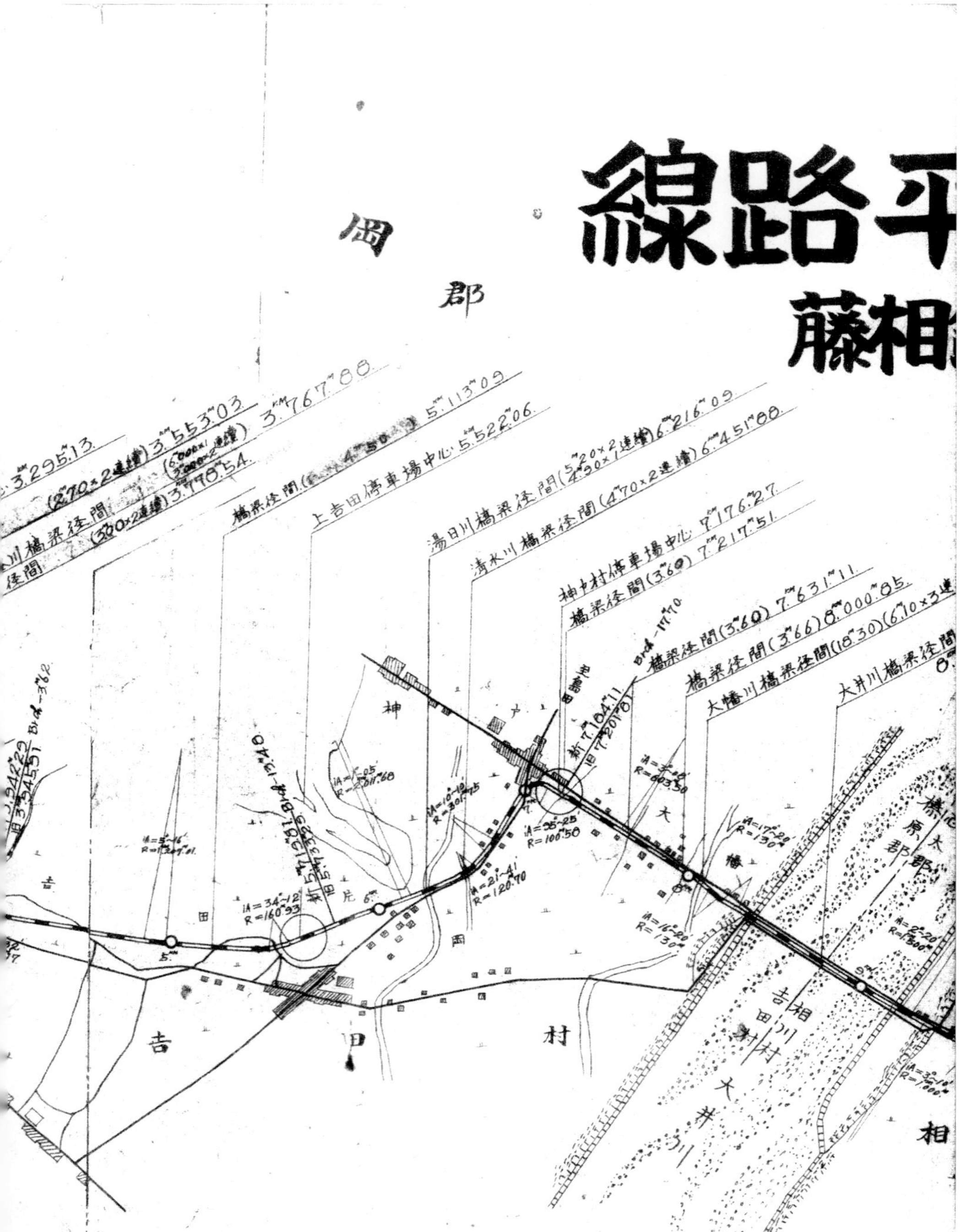
線路平
藤相
郡
上吉田停車場中心 5.522.06
湯日川橋梁径間
清水川橋梁径間
神戸村停車場中心 7.176.27
橋梁径間(3.60) 7.217.51
橋梁径間(3.60) 7.631.11
橋梁径間(3.66) 8.000.85
大幡川橋梁径間
大井川橋梁径間
大井川停車場中心
吉田村
神戸
大幡
吉田村
相川村
大井川
榛原郡
相

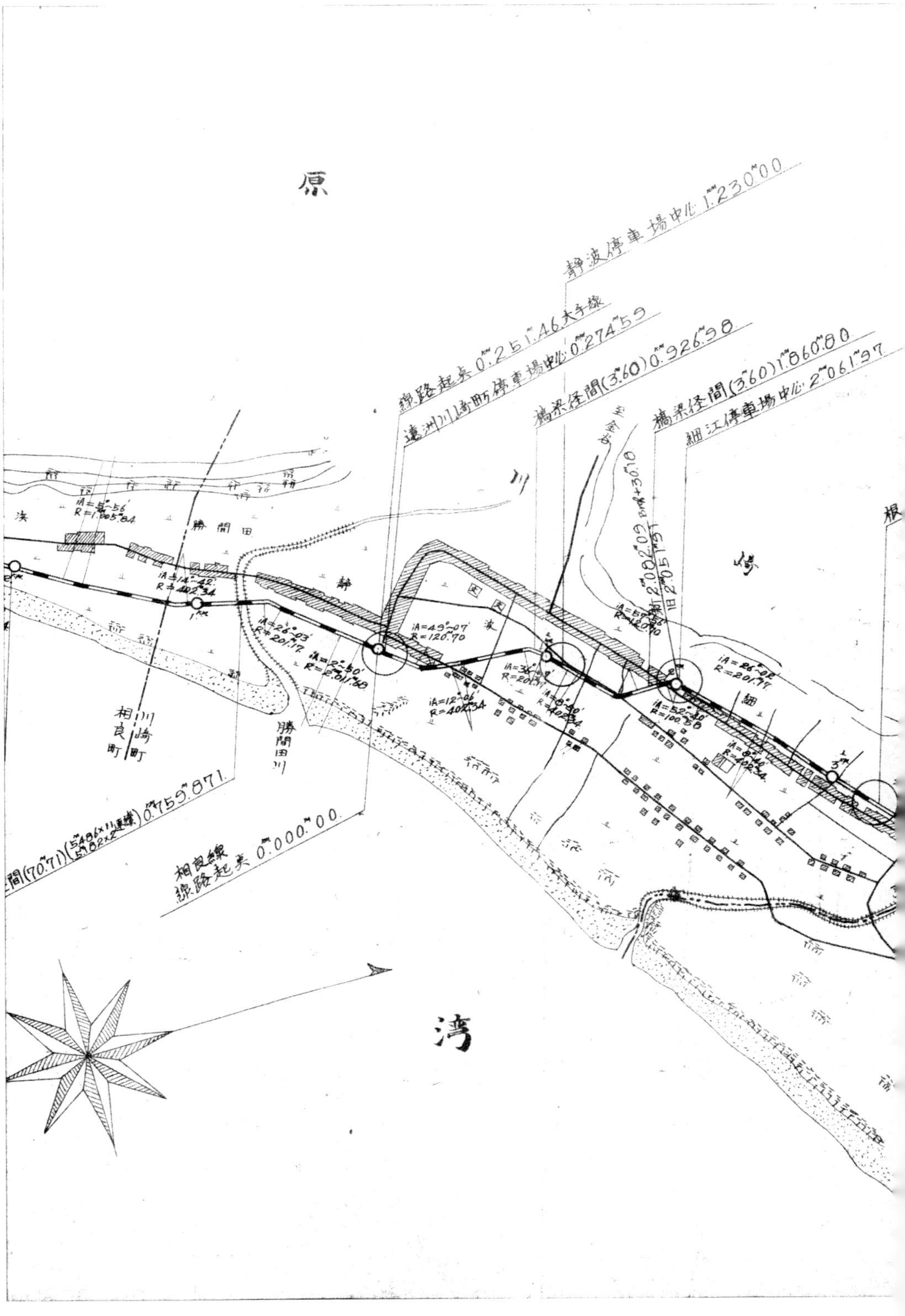
原
静波停車場中心 1.230.00
線路起点 0.251.46 大手線
遠州川崎町停車場中心 0.274.59
橋梁径間(3.60) 0.926.98
橋梁径間(3.60) 1.860.80
細江停車場中心 2.061.97
相良町
川崎町
勝間田川
相良線
線路起点 0.000.00
湾

◉廃止のお知らせ　堀野新田—新三俣、大手線

駿遠線ご利用のお客様へ

昭和３９年９月２０日

静岡鉄道株式会社

駿遠線一部営業廃止(新藤枝～大手 堀野新田～新三俣間)並びに列車回数削減(相良～堀野新田 新三俣～新横須賀間)についてお知らせ

かねがね新聞・ラジオ等によりご承知のことと存じますが、駿遠線新藤枝～大手間及び堀野新田～新三俣間の営業廃止、並びに相良～堀野新田及び新三俣～新横須賀間の列車運転回数削減につきまして、関係官庁に申請致しておりましたが、今般その許可がありましたので９月26日を以て廃止し、バスの運行に切替えること丶なりました。永年皆様方の足としてご利用を頂きましたことを厚く御礼申上げますと共に、バス代行後の取扱につきましては次のように致しますので、何卒、ご諒承のうえご協力下いさいますよう御願い申し上げます。

記

◘国鉄線との連絡運輸となるお客様へ

廃止区間と国鉄線との連絡運輸は24日限り廃止致します。従いまして廃止区間の代行バスと国鉄線との連絡乗車券の発売は致しません。但し26日現在有効の普通乗車券又は定期乗車券は期限満了の日までそのま、使用でき、廃止区間又は列車削減区間の削減時間帯については代行バス(併行路線バスも含む以下同じ)にご乗車下さい。

◘普通乗車券のお客様へ

鉄道とバスは各々別に乗車券をお求め頂きます。従来のように上吉田・静波方面より藤枝本町、又は袋井・新横須賀方面より千浜・浜岡町等の通し乗車券の発売は致しません。

◘定期乗車券のお客様へ

1. 26日現在廃止区間又は列車回数削減区間を定期乗車券でご利用のお客様は、向う１ケ年間（昭和40年９月26日迄）は引続き鉄道の定期旅客運賃で同区間に限り代行バスに乗車できます。定期券は当社鉄道の駅で旧定期券と引換えにて発売致します。又国鉄線と連絡の定期券をお持ちのお客様で、継続定期券を購入される方は、なるべく先に社線の定期券をお求め下さい。新たに購入される方はバスの売札所でお求め下さい。
2. 定期券面には従来の鉄道停留場名をそのま丶使用致しますので、これによるバスの乗降は別項の最寄停留場一覧表の該当停留場をご利用下さい。その他の扱いは従来の定期券使用と同じでございます。
3. １項の継続定期券は一ケ年間の期間が経過した以後に亘る有効期間の定期乗車券の発売は致しません。従いまして現在の発売月（１ケ月・３ケ月・６ケ月）に合せて頂くようになります。例えば満了期間前５ケ月のときは３ケ月定期と１ケ月定期を２回お求め頂くようになります。

尚詳細につきましては最寄駅又は本社鉄道課（ＴＥＬ静岡㊴5111）へお問合せ下さい。

◘廃止区間及び間引区間の鉄道バス最寄駅名

鉄道駅名	バス停名
大手	大手駅 藤枝大手
慶全寺前	慶全寺前・白子
藤枝本町	本町駅・千才
瀬戸川	瀬戸川橋
新藤枝	藤枝駅前
相良	相良駅前
新相良	相良
波津	波津神社前
須々木	須々木駅前 須々木橋
落居	落居 地頭方中学校前
地頭方	地頭方
堀野新田	堀野新田
玄保	玄保
遠州佐倉	雨垂
桜ケ池	桜ケ池前
浜岡町	浜岡町・本町
塩原新田	塩原新田
合戸	合戸
千浜	千浜
西千浜	国安橋
新三俣	三俣
南大坂	大坂駅前
谷口	矢柄神社前
野賀	野賀
野中	野中
河原町	河原町
新横須賀	横須賀

大手線代行バス時刻表

大手発藤枝駅ゆき 時 分	経由別	時 分	経由別	藤枝駅発大手ゆき 時 分	経由別	時 分	経由別
5.25	旧道	13.00	本町	5.45	旧道	13.17	本町
5.41	旧道	13.35	本町	6.05	旧道	13.52	本町
6.03	旧道	14.10	本町	6.30	旧道	14.27	本町
6.23	旧道	14.45	本町	6.53	旧道	15.02	本町
6.48	旧道	15.00	旧道	×7.07	旧道	15.19	旧道
(7.00)	旧道	15.20	本町	(×7.19)	旧道	15.37	本町
7.13	旧道	15.40	旧道	×7.41	旧道	15.59	旧道
7.13	本町	16.00	本町	(×7.41)	新道	16.18	本町
(○7.15)	慶全寺	16.20	旧道	×7.42	本町	16.39	旧道
7.27	旧道	16.40	本町	×7.53	旧道	16.58	本町
7.28	本町	17.00	旧道	×7.53	本町	17.19	旧道
(○7.29)	慶全寺	17.20	本町	(×7.53)	慶全寺	17.38	本町
(7.38)	旧道	17.40	旧道	(×8.03)	旧道	17.59	旧道
(7.56)	本町	18.00	本町	(8.25)	本町	18.18	本町
8.20	本町	18.20	旧道	8.37	本町	18.39	旧道
8.55	本町	18.40	本町	9.12	本町	18.57	本町
9.30	本町	19.00	旧道	9.47	本町	19.19	旧道
10.05	本町	19.20	本町	10.22	本町	19.37	本町
10.40	本町	20.00	旧道	10.57	本町	20.19	旧道
11.15	本町	20.39	旧道	11.32	本町	20.58	旧道
11.50	本町	21.18	旧道	12.07	本町	21.37	旧道
12.25	本町	22.00	旧道	12.42	本町	22.25	旧道

備考　(　)印　日祭日運休　○印　高校休校日運休
×　印　新藤枝駅構内発

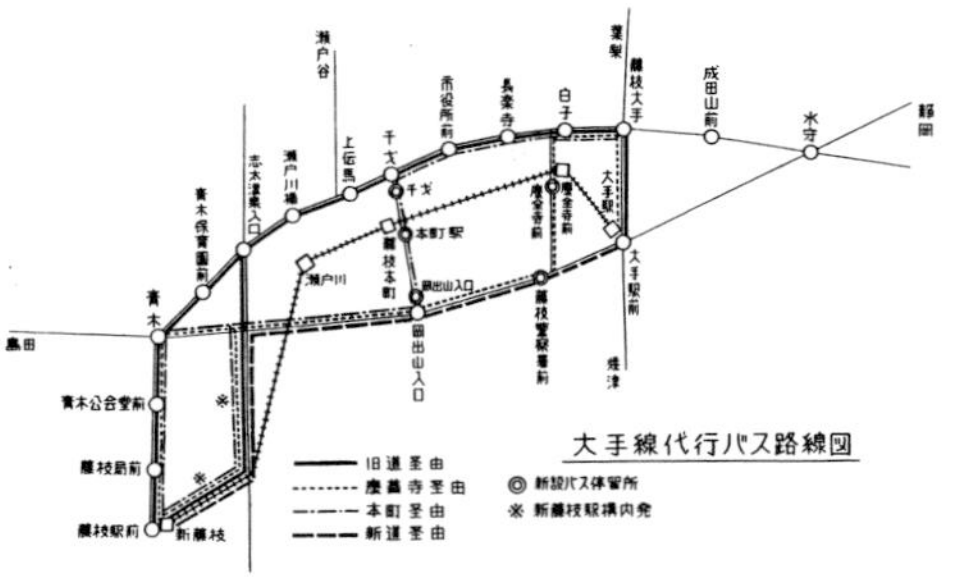

大手線代行バス路線図

相良・横須賀間代行バス時刻表

■横須賀線

浜岡方面行 新横須賀駅発	大坂発	三俣発	浜岡着	新横須賀駅方面行 浜岡発	三俣発	大坂発	新横須賀駅着
6.20	6.35			5.41	5.59	6.02	6.17
8.05	8.20	8.23				6.39	6.54
8.50	9.05				8.29	8.32	8.47
9.35	9.50	9.53	10.11 (千浜)			9.12	9.27
16.00	16.15	16.18	16.25	15.19 (千浜)	15.37	15.40	15.55
17.00	17.15	17.18	17.36	16.26	16.33	16.36	16.51
18.40	18.55	18.58		17.54	18.12	18.15	18.30
19.55	20.10	20.13	20.31		19.07	19.10	19.25

■相良・浜岡線

相良方面行 浜岡発	堀野新田発	地頭方駅前発	相良発	相良駅前着	浜岡方面行 相良駅前発	相良発	地頭方駅前発	堀野新田発	浜岡着
	6.54	6.59				6.29	6.45	6.50	
7.28	7.42	7.47					7.05	7.10	7.24
8.15	8.29	8.34	8.53				7.51	7.56	8.10
10.20	10.34	10.39	10.55	10.58	9.30	9.33	9.49	9.54	10.08
	11.36	11.41	11.57	12.00	11.06	11.09	11.25	11.30	
	12.36	12.41	12.57	13.00	12.06	12.09	12.25	12.30	
13.49	14.03	14.08	14.24	14.27	13.10	13.13	13.29	13.34	13.48
	15.05	15.10	15.26	15.29	14.36	14.39	14.55	15.00	
	15.56	16.01	16.17	16.20	15.31	15.34	15.50	15.55	
17.51	18.05	18.10			16.40	16.43	16.59	17.04	17.18
18.39	18.54	18.59	19.15				18.20	18.25	18.39

駿遠線ご利用のお客様へ

昭和42年8月20日
静岡鉄道株式会社

駿遠線袋井～新三俣間鉄道営業廃止についてのお知らせ

かねがね新聞等の報道によりご承知のことと存じますが、駿遠線袋井～新三俣間の鉄道営業を廃止し、バス運行に切替るべく関係官庁に申請致しておりましたが、今般その許可がありましたので8月27日を以て廃止し、バス運行に切替えることとなりました。永年皆様方の足としてご利用を頂きましたことを厚く御礼申し上げますと共に、バス代行後の取扱につきましては、次のように致しますので、何卒、ご諒承のうえご協力下さいますよう御願い申し上げます。

記

◎代行バス中遠線の運行について

① 列車運転をバス運行に替えたものであります。
② 発着場所及びお客様の取扱方は従来と同じであります。
③ 代行バスには(代行バス)の標示がしてあります。
④ 停留所、運行時刻表は下記の通りであります。尚停留所は南遠線と一部重復する箇所もありますが、代行バス停留所標識は「鉄道代行バス中遠線」と標示してありますので、その箇所よりご乗車下さい。

◎国鉄線との連絡運輸となるお客様へ

代行バスと国鉄線との連絡乗車券の発売は従来通り行ないますが一部変更致しますので、次の点にご注意下さい。

① 新岡崎、新横須賀、南大坂の各駅からご利用のお客様は従来通りであります。
② 芝、新三俣両駅は連絡乗車券の発売を致しませんから、ご乗車の際は必ずバス車掌より乗車券をお求め下さい。尚国鉄線へ乗継ぎされた時は、速やかに国鉄車内にて社線の乗車券を車掌に提示して国鉄線内の乗車券をお求め下さい。
又連絡定期券をお持ちのお客様は期限が切れるまでそのまま使用出来ますが、継続して購入される場合は社線と国鉄線とを別々にそれぞれの最寄駅においてお求め下さい。尚社線の最寄発売駅は、芝駅の場合は国鉄袋井駅、新三俣駅の場合は南大坂又は国鉄袋井駅であります。

◎代行バス中遠線の停留所名

鉄道駅名	杜袋井	柳原	諸井	芝	浅名	五十岡	新岡崎	新三輪	石津	七軒町	新横須賀	河原町	野中	野賀	谷口	南大坂	新三俣
代行バス停	社袋井	柳原	諸井	芝	浅名	五十岡	新岡崎	三輪	石津西	七軒町	新横須賀	河原町	藤塚	野賀	矢柄神社前	南大坂	新三俣

◎代行バス中遠線の系統図

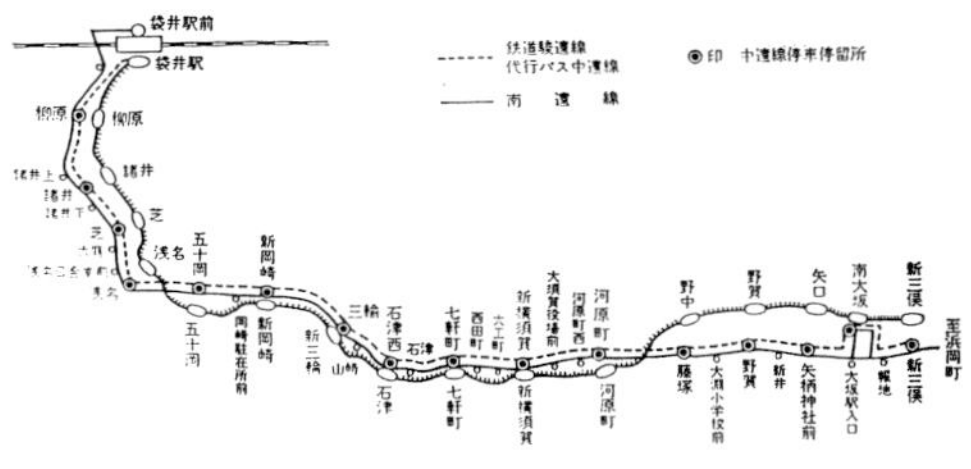

◎代行バス中遠線（袋井～新三俣間）内を乗車されるお客様へ

併行路線でありますバス南遠線等との関係から代行バスへの乗車方法に一部制限がありますので、次の点にお間違いのないようご注意下さい。

① 代行バス用普通乗車券、定期乗車券ではバス南遠線及び福田同笠線には乗車出来ません。
② バス南遠線及び福田、同笠線用の従来のバス普通乗車券、回数券、定期乗車券では代行バスには乗車出来ません。
③ 前各号の場合で誤つて代行バス又はバス南遠線等に乗車された場合であつて、目的地までそのまま乗車を希望される時はその乗車区間の普通旅客運賃を改めて頂く場合がありますのでご注意下さい。
④ 委託売札所、停留所（諸井、藤塚、新三俣）から代行バスへ乗車されるお客様は、この売札所に於て「代行バス乗車券」を発売致しますので、必ず乗車券をお求めのうえご乗車下さい。尚乗車の際は車掌に乗車券を提示して入鋏を受けて下さい。
⑤ 定期乗車券で代行バス各停留所に乗降する際は必ず車掌に定期券を提示して下さい。
⑥ 定期旅客運賃は向う1ケ年間鉄道運賃にて発売致しますが、以後はバス運賃となります。

従来の鉄道による荷物の取扱いを廃止し、駿遠運送株式会社のトラツクによつて取扱いを行ないます。

尚詳細につきましては最寄駅又は袋井自動車営業所（TEL袋井(2)―2231～3）へお問合せ下さい。

◎代行バス中駿線時刻表

袋井方面行				新三俣方面行			
新三俣発	新横須賀発	新岡崎発	袋井着	袋井発	新岡崎発	新横須賀発	新三俣着
5.45	6.03	6.12	6.30	6.14	6.30止		
	6.23	6.32	6.50	6.34	6.51	6.59止	
6.23	6.41	6.50	7.08	6.53	7.10	7.18	7.36
	7.03	7.12	7.30	7.18	7.33止		
7.09	7.27	7.36	7.54	7.35	7.52	8.00止	
7.47	8.05	8.14	8.32	8.13	8.30	8.38止	
	8.35	8.43	9.00	9.14	9.31	9.39止	
	9.45	9.53	10.10	10.33	10.50	10.58止	
	11.01	11.09	11.26	11.45	12.02	12.10止	
	12.28	12.36	12.53	12.40	12.57	13.05止	
	13.32	13.40	13.57	13.20	13.37	13.45止	
	14.32	14.40	14.57	14.30	14.47	14.55止	
	15.07	15.15	15.32	15.14	15.31	15.40止	
	15.46	15.54	16.11	15.55	16.12	16.20	16.38
	16.55	17.03	17.20	16.25	16.42	16.50止	
16.50	17.08	17.16	17.33	16.50	17.08	17.17	17.35
	17.55	18.03	18.20	17.25	17.43	17.52止	
17.47	18.05	18.13	18.30	17.43	18.01	18.10止	
	18.15	18.23	18.40	18.07	18.25	18.34	18.52
	18.38	18.46	19.03	18.52	19.10	19.19	19.37
		19.15	19.32	19.24	19.42 (19.51止)	19.51止	
	19.25	19.33	19.50	20.08	20.25	20.33止	
	19.55	20.03	20.20	21.06	21.23	21.31	21.49
	21.10	21.18	21.35	21.50	22.07	22.15止	

広報号外

昭和43年3月13日

■編集発行■
御前崎町役場◇相良町役場
榛原町役場◇吉田町役場

印刷
川崎共同印刷所

駿遠線廃止申入れに対して

──皆様のご意見をお寄せ下さい──

《榛南四町は同一歩調で》

静鉄駿遠線の廃止問題につきましては、町広報紙、新聞テレビ、それに町有志の方などを通じて、すでにご承知のことゝ思います。

静岡鉄道では昨年、同線の赤字、施設の老朽化などを理由に、四三年三月いっぱいで廃止したい旨関係市町に申入してきました。

藤枝、大井川、吉田、榛原相良、御前崎の一市五町ではかねてより駿遠線の国有化期成同盟会を結成し、広軌の国鉄化を働きかけてきましたがこんどの申し入れに対して、昨年六月、廃止反対の期成同盟会をつくりました。

そして

一、駿遠線の廃止に反対する

二、利用者の実態把握を行なう。

三、国、県、国鉄に対して、国鉄化促進の陳情を行なうことを申し合わせ、各方面に運動をくりひろげてきました。

しかし、静鉄側では大井川──堀野新田間の営業廃止とバス代行案を示して同意を求めています。

関係四町としても、静鉄側の廃止理由、代行バス計画などを考え合わせると、存続することのむつかしさも認めなければならない時期に至っております。もちろん、廃止については町の総意によらなければなりません。

そこで、静鉄側が示している廃止の理由、廃止後の代行バス運行路線、代行バスの時刻、いまゝでの軌道施設、用地の処分などの計画をよくお読みになったうえで、みなさんのご意見、ご要望を役場までお寄せいただきたいと思います。

町では、みなさんのご意見ご要望をまとめて、静鉄に申し入れ、廃止したら不便になった──などということが起らないよう、住民福祉のため最善の努力をしてまいります。

御前崎町
相良町
榛原町
吉田町

駿遠線〈大井川 堀野新田間〉営業廃止に踏み切った理由

静岡鉄道株式会社

◇乗車人員は年々減少している。

◇大井川橋梁下の河床低下は続く。

◇駿遠線の合理化は、その限界に達しつつある。

◇累積赤字は五ケ年間に一億六千万円に達した。

◇新藤枝～大井川間は道路整備を待つて行なう。

◇乗車人員は年々減少

駿遠線の並行道路である国道一五〇号線の整備に伴って、駿遠線の利用者は道路交通に移行し、昭和四十二年二月調査の一日平均一万三〇〇人の乗車客は八千八〇〇人となり一日平均一五〇〇人の減少を来し、一五パーセントの減少であります。

◇大井川橋梁下の河床低下は続く。

大井川に於ける砂利採取量は年々増大し、その影響を受けて異常な河床低下を来し、駿遠線の橋梁附近に於いて、年平均三十七糎の低下があり、場所によっては最近三ケ年間に一五〇糎以上の河床低下を見て居ります。昨秋十一月三十日には平野部では僅かの降雨量でありましたが、上流の季節外れの降雨と、ダム放水により、増水し急流化し、橋脚ケ所の河床が二米五〇糎も削り取られ、危険状態となりましたので、止むなく列車の運転を休止し、バス連絡の処置をとり、応急修理を致しました。今後も尚砂利採取は橋梁附近を除き継続される見込みでありますので今後共河床は更に低下するものと考えられます。又雪解け期の増水や、異常気象時の増水は避けられないものでありますから、被害を極力避けるよう対策を講じ、運転保安の確保を期して居ります。尚大井川橋梁の安全性を確認する為に東大の最上武雄教授を委員長とし大学、建設省、国鉄、その他の各種団体の諸先生に調査団を編成して戴き、下部構造については、橋脚の安定度、橋脚の耐久度の調査、上部構造については、鋼桁の耐久度について調査が進められて居り、近々その結論が出されます。

◇駿遠線の合理化はその極限に達しつゝあります。

昭和四〇年八月に運賃改訂を致しましたが、当初の増収見込額には到底及ばず、加えて人件費及び諸経費の高騰は益々当線の経営を悪化させ、出来得る限りの合理化を推進致しましたが、昭和四十一年度の収支（新藤枝～堀野新田間）は五千五百万円（一日平均一五万円）の損失となりました。収入は一億四千万円、支出は一億九千五百万円で、収入に対する支出割合は一三九パーセントであります。人件費は一億四千六百万円で、収入に対する人件費割合は一〇四パーセントとなり、収入より人件費の方が多くなってしまいました。従いまして更に昨年秋にダイヤ改正を機に、中間運転取扱駅九駅を五駅に縮少して、併合閉塞をなし、快速列車も普通列車に切換え、列車回数を削っても輸送力を落さないように車輌の増結によって之を補い、又運転保安の面に付きましても交換駅を指定して従来以上にその保安度を向上致し、配置従事員数一五〇名を百十数名に削減致しました。然し乍ら予定した収入が確保出来ないのが、現状であります。

◇累積赤字は五ケ年間に一億六千万円に達しました。

昭和三十七年に二千四百九十一万円の赤字であったものが、毎年の赤字が累積して昭和四十一年には一億六千四百九十五万円に達しました。公共性のある企業と云われても、限界があり、更に存続を要望されるならば、沿線各町共同で組合をつくって、委託経営をして戴きたいと提案致したこともあります。

◇新藤枝～大井川間について

新藤枝、大井川間については、田沼街道の拡巾工事が予定されて居りますが、その整備完了には尚若干年月を要する見込みであります。当線を廃止した場合の代行バスを投入するには、道路容量が不足いたして居りますので、道路整備の完了を待って該区間の営業廃止を致す所存であります。以上が当社駿遠線の営業廃止をせざるを得なくなった理由であります。

五十年の長い歳月の間、住民の皆様方から御愛用戴きましたが、時は遷り、新幹線は走り、東名高速道路も建設されるに至りました。新しい時代には新しい交通機関に生れ変らなくてはならないと思います。代行バスにより今まで以上のサービスを提供し、当地方の産業経済、観光、文化その他各面に亘っての開発に貢献致す所存であります。皆様方のご理解と御協力を賜りますようお願い致します。

駿遠線一部撤去後の取扱方（案）

▽廃止後の代行バスは現況を下まわらない運転回数とし、特に朝晩のラッシュ時には増発すると共に、初発、最終バスの運行時刻は現況を下まわらないものとする。▽定期運賃については、廃止の翌日から一年間は現行の鉄道割引率を適用する。▽国鉄との連絡運輸は廃止を原則とするも、当分の間、**遠州神戸、榛原支所（自営）相良で取扱う。**（国鉄に目下申請手続中）▽手荷物輸送は廃止し、小荷物については駿遠運送（株）のトラックにより輸送を行う。尚、**取扱駅は遠州神戸、上吉田、榛原町、相良、地頭方各営業所。**▽撤去した鉄道用地は、静岡鉄道（株）の使用しない部分を処分する場合は、静岡鉄道(株)と関係市町と協議して決める。

駿遠線ご利用のお客様へ

昭和43年 8月12日

静岡鉄道株式会社

駿遠線(大井川〜堀野新田間)営業廃止のお知らせ

かねがね新聞等の報道によりご承知のこと、存じますが、駿遠線（大井川〜堀野新田間）の鉄道営業を廃止し、バス運行に切替えるべく関係官庁に申請致しておりましたが、今般その許可がありましたので8月22日から、バス運行に切替えることになりました。

永年皆様方の足としてご利用頂きましたことを厚くお礼申上げますと共に、バス代行後の取扱いにつきましては、次の様にいたしますので何卒ご了承のうえご協力下さいますようお願い申上げます。

記

Ⅰ．代行バス駿遠線の運行について

1）現鉄道駿遠線（大井川〜堀野新田間）の列車運転をバス運行に替えたものであります。

2）代行バスには **代行バス** の表示がしてあります。

3）停留所は下記、時刻表は裏面の通りであります。尚、現行バス路線停留所と一部重複する箇所もありますが、代行バス停留所標識は「**鉄道代行バス**」と表示してありますのでその停留所よりご乗車下さい。

■代行バスの停留所名

鉄道駅名		堀野新田	地頭方	落居	須々木	波津	新相良	相良	太田浜	片浜	榛原町	静波			細江	根松	上吉田	遠州神戸			大井川	上新田	大洲	高洲	新藤枝
代行バス	榛原町新道	堀野新田	地頭方	落居	須々木	波津	相良	相良元橋	太田浜	片浜	榛原町	静波			細江	根松	上吉田		下神戸	大幡	大井川駅	／	／	／	／
	榛原町旧道	堀野新田	地頭方	落居	須々木	波津	相良	相良元橋	太田浜	片浜	榛原車庫前	榛原高校入口	静波二丁目	静波一丁目	細江	根松	上吉田	遠州神戸(旧道経由の場合)	下神戸(新道経由の場合)	大幡	大井川駅(大井川駅前)	上新田	大洲	高洲	新藤枝

※定期券については、静波一丁目を静波，大幡、下神戸を遠州神戸と同一停留所として取扱いいたします。

■代行バスの運行系統図

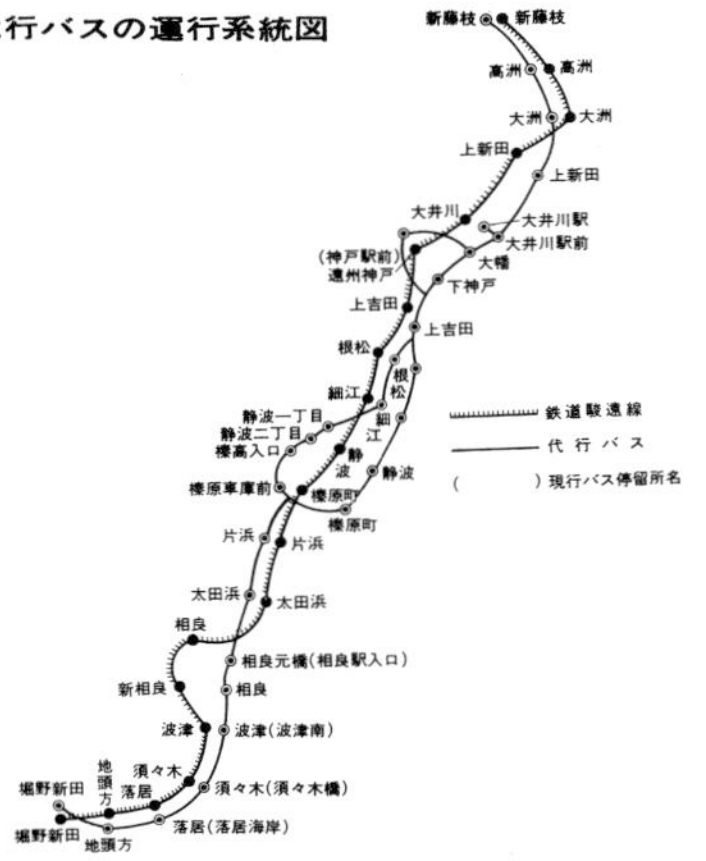

■詳細につきましては最寄駅又は自動車相良（ＴＥＬ2—1211)、榛原(ＴＥＬ2—0488)、藤枝営業所(ＴＥＬ2—3255)にお問い合せ下さい。

2．国鉄線との連絡運輸となるお客様へ

代行バスと国鉄線との連絡乗車券の発売は従来通り行いますが、一部変更致しますので次の点にご注意下さい。

1）遠州神戸、榛原車庫前、相良（自動車相良営業所前）の各バス停留所からご利用のお客様は従来通りであります。

2）前記以外のバス停留所では、連絡乗車券の発売をいたしませんから、ご乗車の際は必ず売札所又はバス車掌より新藤枝までの乗車券をお求め下さい。尚、国鉄線へ乗継ぎされる方はあらためて国鉄駅にて国鉄線内の乗車券をお求め下さい。
又、連絡定期券をお持ちのお客様は、期限が切れるまでそのまま使用できますが、継続して購入される場合は、社線と国鉄線とを別々にそれぞれの最寄駅においてお求め下さい。
当社の発売箇所は、新藤枝、大井川、遠州神戸、榛原車庫、相良(自動車相良営業所)であります。

3．代行バス駿遠線にのみご乗車のお客様へ

併行する現行バス路線との関係から、代行バス乗車券をお持ちの方については、乗車方法に一部制限がありますので次の点にお間違いのないようご注意下さい。

1）代行バス用普通乗車券、定期券では代行バス以外は乗車できません。但し、普通乗車券で根松〜地頭方間相互の乗降はできます。

2）代行バス以外のバス普通乗車券、定期券、回数券では代行バスに乗車できません。但し、普通乗車券で根松〜地頭方間相互の乗降はできます。

3）代行バスの乗車券で代行バス以外のバスに乗車された場合には、その乗車区間の普通旅客運賃を改めて頂く場合がありますのでご注意下さい。

4）乗車券を発売する停留所から代行バスへ乗車されるお客様は、その売札所において「代行バス乗車券」を発売いたしますので、必ず乗車券をお求めのうえご乗車下さい。尚ご乗車の際は車掌に乗車券を提示し入鋏を受けて下さい。

5）定期券で代行バス各停留所に乗降する際は必ず車掌に定期券を提示して下さい。

6）定期券は向う1カ年間鉄道運賃にて発売いたしますが、以後はバス運賃となります。

4．代行バス駿遠線と鉄道駿遠線に跨って乗車されるお客様へ

1）代行バスと鉄道駿遠線に跨って乗車(大井川駅にて乗換)される場合は、直通乗車券をお求め下さい。(前項(4)参照)

2）定期券をご利用されるお客様には、向う1カ年間鉄道運賃にて発売いたしますが、以後はバス運賃と鉄道運賃の併算額となります。

5．荷物の取扱い方について

従来の鉄道による手小荷物の取扱いを廃止し、小荷物について駿遠運送株式会社のトラックによって取扱いを行います。
この取扱所は次の通りです。

1）遠州神戸、上吉田、榛原町、相良、地頭方の各駿遠運送荷扱所。

2）根松駅にあっては、委託荷扱所を設け、荷物の取扱いを行います。

3）残存の鉄道区間（新藤枝〜大井川間）においては、大井川駅にて手小荷物の取扱いを行います。
従来の上新田駅は取扱いをいたしませんからご了承下さい。

6．運賃について

代行バス運賃は現在のバス路線（静岡御前崎線他）と異る場合がありますのでご注意下さい。運賃は停留所又は停留所標識に掲出してあります。

駿遠線ご利用のお客様へ

昭和45年7月　日

静岡鉄道株式会社

永年皆様方の足としてご利用いただきました鉄道駿遠線（新藤枝～大井川間）は、来る7月31日限り鉄道営業を廃止し、バス輸送に切替えることになりました。

ここに日頃のご愛顧に対し厚くお礼申上げます。

なお、この区間には代行バスを運転いたしますが、代行バスにつきましては下記のように取扱いさせていたゞきますので何卒ご了承のうえご協力を賜りますようお願い申し上げます。

記

1．代行バスの運転について

1）現在の鉄道駿遠線（新藤枝～大井川間）の列車運転をバス運転に切替えるものであります。

2）代行バスには〝駿遠線〟の表示をします。

3）代行バスの停留所は次の通りです。

停留所は現在のバス駿遠線の停留所と同一ですが高洲～大洲間は新道を運行いたしますので高洲停留所は新道に設置します。（駿遠線のみ）

但し、道路工事の関係から8月1日～8月7日までは一方通行（上りは旧道、下りは新道を経由する）となりますのでこの期間に高洲から上りにご乗車の方は旧道の停留所をご利用下さい。

また、上記期間中は他のバスも一方通行となります。

大井川以西のバス駿遠線停留所についても現行と同一です。

鉄道駅名	新藤枝		高洲	大洲	上新田	大井川
代行バス停留所	新藤枝	田沼三丁目	高洲	大洲	上新田	大井川（大井川駅前）

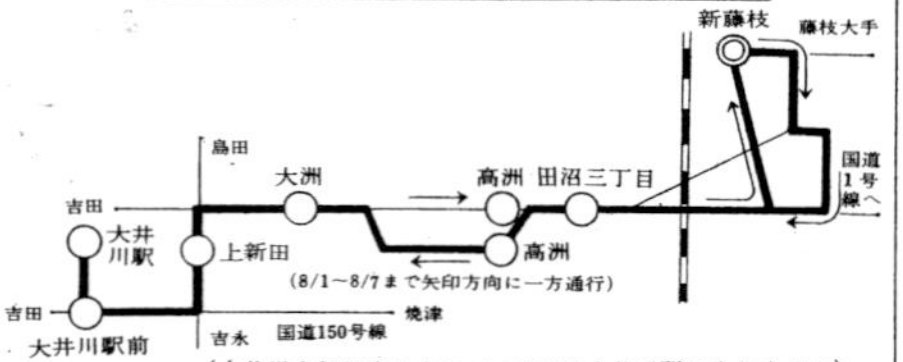

（大井川を起終点とするバス以外は大井川駅に入りません）

4）時刻表は裏面の通りです。

2．運賃について

1）普通旅客運賃

現行鉄道区間の普通旅客運賃はバス運賃になります。

2）定期旅客運賃

鉄道定期乗車券（連絡運輸定期乗車券を含みます）を、お持ちになり、継続してお求めの場合は1ヶ年間現行鉄道区間を鉄道運賃で発売しますが、それ以後はバス運賃になります。

新らたに定期乗車券をお求めの場合は、すべてバス運賃となります。

（大井川を跨いでご利用の場合、鉄道定期とバス定期を別々にお求めいただいておりますが、通用期間が同一の場合は、8月1日以降は1枚の券面で発売できます。）

3．国鉄との連絡運輸について

1）国鉄線との連絡運輸は従来通り取扱いしますが、取扱停留所は大井川・遠州神戸・榛原車庫（榛原町）・相良です。

（現在取扱っている高洲・大洲・上新田では取扱いをいたしませんのでご注意下さい。）

2）その他の停留所では連絡乗車券を発売しませんので国鉄線にご乗車の方は、国鉄駅であらためて乗車券をお求め下さい。

高洲・大洲・上新田をご利用のお客様で連絡定期乗車券をお持ちのお客様は、期限満了までそのままご使用になれますが、継続してお求めの場合は国鉄線と社線を別々にお求め下さい。この場合、旧定期乗車券は必ず当社の窓口に提出して下さい。

3）継続して連絡定期乗車券をお求めの方は、必ず当社窓口でお求め下さい。

（当社窓口以外でお求めになりますと、現在の鉄道区間をバス運賃で発売しますので運賃に誤差が生じます。もし当社窓口以外でお求めになった場合はお申出下さい）

4．定期乗車券の取扱いについて

鉄道運賃で発売された定期乗車券で一般バス路線に乗車出来ます。

また、一般バス定期乗車券で代行バスにも乗車出来ます。

5．荷物の取扱いについて

手荷物の取扱いは廃止いたします。

小荷物の取扱いは駿遠運送（株）、遠州神戸駅又は国鉄藤枝駅で取扱いますが、当分の間大井川駅において受託を行います。尚、荷物の輸送は駿遠運送（株）のトラックにて輸送致します関係から、受託時間は7時から15時までの間取扱います。

■　詳細につきましては……

最寄駅又は
自動車相良営業所　TEL. 2－1211
藤枝営業所　TEL. 2－3255
にお問い合わせ下さい。

●廃止のお知らせ（うら）

駿遠線時刻表

45・8・現在

大井川・藤枝駅方面（上り）							榛原・相良・堀野新田方面（下り）						
堀野新田発	地頭方発	相良発	榛原車庫前発	遠州神戸発	大井川発	新藤枝着	新藤枝発	大井川発	遠州神戸発	榛原車庫前発	相良発	地頭方発	堀野新田着
…	…	5.44	5.57	6.15	6.22	6.38	6.39	6.55	7.02	7.20	7.33	7.45	7.49
…	…	6.04	6.17	6.35	6.42	6.58	6.59	7.15	7.22	7.40	7.53	…	…
…	…	…	6.22	→	6.42	6.58	7.11	7.27	…	…	…	…	…
…	…	…	…	…	○6.42	6.58	○7.17	7.33	→	7.53	8.06	…	…
…	…	6.21	6.34	6.52	6.59	7.15	7.17	7.33	7.40	7.58	8.11	8.23	8.27
…	…	○6.26	6.39	→	6.59	7.15	○7.25	7.41	→	7.57	8.10	…	…
6.12	6.16	6.28	6.41	6.59	7.06	7.22	7.25	7.41	7.48	8.06	8.19	…	…
…	…	6.33	6.46	→	7.06	7.22	7.35	7.51	→	8.11	8.24	…	…
…	…	6.33	6.46	→	7.06	7.22	7.35	7.51	7.58	8.16	8.29	…	…
…	…	○6.37	(榛原町)6.50	→	7.06	7.22	7.50	8.06	→	(榛原町)8.22	8.35	…	…
6.37	6.41	6.53	7.06	7.24	7.31	7.47	○7.50	8.06	→	8.26	8.39	…	…
…	…	…	○7.06	7.24	7.31	7.47	7.50	8.06	8.13	8.31	8.44	…	…
…	…	○6.58	7.11	→	7.31	7.47	8.05	8.21	→	(榛原町)8.37	8.50	…	…
…	…	6.58	7.11	→	7.31	7.47	○8.05	8.21	→	8.41	8.54	…	…
…	…	7.02	(榛原町)7.15	→	7.31	7.47	8.05	8.21	8.28	8.46	8.59	…	…
…	…	…	…	…	7.31	7.47	8.21	8.37	→	8.53	9.06	…	…
…	…	…	…	…	7.31	7.47	○8.21	8.37	→	8.57	…	…	…
6.58	7.02	7.14	7.27	7.45	7.52	8.08	8.21	8.37	8.44	9.02	9.15	9.27	9.31
…	…	…	○7.27	7.45	7.52	8.08	8.55	9.11	9.18	9.36	9.49	…	…
7.07	7.11	7.23	(榛原町)7.36	→	7.52	8.08	9.36	9.52	9.59	10.17	10.30	10.42	10.46
…	…	…	…	…	○7.52	8.08	10.32	10.48	10.55	11.13	11.26	…	…
7.30	7.34	7.46	7.59	8.17	8.24	8.40	11.05	11.21	11.28	11.46	11.59	12.11	12.15
…	…	7.54	8.07	…	…	…	11.55	12.11	12.08	12.36	12.49	…	…
7.52	7.56	8.08	8.21	8.39	8.46	9.02	12.30	12.46	12.53	13.11	13.24	13.36	13.40
…	…	○8.22	8.35	…	…	…	13.28	13.44	13.51	14.09	14.22	14.34	14.38
…	…	○8.39	8.52	…	…	…	※13.28	13.44	13.51	14.09	14.22	…	…
8.38	8.42	8.54	9.07	9.25	9.32	9.48	14.41	14.57	15.04	15.22	15.35	15.47	15.51
9.34	9.38	9.50	10.03	10.21	10.28	10.44	15.15	15.31	15.38	15.56	16.09	16.21	16.25
…	…	10.46	10.59	11.17	11.24	11.40	○16.08	16.24	→	16.44	16.57	…	…
10.55	10.59	11.11	11.24	11.42	11.49	12.05	16.08	16.24	16.31	16.49	17.02	17.14	17.18
…	…	12.00	12.13	12.31	12.38	12.54	16.42	16.58	→	17.18	17.31	…	…
…	…	※12.20	12.33	12.51	12.58	13.14	16.42	16.58	17.05	17.23	17.36	17.48	17.52
12.49	12.53	13.05	13.18	13.36	13.43	13.59	16.42	16.58	…	…	…	…	…
13.45	13.49	14.01	14.14	14.32	14.39	14.55	17.10	17.26	→	(榛原町)17.42	17.55	…	…
…	…	…	○15.05	15.23	15.30	15.46	17.10	17.26	→	17.46	17.59	…	…
14.41	14.45	14.57	15.10	→	15.30	15.46	17.10	17.26	17.33	17.51	18.04	18.16	18.20
…	…	15.23	15.36	15.54	16.01	16.17	17.35	17.51	→	(榛原町)18.07	18.20	…	…
…	…	…	15.41	→	16.01	16.17	17.35	17.51	→	18.11	18.24	…	…
…	…	16.01	16.14	16.32	16.39	16.55	17.35	17.51	17.58	18.16	18.29	18.41	18.45
…	…	16.06	16.19	→	16.39	16.55	18.06	18.22	→	(榛原町)18.38	18.51	…	…
15.54	15.58	16.10	(榛原町)16.23	→	16.39	16.55	○18.06	18.22	→	18.42	18.55	…	…
…	…	16.30	16.43	17.01	17.08	17.24	18.06	18.22	18.29	18.47	19.00	19.12	19.16
…	…	16.35	16.48	→	17.08	17.24	18.06	18.22	…	…	…	…	…
…	…	16.39	(榛原町)16.52	→	17.08	17.24	18.17	18.33	→	18.53	19.06	…	…
16.40	16.44	16.56	17.09	17.27	17.34	17.50	18.17	18.33	18.40	18.58	19.11	…	…
…	…	○17.01	17.14	→	17.34	17.50	18.50	19.06	→	19.26	…	…	…
…	…	17.05	(榛原町)17.18	→	18.34	17.50	18.50	19.06	19.13	19.31	19.44	19.56	…
…	…	17.11	17.24	17.42	17.49	18.05	18.50	19.06	…	…	…	…	…
…	…	17.16	17.29	→	17.49	18.05	19.12	19.28	19.35	19.53	19.06	19.18	19.22
17.29	17.33	17.45	17.58	18.16	18.23	18.39	19.12	19.28	…	…	…	…	…
…	…	17.50	18.03	→	18.23	18.39	19.45	20.01	20.08	20.26	20.39	20.51	…
…	…	…	…	…	18.23	18.39	19.45	20.01	…	…	…	…	…
…	…	18.06	18.19	18.37	18.44	19.00	20.20	20.36	20.43	21.01	21.14	21.26	…
…	…	…	…	…	19.09	19.25	20.20	20.36	…	…	…	…	…
18.25	18.29	18.41	18.54	19.12	19.19	19.35	21.11	21.27	21.34	21.52	22.05	…	…
…	…	○18.58	19.11	…	…	…	21.11	21.27	…	…	…	…	…
19.00	19.04	19.16	19.29	19.47	19.54	20.10	21.57	22.13	20.20	22.38	22.51	…	…
…	…	…	…	…	20.02	20.18	…	…	…	…	…	…	…
…	…	…	…	…	20.37	20.53	…	…	…	…	…	…	…
…	…	20.06	20.19	20.37	20.44	21.00	…	…	…	…	…	…	…
20.32	20.36	20.48	21.01	21.19	21.26	21.42	…	○印…日・祝日運休　※印…土曜日運転					…
…	…	…	…	…	21.28	21.44	…	…	…	…	…	…	…

藤相鉄道　旅客・貨物　資料

		単位	大正12年度	大正13年度	昭和元年度	昭和4年度	昭和7年度	昭和10年度	昭和12年度	昭和15年度	昭和22年度
旅客	乗車	人	570,400	531,294	486,697	463,434	311,601	330,183	447,337	791,005	3,989,200
	降車	人	570,400	531,294	486,697	493,434	311,601	330,183	447,337	791,005	—
貨物	発送	トン	34,212	31,164	28,683	20,079	18,431	24,321	20,834	32,638	19,941
	到着	トン	34,212	31,164	28,683	20,079	18,431	24,321	20,834	32,638	—
	手小荷物	個	—	—	—	—	—	—	79,247	95,286	275,330
収入	旅客	円	115,167	133,659	125,345	102,838	63,032	61,786	84,023	147,841	9,011,207
	貨物	円	37,335	43,534	44,139	44,904	34,501	42,525	38,581	56,283	936,616
	手小荷物	円	1,758	7,348	9,554	12,166	7,664	9,453	10,275	13,717	127,349
備考			大手—相良	大手—相良	岡部—相良	岡部—地頭方	岡部—地頭方	岡部—地頭方	大手—地頭方	大手—地頭方	静鉄　藤相線 大手—地頭方

中遠鉄道　旅客・貨物　資料

		単位	大正12年度	大正13年度	昭和元年度	昭和4年度	昭和7年度	昭和10年度	昭和12年度	昭和15年度	昭和22年度
旅客	乗車	人	269,525	245,319	304,384	284,773	179,710	230,050	293,518	431,552	1,720,326
	降車	人	269,525	213,396	300,120	284,773	179,710	230,050	293,518	431,552	—
貨物	発送	トン	14,673	9,388	10,189	4,898	7,003	10,757	9,993	15,315	7,145
	到着	トン	11,625	9,388	9,720	4,898	6,394	10,757	9,993	15,315	—
	手小荷物	個	158,103	88,417	136,161	285,475	117,153	168,656	176,032	125,922	123,120
収入	旅客	円	39,141	29,361	45,010	51,156	273,800	30,841	38,693	60,048	4,202,783
	貨物	円	8,449	6,113	11,244	10,476	9,756	18,125	14,953	23,028	357,410
	手小荷物	円	1,865	989	1,457	3,550	2,568	3,389	3,409	2,275	54,801
備考			袋井—新横須賀	袋井—新横須賀	袋井—南大坂	袋井—新三俣	袋井—新三俣	袋井—新三俣	袋井—新三俣	袋井—新三俣	静鉄　中遠線 袋井—新三俣

駿遠線　旅客・貨物　資料

		単位	昭和26年度	昭和27年度	昭和28年度	昭和30年度	昭和31年度	昭和32年度	昭和34年度	昭和35年度	昭和38年度
旅客	乗車	人	4,383,514	4,754,223	5,152,189	5,760,599	5,892,959	5,723,508	5,748,296	6,085,596	7,326,409
	降車	人	4,383,514	4,754,223	5,152,189	5,760,599	5,892,959	5,723,508	5,748,296	6,085,596	7,326,409
貨物	発送	トン	17,855	45,255	45,135	55,691	50,633	53,936	—	—	—
	到着	トン	26,015	45,255	45,135	55,691	50,633	53,936	—	—	—
	手小荷物	個	48,598	39,547	32,883	33,903	35,952	36,273	36,506	39,659	54,006
総収入		円	66,967,195	89,274,874	104,127,099	143,629,995	128,016,165	131,135,947	116,165,000	115,832,027	167,955,400

		単位	昭和39年度	昭和40年度	昭和41年度	昭和42年度	昭和43年度	昭和44年度
旅客	乗車	人	6,995,449	6,123,321	5,743,719	4,460,195	2,207,011	1,378,188
	降車	人	6,995,449	6,123,321	5,743,719	4,460,195	2,207,011	1,378,188
貨物	発送	トン	—	—	—	—	384,354	—
	到着	トン	—	—	—	—	429,151	—
	手小荷物	個	53,534	57,117	55,983	77,118	22,536	4,473
総収入		円	166,478,400	173,550,100	184,692,300	149,800,000	63,937,000	30,082,000
備考			昭和39年に大手—新藤枝 新三俣—堀野新田廃止			昭和42年8月、袋井—新三俣廃止	貨物は大井川と遠州神戸のみ	

駅別運輸状況　（大正12年度）

		旅客		貨物		手小荷物	賃金			
		乗客	降客	発送	到着	発送	旅客	貨物	手小荷物	計
		人	人	瓲	瓲	瓩	円	円	円	円
藤相鐵道	大手	48,401	44,762	1,514	1,509	—	5,978	734	164	6,876
	慶全寺前	19,831	30,664	—	6	—	2,429	—	—	2,429
	岡出山	33,433	53,770	127	958	—	3,511	140	139	3,790
	瀬戸川	37,293	39,990	—	2	—	3,342	—	—	3,342
	藤枝新	163,269	213,531	17,724	15,172	—	24,846	18,195	387	43,423
	高洲	2,664	6,985	—	19	—	320	—	—	320
	大洲	4,107	7,807	—	—	—	494	—	—	494
	上新田	16,079	16,495	1,079	189	—	2,683	452	8	3,143
	相川	6,741	8,877	—	34	—	1,316	—	—	1,316
	大井川	17,765	13,310	96	1,456	—	4,033	83	89	4,205
	大幡	6,657	6,144	444	743	—	1,600	363	33	1,996
	神戸村	11,720	10,804	1,574	2,205	—	2,574	981	52	3,607
	上吉田	13,210	13,222	291	1,145	—	3,261	511	58	3,820
	根松	12,759	12,740	—	4	—	3,439	—	—	3,439
	細江	18,229	15,790	1,965	1,121	—	5,602	2,120	86	7,808
	遠州川崎町	26,109	28,606	1,964	2,209	—	7,302	2,374	92	9,768
	片濱	5,612	4,605	—	352	—	1,369	—	—	1,369
	相良	41,252	42,298	7,434	7,088	—	18,719	11,382	241	30,342
	省線扱	85,269	—	—	—	—	22,349	—	409	22,758
	合計	**570,400**	**570,400**	**34,212**	**34,212**	**—**	**115,167**	**37,335**	**1,758**	**154,260**
中遠鐵道	新袋井	115,417	118,213	9,128	5,141	85,766	16,867	4,621	1,111	22,599
	×柳原	2,921	2,624	—	—	—	320	—	—	320
	×諸井	4,168	8,398	—	—	—	393	—	—	393
	芝	31,806	23,158	753	837	9,103	2,113	277	115	2,505
	×淺名	8,427	27,859	—	—	—	984	—	—	984
	×五十岡	2,743	4,127	—	—	—	295	—	—	295
	新岡崎	32,905	16,577	1,745	1,390	9,294	3,509	350	103	3,962
	×新三輪	3,995	9,134	—	—	—	500	—	—	500
	×石津	2,720	6,990	—	—	—	385	—	—	385
	×七軒町	4,261	6,857	—	—	—	813	—	—	813
	新横須賀	60,162	45,588	3,047	4,257	53,940	12,962	3,201	536	16,699
	合計	**269,525**	**269,525**	**14,673**	**11,625**	**158,103**	**39,141**	**8,449**	**1,865**	**49,445**

×印は停留場　　資料：静岡県統計年鑑　大正12年

駅別運輸状況（昭和14年度）

		旅客		貨物		手小荷物	運賃			
		乗客	降客	発送	到着	発送	総額	旅客	貨物	手小荷物
		人	人	瓲	瓲	瓩	円	円	円	円
藤相鐵道	**総　　数**	**604,536**	**604,536**	**26,308**	**26,308**	**88,520**	**167,770**	**110,239**	**46,136**	**11,395**
	大　　手	20,546	17,004	1,010	628	4,573	4,082	1,967	1,540	575
	慶全寺前	27,847	29,255	—	—	—	501	501	—	—
	岡出山	36,312	32,712	2,845	735	7,411	8,219	3,214	4,061	944
	瀬戸川	25,946	33,200	—	—	—	1,226	1,226	—	—
	藤枝新	202,938	204,821	8,437	17,410	42,894	60,849	41,564	14,447	4,838
	高　　洲	6,040	7,460	—	—	—	497	497	—	—
	大　　洲	7,324	6,647	116	26	255	1,041	909	105	27
	上新田	13,864	12,007	529	214	1,094	2,523	1,891	496	136
	大井川	10,258	9,127	551	66	807	2,731	2,138	500	93
	神戸村	21,357	19,373	3,492	2,104	3,362	8,309	4,607	3,244	458
	上吉田	24,621	22,641	955	944	3,381	7,757	5,106	2,145	506
	根　　松	17,397	16,319	293	509	2,247	4,730	3,597	837	296
	細　　江	9,038	9,499	745	205	2,273	4,056	2,360	1,385	311
	静　　波	22,700	24,964	—	—	—	3,906	3,906	—	—
	遠州川崎町	48,098	48,577	831	603	6,266	9,384	6,051	2,417	916
	片　　濱	4,981	5,450	—	—	—	668	668	—	—
	太田濱	2,262	2,470	—	—	—	562	562	—	—
	相　　良	28,938	27,925	2,330	578	4,998	13,837	8,537	4,614	686
	相良新	17,196	16,443	184	617	3,380	5,629	4,468	718	443
	波　　津	5,943	6,174	—	—	—	1,262	1,262	—	—
	須々木	9,398	8,263	1,137	504	1,702	5,175	2,046	2,901	228
	落　　居	2,195	4,273	—	—	—	350	350	—	—
	地頭方	39,337	39,932	2,853	1,165	3,877	20,476	12,812	6,726	938
中遠鐵道	**総　　数**	**340,239**	**340,239**	**12,308**	**12,308**	**200,187**	**64,487**	**43,508**	**17,230**	**3,749**
	新袋井	110,040	103,865	3,305	1,009	3,264	13,766	11,565	2,181	20
	柳　　原	4,187	4,281	—	—	—	269	269	—	—
	諸　　井	4,678	5,603	—	—	—	284	284	—	—
	芝	19,670	17,549	595	414	6,223	3,127	1,620	1,363	144
	浅　　名	10,405	12,394	—	—	—	619	619	—	—
	五十岡	3,096	3,567	—	—	—	241	241	—	—
	新岡崎	22,903	18,459	776	921	7,082	4,588	2,891	1,561	136
	新三輪	6,283	7,424	—	—	—	413	413	—	—
	石　　津	6,915	7,970	—	—	—	395	395	—	—
	新川西	—	—	65	25	—	134	—	134	—
	七軒町	5,298	7,471	—	—	—	498	498	—	—
	新横須賀	65,816	61,204	2,056	2,333	37,269	14,325	9,524	4,045	756
	河原町	9,717	10,311	—	—	—	859	859	—	—
	野　　中	10,824	9,623	1,093	315	3,590	2,512	1,732	710	70
	野　　賀	8,828	6,995	137	38	3,372	1,622	1,321	246	55
	谷　　口	1,402	2,510	—	—	—	167	167	—	—
	南大坂	23,209	21,243	2,526	1,045	15,634	8,770	4,797	3,698	275
	新三俣	9,576	7,942	282	426	12,237	3,344	1,700	1,414	230
	自動車線	925	1,076	6	—	6,891	381	283	15	83
	連帯線	16,467	30,751	1,467	5,782	104,625	8,173	4,330	1,863	1,980

資料：静岡県統計年鑑　昭和14年

駅別運輸状況（昭和 27 年度）

駅名	旅客		貨物		手小荷物発送個数	総収入
	乗車人員	降車人員	発送	到着		
	人	人	屯	屯	個	円
駿遠線	**4,754,223**	**4,754,223**	**45,255**	**45,255**	**39,547**	**89,274,874**
大手	249,712	269,214	40	51	2,773	—
慶全寺前	28,638	33,386	—	—	—	—
岡出山	248,892	255,880	233	90	5,457	—
瀬戸川	30,436	47,666	—	—	—	—
藤枝新	1,146,419	1,094,896	19,777	10,125	308	—
高洲	50,495	50,778	—	—	—	—
大洲	64,801	69,355	—	2	1	—
上新田	106,742	115,915	26	71	151	—
大井川	82,250	84,109	28	18	282	—
神戸村	122,057	115,425	1,241	1,400	864	—
上吉田	130,066	130,974	687	2,273	5,729	—
根松	90,083	88,409	506	607	2,274	—
細江	24,997	25,158	93	711	759	—
静波	204,070	190,920	—	—	2,284	—
遠州川崎町	148,018	147,650	1,853	4,465	2,960	—
片浜	52,756	58,622	—	—	—	—
太田浜	15,496	14,894	—	—	—	—
相良	119,537	120,297	1877	8428	2346	—
相良新	114,557	105,854	197	743	1807	—
波津	21,526	19,212	—	—	—	—
須々木	35,871	38,473	41	852	579	—
落居	9,461	9,582	—	—	—	—
地頭方	137,822	138,338	3027	1801	1549	—
堀野新田	39,508	38,184	72	460	383	—
玄保	15,994	16,330	—	—	—	—
遠州佐倉	16,180	17,197	163	547	405	—
桜ケ池	9,901	10,106	—	—	—	—
池新田	28,430	29,155	1309	1776	605	—
塩原新田	4,634	4,676	—	—	—	—
合戸	3,033	3,699	—	—	—	—
千浜	18,839	18,175	840	273	352	—
国安海岸	28,060	23,626	—	—	—	—
西千浜	3,680	5,109	4	5	8	—
新三俣	32,904	30,053	540	249	292	—
南大坂	84,975	75,366	679	1307	597	—
野賀	50,974	45,932	24	31	91	—
野中	55,085	49,941	167	212	179	—
河原町	33,192	34,069	—	—	—	—
新横須賀	256,720	244,749	1796	3432	3574	—
七軒町	29,132	31,208	—	—	—	—
石津	27,442	29,904	—	—	—	—
新三輪	188	626	—	—	—	—
新岡崎	130,703	108,462	120	81	707	—
五十岡	8,189	8,427	—	—	—	—
浅名	45,811	52,569	—	—	—	—
芝	84,642	72,509	151	115	1944	—
諸井	20,049	21,097	—	—	—	—
柳原	5,296	4,190	—	—	—	—
新袋井	294,561	553,857	9,764	5130	287	—

資料：静岡県統計年鑑　昭和 27 年

駅別運輸状況（昭和37年度）

駅名	旅客		貨物		手小荷物発送個数	総収入
	乗車人員	降車人員	発送	到着		
	人	人	t	t	個	円
駿遠線	**6,641,243**	**6,641,243**	**—**	**—**	**51,817**	**151,938,128**
大手	330,446	337,355	—	—	3,574	……
慶全寺前	27,608	27,434	—	—	—	……
藤枝本町	308,597	316,697	—	—	3,703	……
瀬戸川	46,299	52,063	—	—	—	……
新藤枝	553,723	479,126	—	—	2,046	……
（連絡）	1,084,249	1,153,542	—	—	—	……
高洲	131,917	130,326	—	—	—	……
大洲	118,252	119,030	—	—	—	……
上新田	139,753	144,222	—	—	569	……
大井川	156,805	157,088	—	—	652	……
遠州神戸	196,762	195,766	—	—	2,154	……
上吉田	197,168	192,919	—	—	5,179	……
根松	168,319	163,777	—	—	2,562	……
細江	30,374	29,120	—	—	—	……
静波	321,828	311,650	—	—	3,697	……
榛原町	211,026	207,033	—	—	4,100	……
片浜	74,467	73,826	—	—	153	……
太田浜	21,498	19,076	—	—	—	……
相良	202,099	207,538	—	—	5,480	……
新相良	142,425	139,330	—	—	1,681	……
波津	25,069	23,927	—	—	—	……
須々木	31,045	31,132	—	—	610	……
落居	11,991	11,694	—	—	—	……
地頭方	111,361	117,673	—	—	3,088	……
堀野新田	39,839	41,183	—	—	1,590	……
玄保	4,636	4,430	—	—	—	……
遠州佐倉	2,854	2,737	—	—	—	……
桜ケ池	2,693	2,842	—	—	—	……
浜岡町	2,172	2,517	—	—	—	……
塩原新田	532	566	—	—	—	……
合戸	287	212	—	—	—	……
千浜	542	637	—	—	—	……
国安海岸	947	1,341	—	—	—	……
西千浜	321	377	—	—	—	……
新三俣	29,033	28,805	—	—	325	……
南大坂	88,164	86,343	—	—	3,264	……
谷口	5,042	5,040	—	—	—	……
野賀	70,596	70,808	—	—	64	……
野中	46,194	43,942	—	—	309	……
河原町	61,107	60,854	—	—	—	……
新横須賀	326,730	320,993	—	—	5,144	……
七軒町	42,479	42,953	—	—	—	……
石津	38,168	40,448	—	—	—	……
新三輪	31,407	31,333	—	—	—	……
新岡崎	178,200	157,413	—	—	430	……
五十岡	14,574	15,012	—	—	—	……
浅名	69,526	74,665	—	—	—	……
芝	130,910	125,672	—	—	1,444	……
諸井	35,981	39,827	—	—	—	……
柳原	26,781	31,160	—	—	—	……
新袋井	457,305	444,557	—	—	—	……
（連絡）	291,142	323,232	—	—	—	……

資料：静岡県統計年鑑　昭和37年

駅別運輸状況（昭和 38 年度）

駅名	旅客		貨物		手小荷物発送	総収入
	乗車人員	降車人員	発送	到着	個数	
	人	人	t	t	個	百円
駿遠線	**7,326,409**	**7,326,409**	**—**	**—**	**54,006**	**1,679,554**
大手	403,322	410,069	—	—	4,061	—
慶全寺前	39,129	38,270	—	—	—	—
藤枝本町	274,738	282,316	—	—	3,508	—
瀬戸川	38,335	42,346	—	—	—	—
新藤枝	1,800,356	1,794,564	—	—	2,379	—
(連絡)			—	—	—	—
高洲	160,510	158,579	—	—	—	—
大洲	134,324	135,107	—	—	—	—
上新田	162,759	169,270	—	—	1054	—
大井川	175,461	178,362	—	—	787	—
遠州神戸	215,202	218,451	—	—	2,998	—
上吉田	218,039	214,069	—	—	6,974	—
根松	207,055	203,643	—	—	2,437	—
細江	30,940	29,187	—	—	—	—
静波	361,965	350,914	—	—	3,467	—
榛原町	234,660	237,777	—	—	3,896	—
片浜	78,135	77,952	—	—	47	—
太田浜	25,173	22,267	—	—	—	—
相良	245,406	252,223	—	—	6,167	—
新相良	166,627	164,472	—	—	1,538	—
波津	33,322	31,878	—	—	—	—
須々木	37,049	36,451	—	—	275	—
落居	15,770	16,714	—	—	—	—
地頭方	124,622	127,577	—	—	3,321	—
堀野新田	52,880	52,707	—	—	1,478	—
玄保	4,761	4,519	—	—	—	—
遠州佐倉	2,278	2,364	—	—	—	—
桜ケ池	2,904	3,103	—	—	—	—
浜岡町	1,672	2,067	—	—	—	—
塩原新田	691	707	—	—	—	—
合戸	410	402	—	—	—	—
千浜	589	692	—	—	—	—
国安海岸	647	645	—	—	—	—
西千浜	263	385	—	—	—	—
新三俣	29,924	29,704	—	—	352	—
南大坂	94,208	92,987	—	—	2,984	—
谷口	7,802	7,692	—	—	—	—
野賀	66,250	66,711	—	—	32	—
野中	46,127	43,573	—	—	114	—
河原町	59,015	58,657	—	—	—	—
新横須賀	351,724	345,738	—	—	4,687	—
七軒町	47,796	48,017	—	—	—	—
石津	41,823	44,439	—	—	—	—
新三輪	36,193	36,270	—	—	—	—
新岡崎	186,085	167,046	—	—	562	—
五十岡	13,886	14,526	—	—	—	—
浅名	75,851	81,017	—	—	—	—
芝	143,761	137,405	—	—	888	—
諸井	36,748	40,357	—	—	—	—
柳原	33,089	38,007	—	—	—	—
新袋井	796,133	814,214	—	—	—	—
(連絡)						

資料：静岡県統計年鑑　昭和 38 年

駅別運輸状況（昭和 41 年度）

駅名	旅客		貨物		手小荷物発送	総収入
	乗車人員	降車人員	発送	到着	個数	
	人	人	t	t	個	百円
駿遠線	**5,743,719**	**5,743,719**			**55,983**	**1,846,923**
新藤枝	1,262,333	1,262,353	—	—	1,605	—
高洲	183,271	179,433	—	—	—	—
大洲	129,363	132,911	—	—	—	—
上新田	136,005	140,673	—	—	945	—
大井川	194,746	200,087	—	—	898	—
遠州神戸	234,584	237,119	—	—	3,316	—
上吉田	212,033	210,044	—	—	5,959	—
根松	220,001	216,326	—	—	3,077	—
細江	31,277	31,167	—	—	—	—
静波	356,151	345,637	—	—	4,403	—
榛原町	249,582	246,837	—	—	4,994	—
片浜	66,614	65,559	—	—	—	—
太田浜	25,530	24,147	—	—	—	—
相良	282,434	284,478	—	—	12,786	—
新相良	112,152	116,295	—	—	—	—
波津	21,595	20,797	—	—	—	—
須々木	15,761	15,880	—	—	—	—
落居	9,595	8,937	—	—	—	—
地頭方	67,493	70,952	—	—	2,885	—
堀野新田	35,696	37,035	—	—	—	—
新三俣	13,007	11,684	—	—	2,168	—
南大坂	24,376	24,970	—	—	4,805	—
谷口	3,924	4,112	—	—	—	—
野賀	15,239	14,696	—	—	—	—
野中	21304	19,843	—	—	—	—
河原町	12,347	11,497	—	—	—	—
新横須賀	336,354	334,081	—	—	6,539	—
七軒町	39,664	39,146	—	—	—	—
石津	33,341	33,965	—	—	—	—
新三輪	38,594	39,141	—	—	—	—
新岡崎	200,342	192,814	—	—	572	—
五十岡	15,555	17,057	—	—	—	—
浅名	80,294	81,048	—	—	—	—
芝	146090	147,557	—	—	1,031	—
諸井	49,334	50,985	—	—	—	—
柳原	32,191	34,754	—	—	—	—
新袋井	835,546	840,152	—	—	—	—

資料：静岡県統計年鑑　昭和 41 年

駅別運輸状況（昭和 44 年度）

駅名	旅客		貨物		手小荷物発送	総収入
	乗車人員	降車人員	発送	到着	個数	
	人	人	t	t	個	千円
駿遠線	**1,378,188**	**1,378,188**	**—**	**—**	**4,473**	**30,082**
新藤枝	684,062	646,967	—	—	—	
高洲	134,828	141,501	—	—	—	
大洲	108,174	108,124	—	—	—	
上新田	78,305	83,419	—	—	—	
大井川	372,819	398,177	—	—	—	

資料：静岡県統計年鑑　昭和 44 年

◉車両数の変化

藤相鉄道　車両数　　株主総会資料など　より

	大正2年	大正3年	大正4年	大正9年	大正12年	大正13年	大正14年	大正15年	昭和3年	昭和6年	昭和10年	昭和14年
蒸気機関車	4	5	6	6	6	6	11	11	11	11	6	5
ガソリンカー											3	5
客車	8	14	14	14	14	14	17	17	17	17	13	11
貨車					29	34	39					
有蓋貨車	4	22	22	22				24	24	24	22	22
無蓋貨車	7	7	7	7				15	15	13	11	11
材木車										2	2	2

中遠鉄道　車両数　　株主総会資料など　より

	大正3年	大正4年	大正7年	大正9年	大正12年	大正13年	昭和2年	昭和5年	昭和6年	昭和15年
蒸気機関車	4	3	3	3	3	3	4	4	4	4
ガソリンカー								2	2	3
客車	6	6	6	6	6	6	8	8	8	8
有蓋貨車	6	6	6	6	6	6	6	6	6	6
無蓋貨車	3	3	3	3		3	3	7	7	7
材木車							2	2	2	2

駿遠線　車両数　　運輸省統計資料など　より

	昭和25年	昭和35年	昭和40年	昭和43年	昭和45年	説明
蒸気機関車	13					蒸気機関車を蒙古の戦車に改良した。
内燃客車	9	13	14	3	3	
ディーゼル機関車		9	8	1	1	蒙古の戦車、DD501
客車	26	33	39	6	6	
有蓋貨車	29	20	1			
無蓋貨車	26	17	7			
材木車						

・駿遠線では気動車のことを内燃客車と表記していたが、現場ではレールカーと呼ばれていた。ちなみに蒸気機関車は、現場ではボイラーと呼ばれていた。

・珍しい定員12人の人力客車（大井川人車軌道用）が存在した。

・蒸気機関車は21両の他に、海軍払下げの蒸気機関車3両があったが、車籍を有してはいなかった。

・駿遠線では自社製造車両（大手工場と袋井工場）の比率が高かった。旧藤相鉄道の大手工場と、旧中遠鉄道の袋井工場が互いに技術力を競い、鉄道線の長沼工場もそれを支援する関係だった。

◉静岡鉄道駿遠線車両一覧表

調査：中村 修、平口照司

【1】蒸気機関車：合計21両

①藤相鉄道1～4号機（ドイツ・コッペル社製）4両
②藤相鉄道5号機（英国・バグナル社製：元中遠鉄道4号機）1両
③藤相鉄道6・7号機（大日本軌道製）2両
④藤相鉄道8・9号機（コッペル社製）2両
⑤藤相鉄道10～12号機（コッペル社製）3両
⑥中遠鉄道1～3号機（バグナル社製）3両
⑦中遠鉄道4号機（バグナル社製➡藤相鉄道に譲渡して5号機に）
⑧中遠鉄道二代目4号機（コッペル社製：旧南越鉄道2号機）1両
⑨中遠鉄道5号機（日本車輌製：旧栗原鉄道B81）1両
⑩静岡鉄道15・16号機（立山重工製）2両
⑪静岡鉄道17・18号機（日本車輌製：旧栗原鉄道C121・C122）2両

【2】ディーゼル機関車：合計10両

①DB601（大手工場製）1両
②DB602（大手工場製）1両
③DB603（袋井工場製）1両
④DB604（袋井工場製）1両
⑤DB605（大手工場製：元DC105）1両
⑥DB606（大手工場改造：旧赤穂鉄道D1026）1両
⑦DB607（袋井工場製）1両
⑧DB608（袋井工場製）1両
⑨DB609（袋井工場製）1両
⑩DD501（車体は大手工場、艤装は相良工場）1両

【3】内燃客車：合計20両

①キハC1・2（松井自動車工場製：元中遠鉄道キハ1・2）2両
②キハC3（加藤車輌製作所製：元藤相鉄道キハ5）1両
③キハD4（日本車輌製：元藤相鉄道キハ6➡二代目ハ29）1両
④キハD5（東亜工作所製：元中遠鉄道キハ3）1両
⑤キハD6～8（日本車輌製：元藤相鉄道キハ1～3）3両
⑥キハD9（加藤車輌製作所製：元藤相鉄道キハ7）1両
⑦キハD10（日本車輌製：旧立山鉄道キハ2➡赤穂鉄道カ6➡D101）1両
⑧キハD11（松井自動車工場製：旧鞆鉄道キハ3）1両
⑨キハC12・D13（日本車輌製：旧鞆鉄道キハ5・4）2両
⑩キハD14（袋井工場製・機械変速式）1両
⑪キハD15（袋井工場製・トルクコンバーター式）1両
⑫キハD16（大手工場製・機械変速式）1両
⑬キハD17（袋井工場製・機械変速式）1両
⑭キハD18（大手工場製・機械変速式）1両
⑮キハD19・20（袋井工場製・トルクコンバーター式）2両

【4】客 車：合計48両

（1）木造客車：小計33両

①ハ1・2（大日本軌道製：中遠鉄道ロボ1・2➡ホハフ1・2）2両
②ハ3・4（大日本軌道製：中遠鉄道ロボ3・4➡ホハフ3・4）2両
③ハ5・6（名古屋電車製：旧安濃鉄道ボキ1・2➡静岡鉄道中遠線ロボ7・8➡ホハフ5・6）2両
④ハ7（日本車輌製：藤相鉄道ケホハ3➡ホハフ7）1両
⑤ハ8（岡部鉄工所製：旧佐世保鉄道ハ7➡国鉄ケコハ486➡静岡鉄道藤相線ホハ20➡ホハフ8）1両

⑥ハ9（岡部鉄工所製：旧佐世保鉄道ハ6→国鉄ケコハ485→静岡鉄道中遠線ロボ9→ホハフ9）1両

⑦ハ10・11（日本車輌製：中遠鉄道ロボ5・6→ホハフ10・11）2両

⑧ハ12・13（日本車輌製：藤相ケホハ7・8→ホハオフ7・8）2両

⑨ハ14〜17（日本車輌製：藤相ケホハ9〜12→ホハオフ9〜12）4両

⑩ハ18〜20（日本車輌製：藤相ケホハ13〜15→ホハオフ13〜15）3両

⑪ハ21（日本車輌製：旧石川鉄道ナ2→石川鉄道ロ13→栃尾鉄道ホハ12→ホハオフ21）1両

⑫ハ22（日本車輌製：旧丸岡鉄道2→草津鉄道（草軽電鉄）ホハ20→ホハオフ22）1両

⑬ハ23（名古屋電車製：旧南越鉄道ロハ1→中勢鉄道ロハ8→三重鉄道ホハ18→三重交通サ364）1両

⑭ハ24（名古屋電車製：旧南越鉄道ロハ5→中勢鉄道ロハ9→三重鉄道ホハ19→三重交通サ365）1両

⑮ハ25（日本車輌製：旧南越鉄道ハ2→中勢鉄道ハ5→三重鉄道ホハ15→三重交通サ361）1両

⑯ハ26（日本車輌製：旧南越鉄道ハ4→中勢鉄道ハ7→三重鉄道ホハ17→三重交通サ363）1両

⑰ハ27・28（日本車輌製：旧三重軌道3・4→三重鉄道ホハ9・10→三重交通サ333・334）2両

⑱ハ29・30（日本車輌製：旧仙北鉄道ロハ3・4→仙北鉄道ハ3・4→仙北鉄道ハ7・8→仙北鉄道ハ1407・1408）2両

⑲二代目ハ29（日本車輌製：藤相鉄道キハ5→キハD4→ハ29）1両

⑳ハニ1・2（名古屋電車製：中遠鉄道ホハニフ1・2→ホハニ1・2）2両

（2）鋼製客車：小計15両

①ハ101・102（袋井工場・大手工場）2両

②ハ103〜106（袋井・大手・袋井・大手工場）4両

③ハ107〜111（袋井・大手・大手・袋井・袋井工場）5両

④ハ112（袋井工場、→ハ108に改番）1両

⑤ハ113〜115（日本車輌製：旧草軽電鉄ホハ30形廃車体→袋井・大手・大手工場）3両

【5】貨　車：合計55両

①ワフ4形ワフ1〜6（日本車輌製：中遠鉄道ホワフ4形）6両

②ワフ5形ワフ7〜10（日本車輌製：藤相鉄道ケホワフ5形）4両

③ワ5形ワ11〜20・21〜23・24〜28（日本車輌・加藤車輌製：藤相鉄道ケホワ5形）18両

④ホニユフ1形ホニユフ1（日本車輌製：藤相鉄道ケホニユフ1形（郵便手荷物緩急車）→一般貨車）1両

⑤トフ4形トフ1〜3（日本車輌製：中遠鉄道ホトフ4形）3両

⑥トフ5形トフ4〜5・6〜7・8（日本車輌・袋井工場製：中遠鉄道ホトフ5形）5両

⑦ト5形ト9・10〜11・12〜16・17〜21（日本車輌・加藤車輌製：藤相鉄道ホト5形）13両

⑧トフ1形トフ1（袋井工場製：中遠鉄道トカ1〜2（2軸車）→2両中1両を引継）1両

⑨チ5形チ1・2（日本車輌製：中遠鉄道ホチ5形）2両

⑩チフ6形チフ3・4（袋井工場製：中遠鉄道ホチフ6形）2両

※貨車の形式は積載重量による（例：4形→4t、5形→5t）
但しホニユフ・トフ1形を除く。

【6】人車客車：合計6両

形式不明1〜6（製造所不明：藤相鉄道時代に所有）6両

駿遠線動力車性能一覧表　昭和35年　月　鉄道部車両課

	車号	定員 (人)	自重 (Ton)	全長 (m/m)	ブレーキ	エンジン 型式称号	最大トルク (kg-m) [RPM]	出力 (PS)	回転数 (RPM)	変速機種類	最高速度 (km/h)	動輪直径 (m/m)	歯車比 1st	2nd	3rd	4th	認可番号	認可年月日	記事
内燃機関車	DB 601		7	5,130	手・空	KONGO DA60	1,100 42	110	2,200	P-5	61.7	610	14.9	10.7	5.7	4.1	監1289	昭26.10.10	
	〃 602		〃	5,160	〃	FUSO DB5A	1,200 50	130	2,000	FUSO		〃					鉄監605	〃 27.4.30	
	〃 603		〃	5,155	〃	KONGO DA60	1,100 42	110	2,200	P-5	61.7	〃	14.9	10.7	5.7	4.1	鉄監605	〃 〃	
	〃 604		〃	5,320	〃	FUSO DP5A	1,200 50	130	2,000	P-5	56.1	〃	14.9	10.7	5.7	4.1	〃 773	27.6.26	
	〃 605		8	5,820	〃	KONGO DA60	1,100 42	110	2,200	P-5	61.7	〃	14.9	10.7	5.7	4.1	〃 1,010	27.9.9	32.7改造
	〃 606		〃	5,620	〃	FUSO DP5A	1,200 50	130	2,000	FUSO		660					〃 155	26.2.19	31.3.17 監128改造認可
	607		7	5,196	〃	FUSO DP5I	〃 〃	〃	〃	P-5	56.1	610	14.9	10.7	5.7	4.1	監291	28.3.18	
	〃 608		7	5,248	〃	〃	〃 〃	〃	〃	P-5	〃	〃	〃	〃	〃	〃	〃 665	28.7.3	
九両	〃 609		8	5,377	〃	MINSEI ND4	1,200 62	125	1,500	P-5	49.8	670	13.7	9.8	5.3	3.8	〃 762	29.8.27	
内燃動車	KC 1	40	5	8,543	手・空	ISUZU DA43	1,500 27	85	2,600	ISUZU TX80	71.8	762	32.2	19.1	9.4	5.2	監495	昭4.2.25	31.5.2 [illegible]認可
	〃 2	〃	〃	〃	〃	〃	〃	〃	〃	〃	〃	〃	〃	〃	〃	〃	〃	〃	
	〃 3	32	5.1	7,590	〃	DA75	1,400 18.5	60	〃	〃	63.2	710	33.5	19.9	9.8	5.5	〃 408	11.2.15	
	KD 4	50	10.4	9,170	〃	DA45	1,400 28	90	〃	〃	64.4	〃	33.2	19.7	9.7	5.4	〃 483	11.2.27	
	〃 5	52	11.4	11,200	〃	DA45	〃 28	90	〃	〃	75.6	〃	28.4	16.8	8.3	4.6	〃 923	10.3.30	
	〃 6	60	11.6	11,000	〃	DA110	〃 33	105	〃	Mg (ミッションガバナー) ISUZU	74.0	〃	29.1	17.3	8.5	4.7	〃 3522	6.12.16	
	〃 7	〃	11.0	〃	〃	DA48	1,500 31.5	100	〃	〃	〃	〃	〃	〃	〃	〃	〃 〃	〃	
	〃 8	〃	11.6	〃	〃	DA45	1,500 28	90	〃	〃	〃	〃	〃	〃	〃	〃	〃 〃	〃	
	〃 9	70	11.0	〃	〃	DA48	〃 31.5	100	〃	〃	68.2	〃	31.1	18.4	9.1	5.1	〃 3108	16.7.30	
	〃 10	55	9.0	10,080	〃	DA43	〃 27	85	〃	〃	63.2	〃	33.7	20.1	9.8	5.5	〃 3743	12.9.3	32.5.30 延長改造
	〃 11	40	8.2	10,623	〃	DA45	〃 28	90	〃	〃	77.3	〃	27.7	15.8	8.1	4.5	〃 503	30.8.1	鞆鉄道ヨリ譲受
	KC 12	42	6.8	8,460	〃	DA45	〃 28	90	〃	〃	86.9	〃	24.6	14.6	7.2	4.0	〃 〃	〃	〃
	〃 13	〃	6.3	〃	〃	DA45	〃 28	90	〃	〃	〃	〃	〃	〃	〃	〃	〃 〃	〃	〃 〃
	KD 14	60	11.0	11,500	〃	DA110	〃 33	105	〃	〃	63.8	〃	33.5	19.9	9.8	5.45	〃 271	34.3.23	
両	〃 15	〃	〃	〃	〃	DA120	〃 37.5	118	〃	トルクコンバーター (OKAMURA)	56.6	〃				6.15	〃 2	35.1.12	
	〃 16	〃	〃	〃	〃	DA110	〃 33	105	〃	MG (ミッションガバナー) (ISUZU)	74.4	〃	30.12	16.91	8.97	4.67	〃 1087	35.11.14	
	〃 17	〃	〃	11,700	〃	DA110	〃 〃	〃	〃	ISUZU TA80	71.8	〃	32.2	19.1	9.4	5.2			
	〃 18	〃	〃	11,700	〃	DA120P	〃 39.5	125	〃	ISUZU MG ミッションガバナー	63.2	〃	35.5	19.9	10.5	5.5			
	〃 19・20	〃	〃	〃	〃	〃	〃 〃	〃	〃	トルクコンバーター (OKAMURA)	〃					[illegible]			

駿遠線 客車・貨車一覧表　昭和34年6月 現在

鉄道部車両課

客車 36両

記号番号	定員 (人)	自重 (屯)	全長 (mm)	ブレーカー種類	車輪直径 (mm)	認可番号	認可年月日	記事
ハ 1	48	3.5	8,128	手	508	監 132	大3.2.11	
2	〃	〃	〃	〃	[illegible]	〃	〃	
3	〃	〃	〃	〃	[illegible]	〃	〃	
6	40	3	7,569	〃	550	陸鉄2635	昭23.12.8	
7	48	4.1	9,398	〃	〃	監 132	大3.2.11	
8	46	4.43	8,979	〃	〃	陸鉄432	昭24.3.10	
9	〃	〃	〃	〃	〃	〃	〃	
10	50	4.3	9,398	〃	〃	監 132	大3.2.11	
11	〃	〃	〃	〃	[illegible]	〃	〃	
12	〃	4.1	〃	〃	[illegible]	〃	〃	
13	〃	〃	〃	〃	〃	〃	〃	
15	56	5.7	9,602	〃	〃	監 70	大4.1.16	
16	〃	〃	〃	〃	〃	〃	〃	
18	〃	6.39	9,627	〃	〃	監 63	大14.1.14	
19	〃	〃	〃	〃	〃	〃	〃	
20	〃	〃	〃	〃	〃	〃	〃	
21	〃	5.9	9,601	〃	〃	陸鉄500	昭23.5.25	
22	50	5.31	〃	〃	〃	監 366	昭25.3.15	
23	54	4	9,449	〃	〃	監 1,188	昭25.7.21	
24	〃	〃	〃	〃	570	〃	〃	
25	〃	〃	〃	〃	〃	監 416	昭27.4.5	
27	40	3.81	9,256	〃	〃	〃	〃	
28	〃	〃	〃	〃	〃	〃	〃	
ハニ 1	32	5	9,195	〃	508		大14.4.7	手荷物客車
2	〃	〃	〃	〃	〃	〃	〃	〃
ハ 101	75	7.5	10,600	〃	510	鉄 374	昭32.4.5	半鋼製
102	〃	〃	〃	〃	550	〃	〃	〃
103	〃	〃	〃	〃	570	鉄 853	昭32.7.20	〃
104	〃	〃	〃	〃	〃	〃	〃	〃
105	〃	〃	10,800	〃	〃	鉄 1,193	昭32.10.22	〃
106	〃	〃	〃	〃	〃	〃	〃	〃
107	〃	〃	〃	〃	〃	鉄 905	昭33.8.14	〃
108	〃	〃	〃	〃	〃	〃	〃	〃
109	〃	〃	〃	〃	〃	鉄 1,016	昭33.9.12	〃
110	〃	〃	〃	〃	〃	〃	〃	〃
111	〃	〃	〃	〃	〃	〃	〃	〃

貨車 [illegible]両

記号番号	積載重量 (屯)	自重 (屯)	全長 (mm)	ブレーカー種類	車輪直径	認可番号	認可年月日	記事
ワ 16	5	3.1	5,885	車側	560	監 70	大4.1.16	
18	〃	〃	〃		508	〃	〃	
22	〃	3.0	〃		560	監 2188	大7.7.29	
27	〃	3.3	〃		508	〃 959	大12.5.12	
トフ 1	2	2	5,194		560	〃 198	昭6.2.9	
3	4	3	6,046		508	〃 132	大3.2.11	
4	〃	〃	〃		〃	〃	〃	
9	4.5	2.8	5,885		〃	〃 70	大4.1.16	
ト 14	5	〃	〃			〃 64	大14.1.10	
チ 1	〃	〃	〃		〃	〃 70	大4.1.16	
2	〃	〃	〃			〃	〃	
ホワ 3	6	3.5	8,260		〃	〃 982	大14.4.7	
4	〃	〃	〃		〃	〃	〃	

車輌竣功圖表

四輪聯結タンク機關車 形式稱號 B 7

番 號 7.8

静岡鐵道株式會社

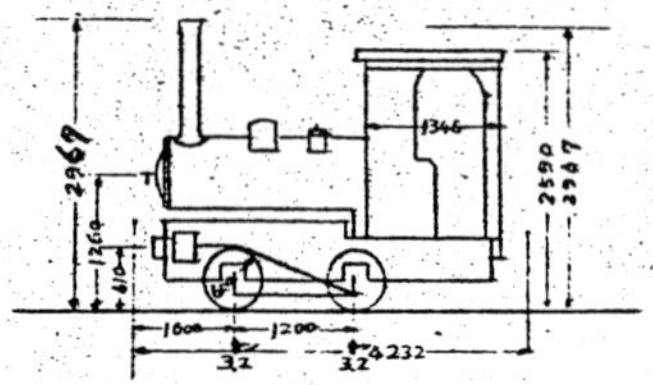

汽筒径及衝程	150 × 275	水槽容積	0.57 立方米
實用最高汽圧	11 瓩/平方糎	燃料槽容積	0.24 〃
火床面積	0.25 平方米	最大寸法（長×幅×高）	4232 × 1600 × 2967
傳熱面積	7.74 〃	熖管 （径×長×数）	45 × 1600 × 30
熖管	6.70 〃	車軸 （径×長）	ジョーナル ホイールフイット
火室	1.04 〃	導輪軸	88×130 108×105
運轉整備ノ時 機関車重量	6.40 瓲	制動機ノ種類	手用制動機
運轉整備ノ時動輪上ノ重量	3.20 〃	聯結器ノ種類	中央緩衝聯結器
空車ノトキ機関車重量	5.59 〃		

製造所名	製造年月	代價	前所有者名	旧番號	記事
独乙 アーサーコッペル社	大正12年 10月	592300			

旧番号 41 — 8.9

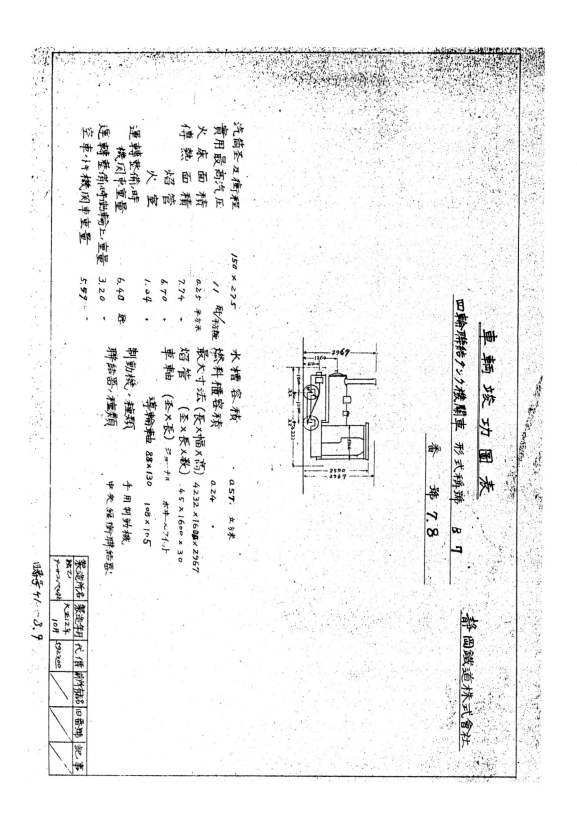

車輌竣功圖表

形式称號 DB 60

内燃機関車

番號 2

静岡鉄道

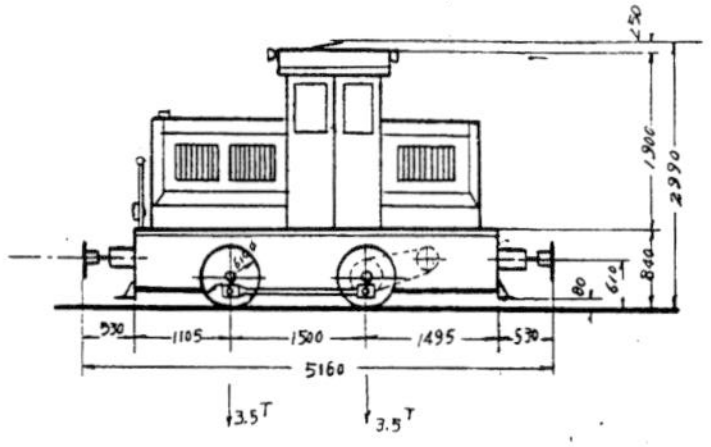

原動機ノ種類	金剛 ヂーゼル DA 60
出力	70（標準） 110 HP（最高）
廻転数	1200 r.p.m（70HP時）, 2200 r.p.m（110HP時）
氣筩直径×行程	110 × 150 粍
氣筩数	6
始動電動機	24 V 6 HP.
充電発電機	24 V 300 W

制動機ノ種類		手用及空気
連結機ノ種類		中央緩衝連結機
自重		7 瓲（整備時）
最大寸法（長×巾×高）		5160 × 1650 × 2990 粍
車軸	ジャーナル（径×長）	86 × 137 粍
	ホイールフィット（径×長）	117 × 115 粍

製造所名	製造年月	代價	前所有者名	旧番號	記事	
静岡鉄道 大手工場	昭和27−5	2,050,000 円			設計認可 昭和27−4−30 鉄監第605号	撒砂装置取付認可 昭31−12−12、名陸鉄技766号

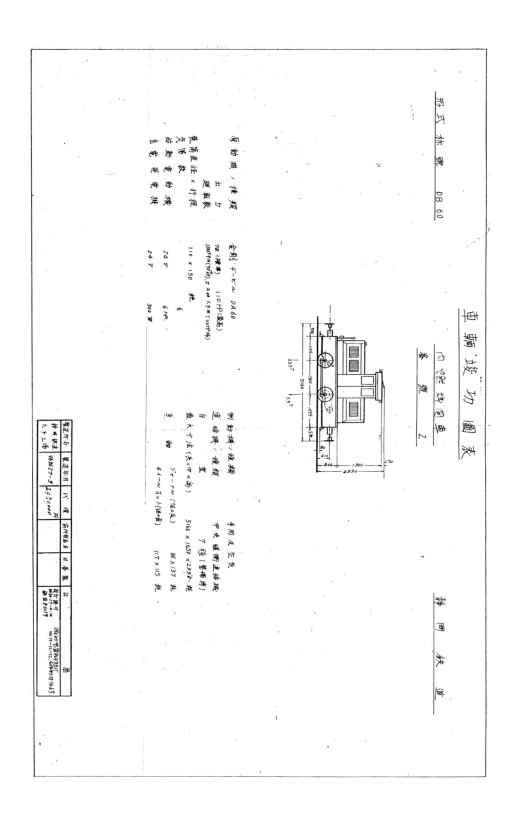

車輛竣功圖表

形式称號　DB 60

内燃機関車
番號　8

静岡鉄道

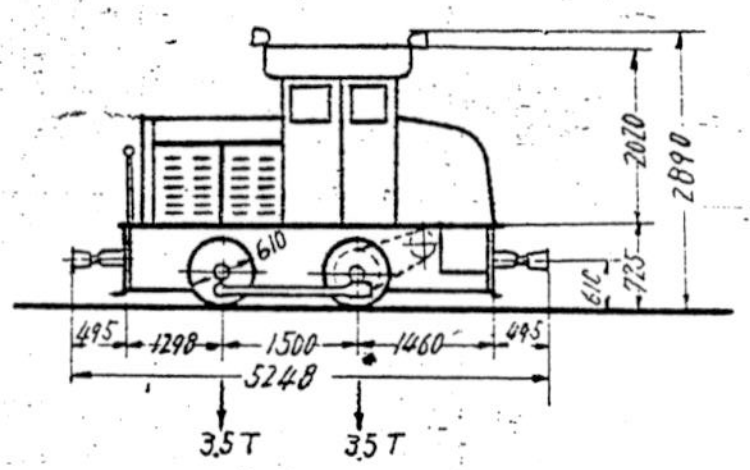

原動機 種類	ふそうヂーゼル DB 5L
出力	標準85HP. 最高 130HP.
廻転数	標準1200rpm 最高 2000rpm.
氣筩直径×行程	110×150 m.m.
氣筩数	6
始動電動機	24V. 6HP.
充電發電機	24V. 300W.
制動機種類	手用及空氣制動
連結機種類	中央緩衝連結機
自重	7瓲 (整備時)
最大寸法(長×巾×高)	5248×1800×2890 m.m.
車軸	
ジャーナル(径×長)	86×145 m.m.
ホイールフィット(径×長)	108×100 m.m.

製造所名	製造年月	代價	前所有者名	旧番號	記事
静岡鉄道 袋井工場	昭和 28-7-20	2,036千円			設計認可 28-7-3 設鉄第665号　撒砂装置取付認可昭31-12-12,名陸鉄技766号

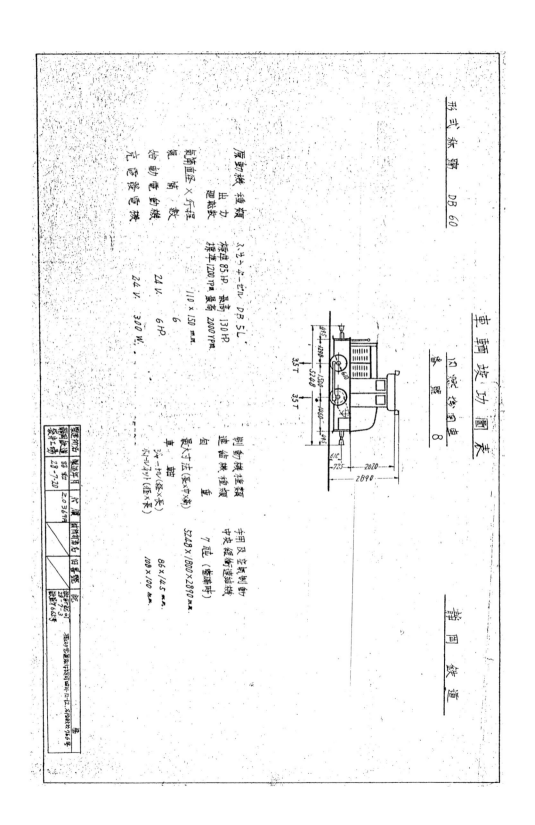

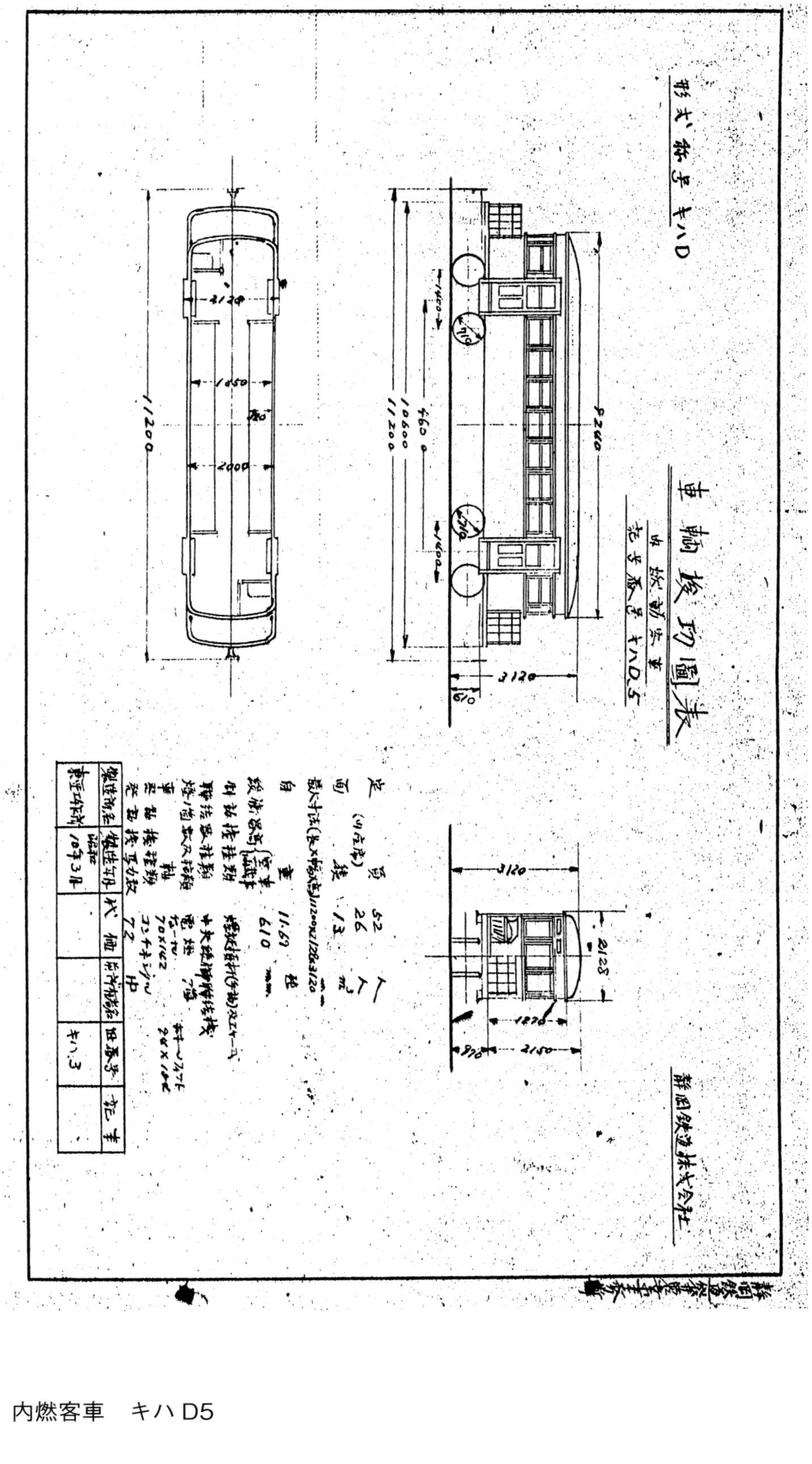
形式称号 キハD
車輌竣功圖表
静岡鉄道株式会社

形式稱號キハD

車輌竣功圖

木炭瓦斯動客車

静岡鐵道株式會社

記號番號キハD6

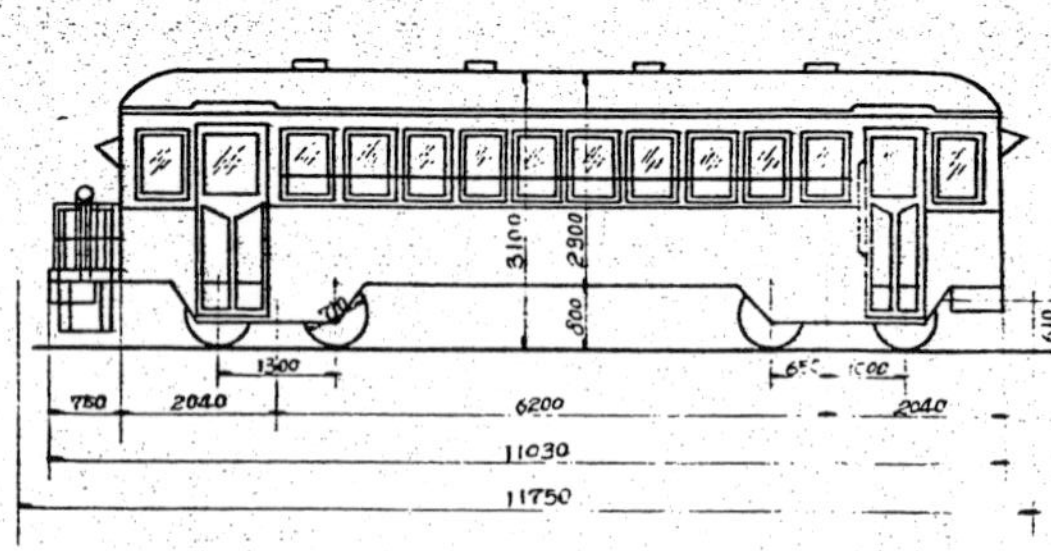

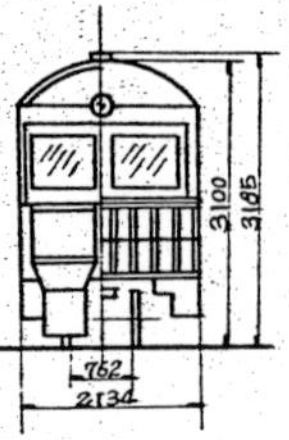

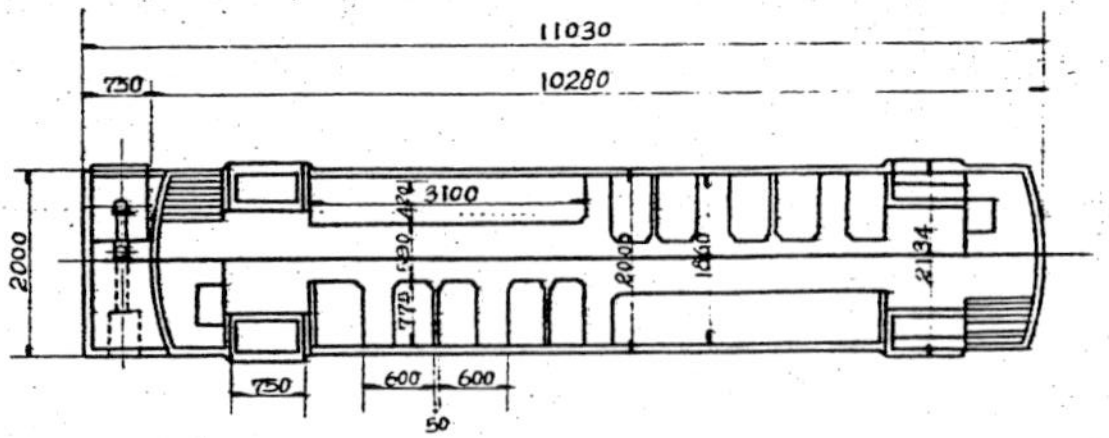

定　員	60人	出　力	41.78キロワット
座　席	36人	廻轉數（一分間）	
立　席	24人	氣筩直径	95
面　積	14.2平方米	衝　程	120
最大寸法（長×幅×高）	11750×2134×3185	氣筩數	6
自　重	11.8瓩	車軸（径×長）	ジャーナル 65×6 ホイールフィート 102×130
緩衝器ノ高	610		
制動機ノ種類	空氣及手動		
聯結機ノ種類	中央緩衝連環連結機		
灯洞數及種類	（室　内）電燈3		
發動機	[redacted]		
型　式	6—MS		

製造所名	製造年月	代　價	前所有者	旧番號	記　事
[redacted]	[redacted]	3,332円		キハ1	

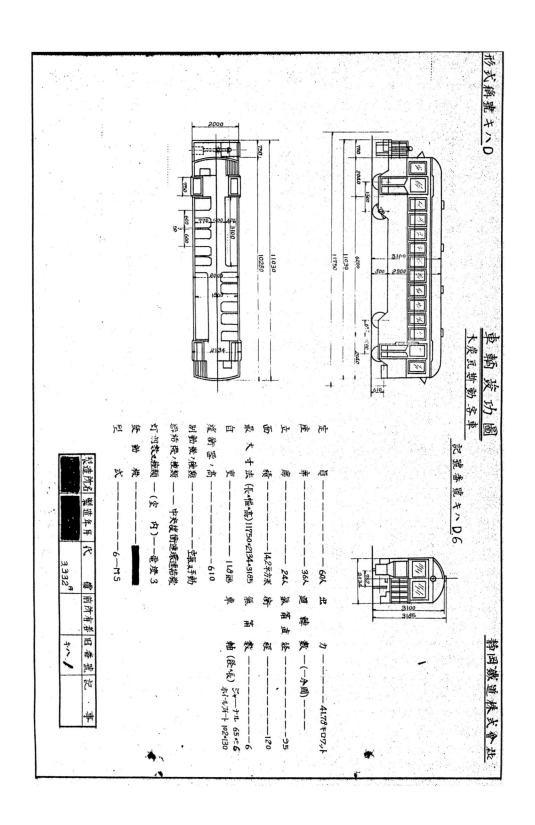

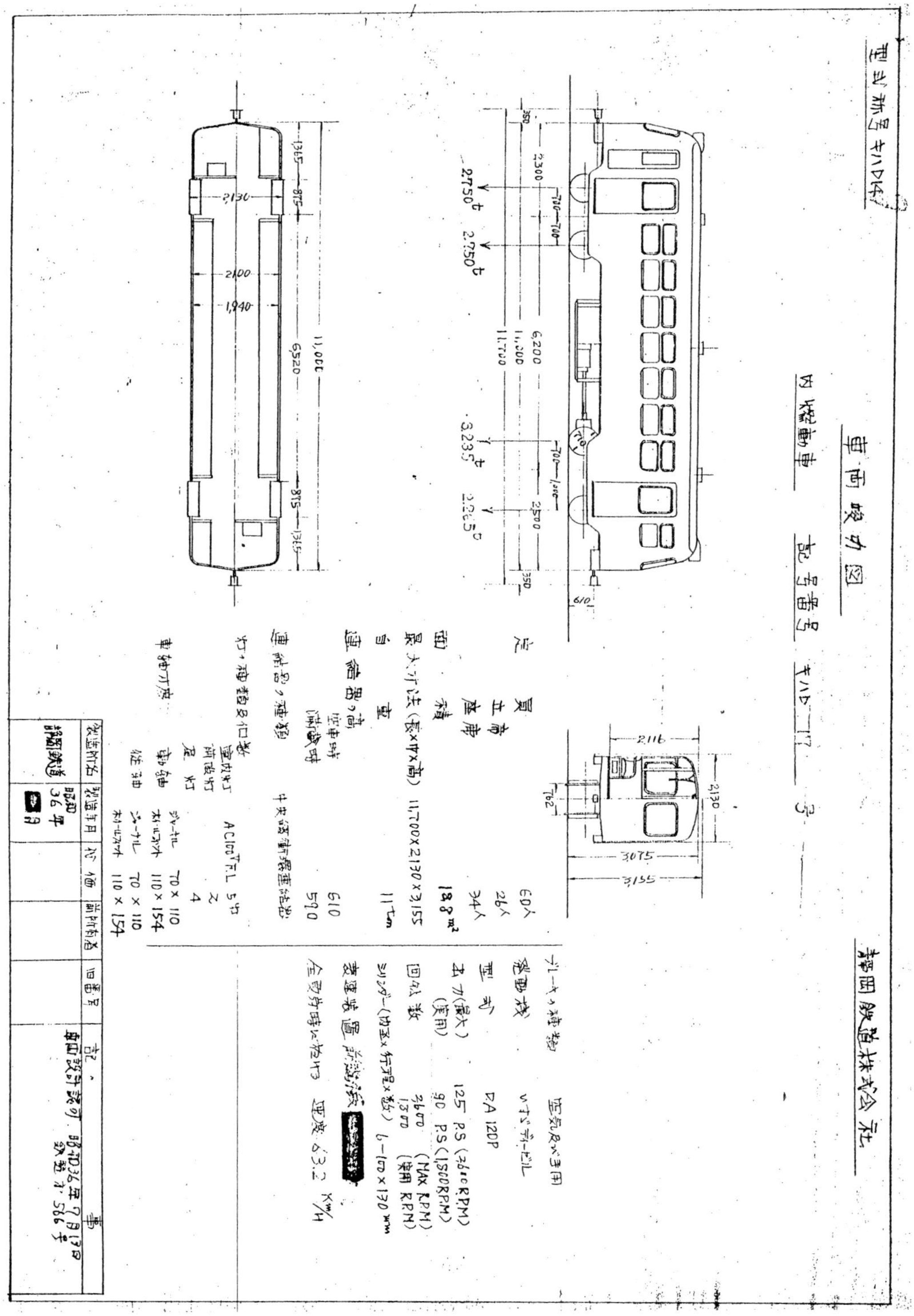

型式称号 キハD17
車両略図
静岡鉄道株式会社
内燃動車
記号番号 キハD17 号
定員 60人
立席 26人
座席 34人
面積 18.8m²
最大寸法(長×巾×高) 11,700×2,130×3,155
自重 11tm
連結器ノ高
空車時 610
満載時 590
連結器ノ種類 中央緩衝器連結器
灯ノ種類及個数
室内灯 AC100V F.L 5ヶ
前照灯 2
尾灯 4
車軸寸法
動軸 ジャーナル 70×110
ホイールフィット 110×154
従軸 ジャーナル 70×110
ホイールフィット 110×154
ブレーキノ種類 空気及び手用
発動機 いすゞディーゼル
型式 DA 120P
出力(最大) 125 P.S (3,600R.P.M)
(実用) 90 P.S (1,500R.P.M)
回転数 2,600 (MAX R.P.M)
1,300 (実用 R.P.M)
シリンダー(内径×行程×数) 6−100×130mm
変速装置 [redacted]
全負荷時に於ける 速度 63.2 Km/H
製造所名 静岡鉄道
製造年月 昭和36年 [redacted]月
代価
前所有者
旧番号
記事 車両設計認可 昭和36年7月17日 鉄監才566号

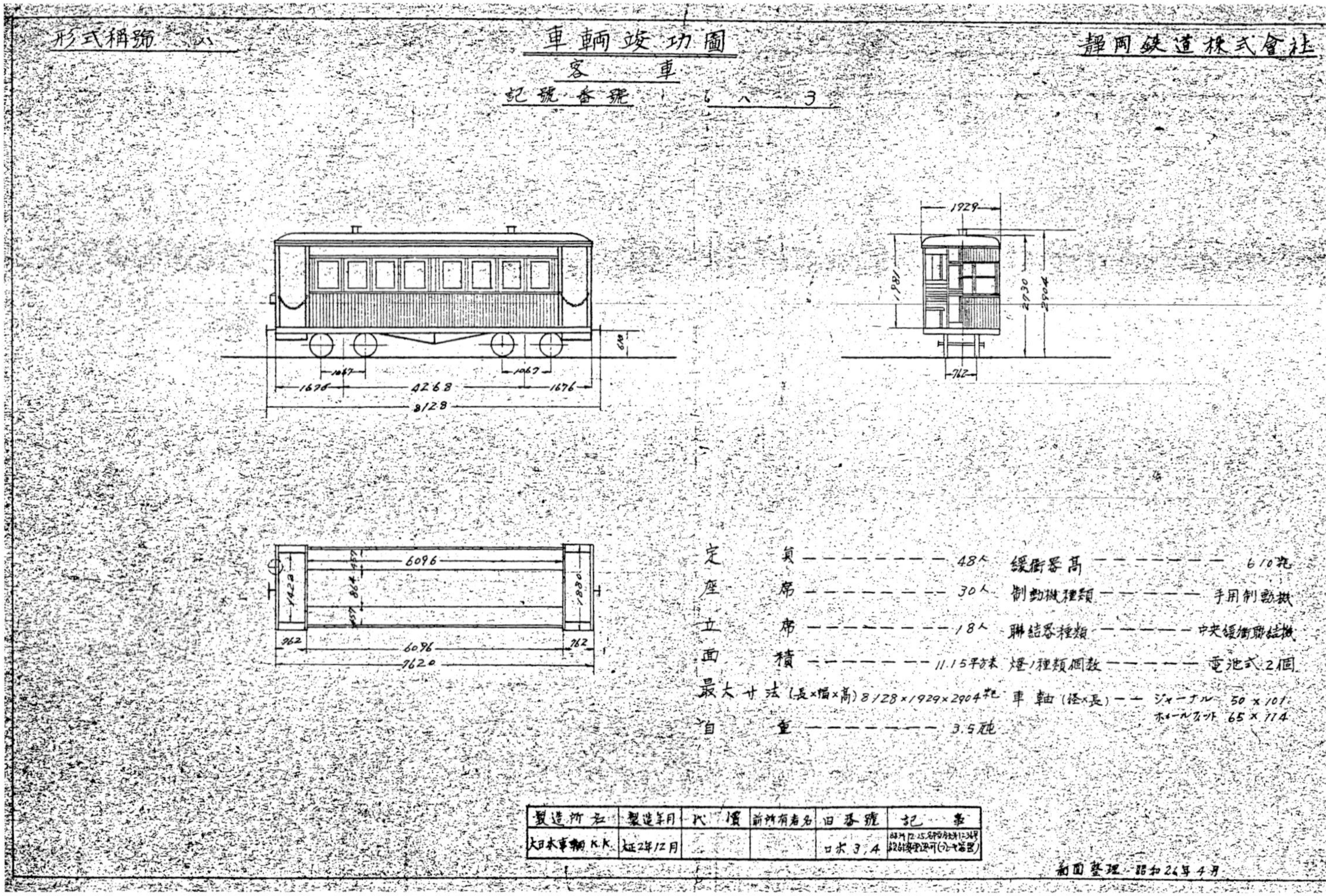

形式稱號 ハ
車輛竣功圖
客車
記號番號 ハ 3
靜岡鉄道株式會社
1929
1981
2930
2904
610
1067
1676
4268
1676
8128
762
6096
1422
864
1880
762
6096
762
7620
定員 48人
座席 30人
立席 18人
面積 11.15平方米
最大寸法(長×幅×高) 8128×1929×2904粍
自重 3.5瓲
緩衝器高 610粍
制動機種類 手用制動機
聯結器種類 中央緩衝聯結機
燈ノ種類個数 電池式 2個
車軸(径×長) ジャーナル 50×101
ホイールフィット 65×114
製造所名 大日本車輛 K.K.
製造年月 大正2年12月
代價
前所有者名
旧番號 ロホ 3, 4
記事
新図整理 昭和24年4月

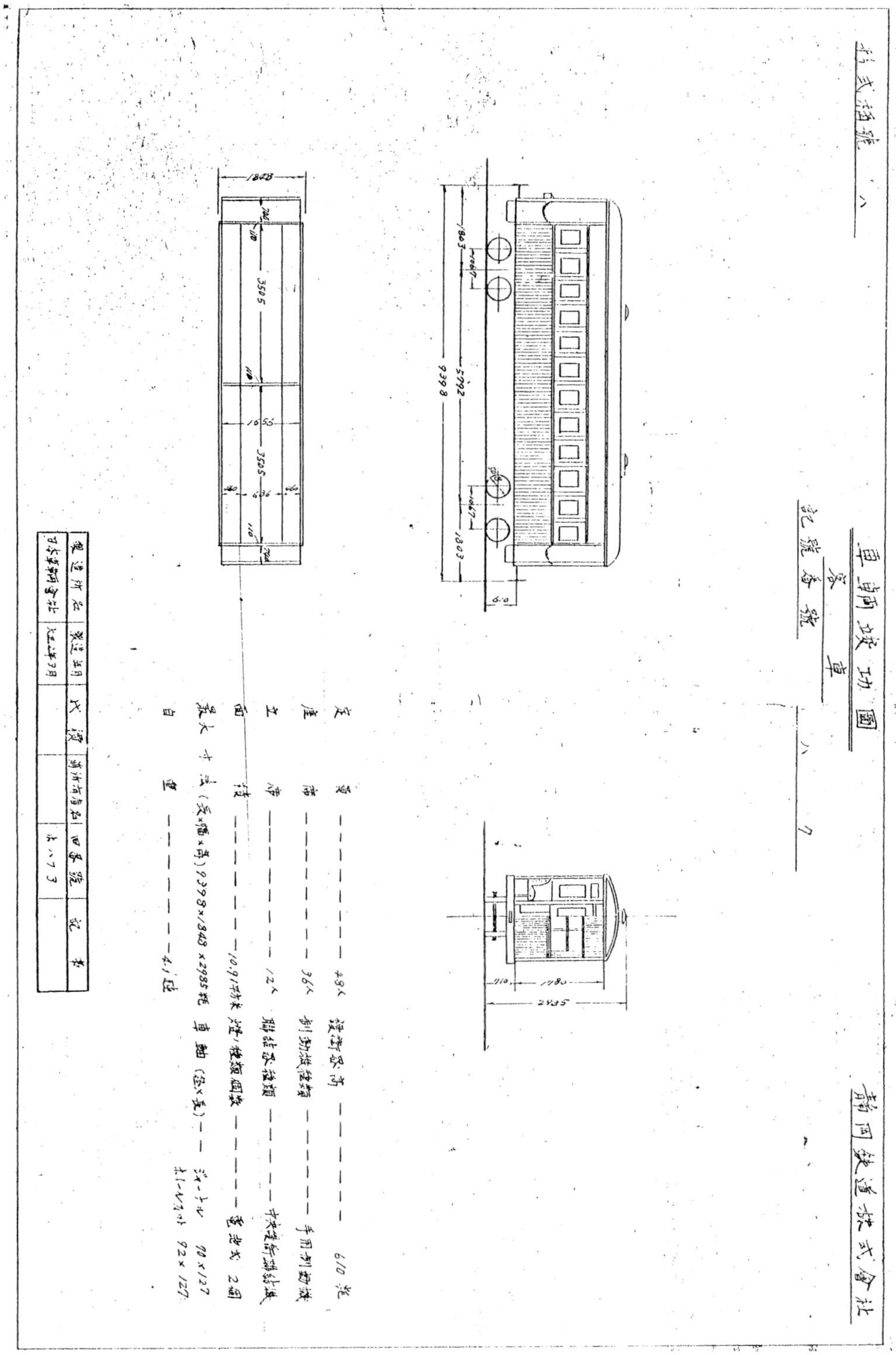
形式稱號 ハ
車輛竣功圖
客車
記號番號 ハ 7
静岡鉄道株式會社
1803
1067
5792
1067
1803
9398
610
1180
2435
910
3505
1055
3505
1848
定員 48人
座席 36人
立席 12人
面積 10.91平方米
最大寸法（長×幅×高）9398×1848×2985粍
自重 4.1瓲
緩衝器高 610粍
制動機種類 手用制動機
聯結器種類 中央緩衝聯結機
燈ノ種類個数 電気式 2個
車軸（径×長） ジャーナル 90×127
ホイールフィット 92×127
製造所名 製造年月 代價 前所有者名 旧番號 記事
日本車輛會社 大正2年7月 ホハ7 3

形式稱號 ハ

車輛竣功圖表

3 等客車

記號番號 ハ 18 19 20

靜岡鐵道株式會社

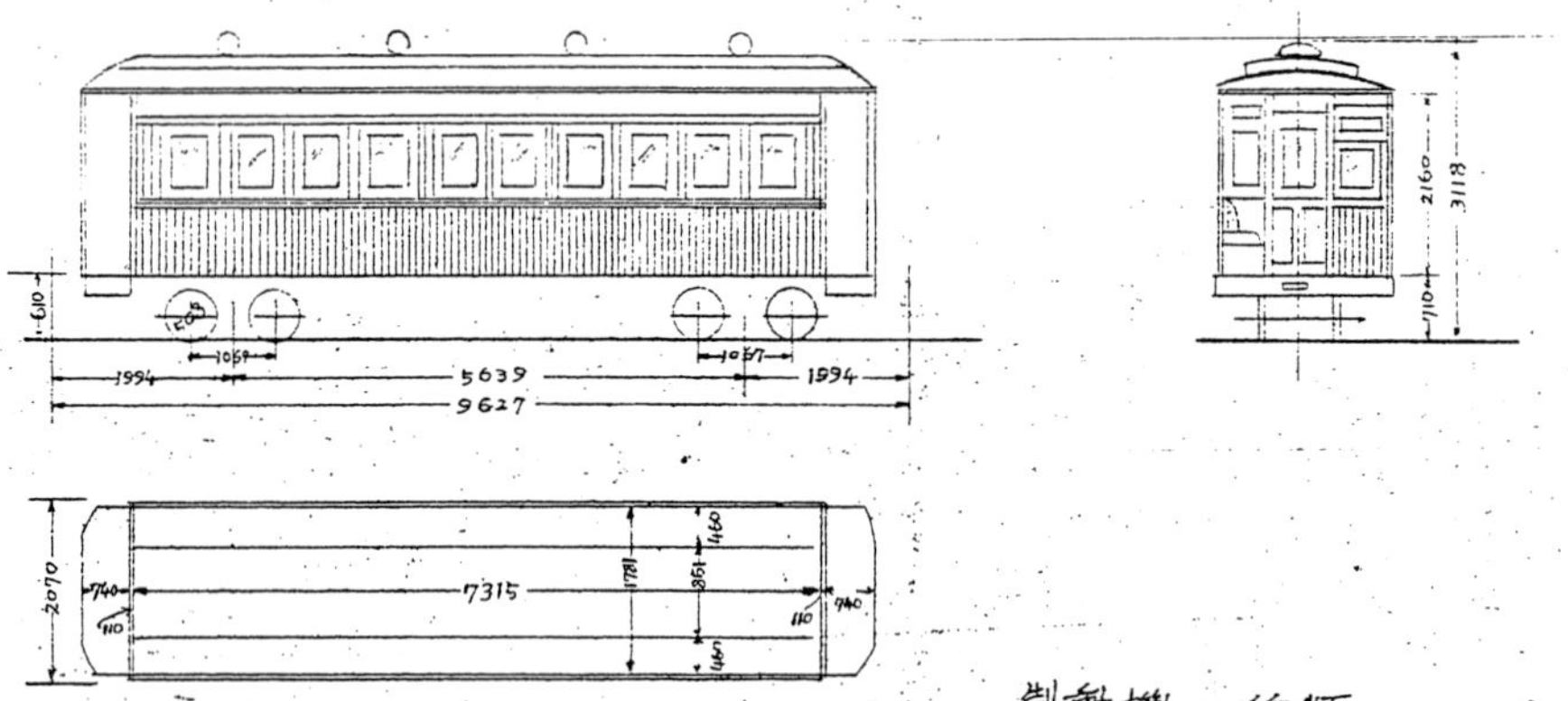

定員(3等)		56人
(内座席)		34人
面積(3等)		13.02平方米
最大寸法(長×幅×高)		9627×2070×3118
自重		6.39瓲
緩衝器ノ高	空車	610
	滿載車	585

制動機ノ種類	手用制動機
聯結器ノ種類	中央緩衝聯結器
燈ノ種類及個數	電池式 3個
車軸(徑×長)	ジョーナル 70×127 ホキールフイット 92×127

製造所名	製造年月	代價	前所有者名	旧番號	記事
日本車輛会社	大正14年1月	5534.66			

旧番号 ホハ713～15

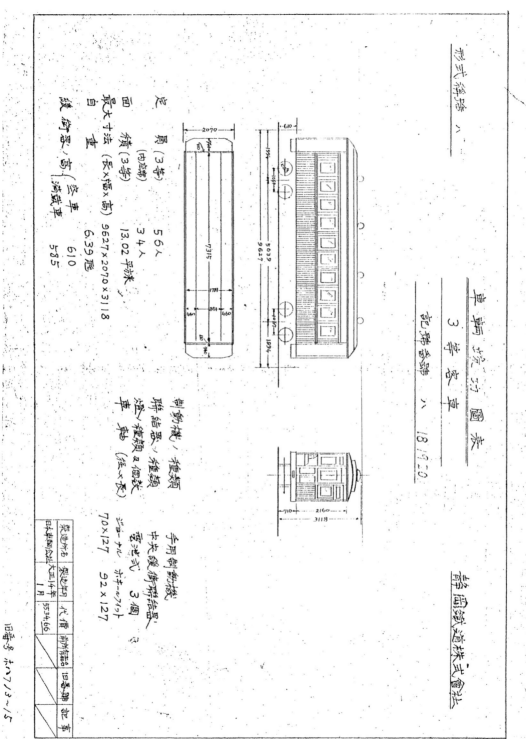

形式稱號　ハニ

静岡鐵道

手荷物合造客車

記號番號　ハニ　2

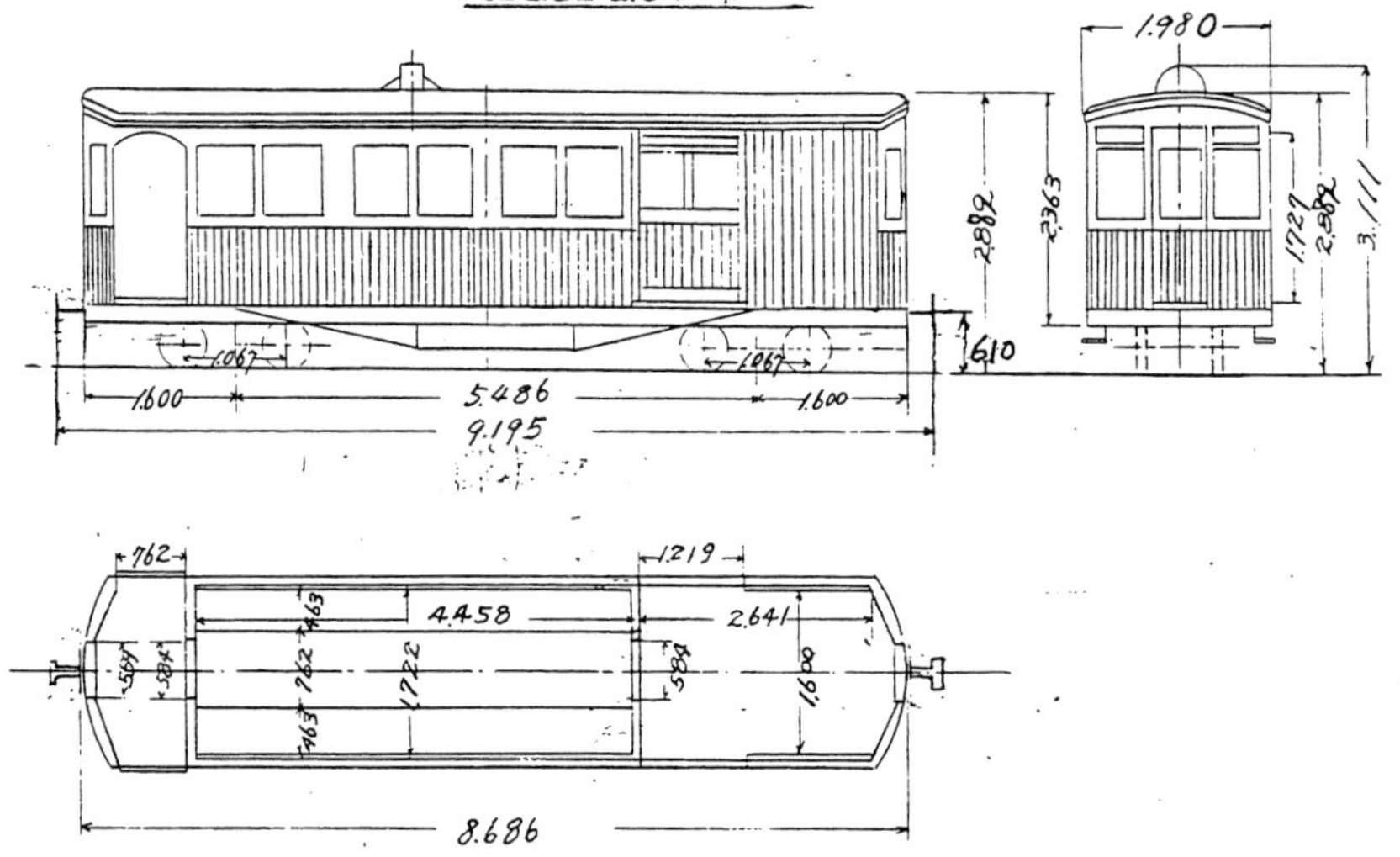

定　員	(並等) (内座席)	32 名 20 名
面　積	(客室)	7.6 平方米
積載重量		2 瓩
容　積		7.64 立方米
最大寸法	(長×巾×高)	9.195粍×1980粍×3.111粍
自　重		5 瓩
緩衝器高	空車 盈車	610粍 粍
制動機種類		手用螺旋制動機
联結機種類		中心緩衝联結機

燈ノ種類及個数		電燈　2個
車　軸	(ジョーナル) (ホイルフィット)	7.0粍×125粍 9.2粍×125粍

製造所名	製造年月	代　價	前所有者名	記　事
名古屋電車製作所	大正1三年七月	2622円485		昭34.12.25名陸鉄才1236号 設計変更認可(ブレーキ撤去) 旧番号　ハニ1.2.

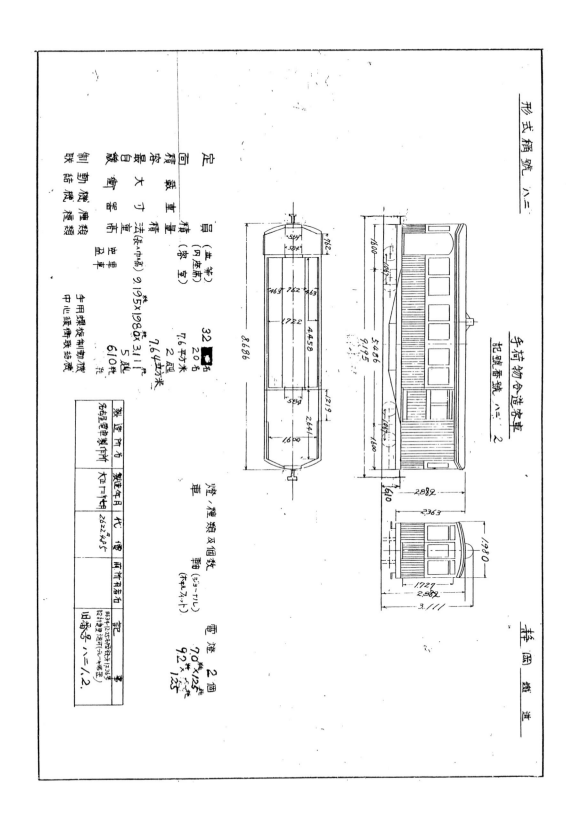

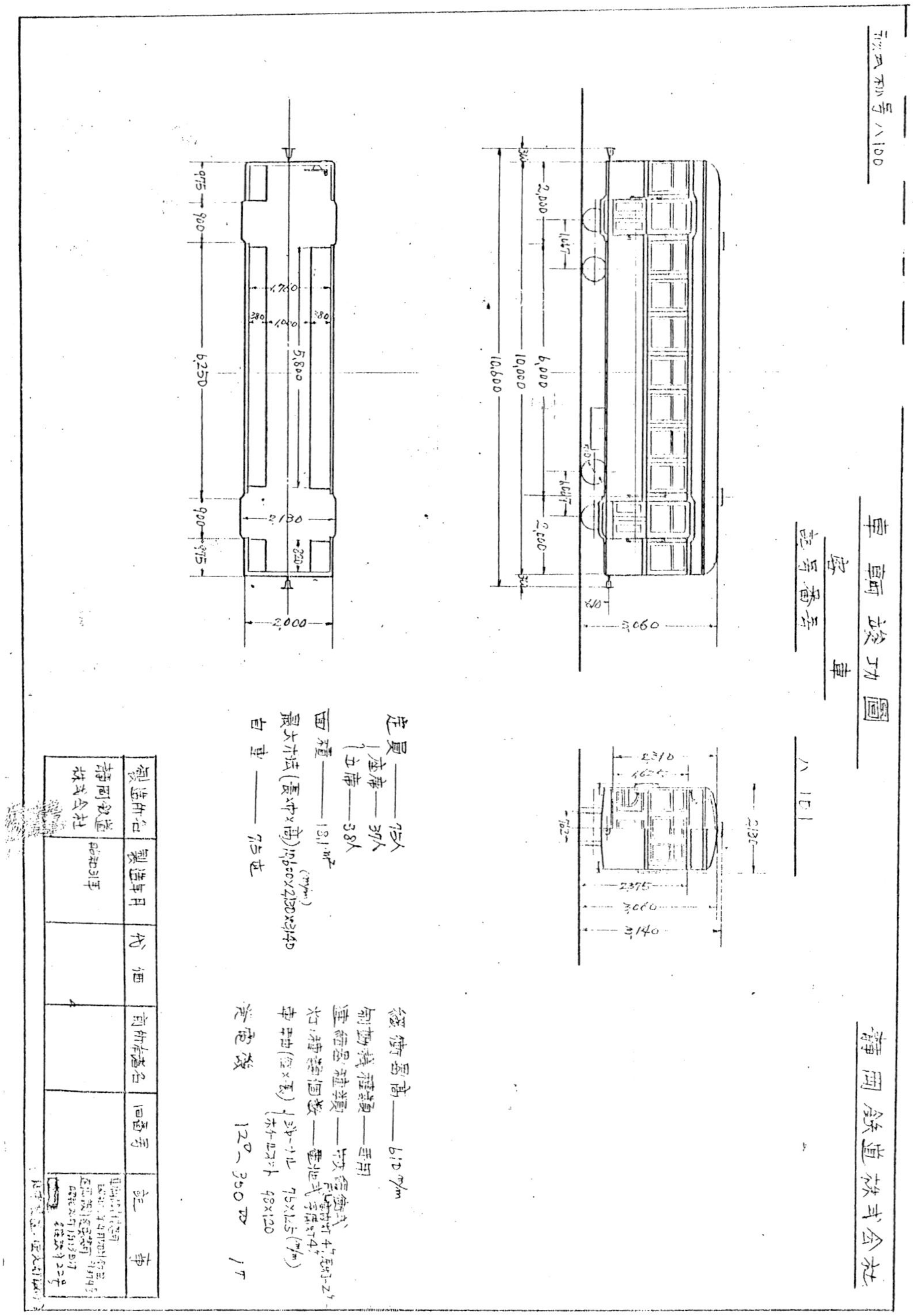
形式称号 ハ100
車輛竣功圖
客車
記号番号 ハ101
静岡鉄道株式会社
定員——75人
座席——37人
立席——38人
面積——13.1㎡
最大寸法(長×巾×高) 10,600×2130×3140 (m/m)
自重——7.5吨
緩衝器高——610 m/m
制動機種類——手用
連結器種類——中央緩衝式
灯種類個数——電池式
車軸(径×長) ジャーナル 75×125 (m/m) ホイールシート 98×120
発電機 12V～350W 1T
製造所名
製造年月
代価
前所有者名
旧番号
記事
静岡鉄道株式会社
昭和31年

形式稱號　ト

車輌竣功圖表

無蓋貨車

記號番號　ト　14

静岡鐵道株式會社

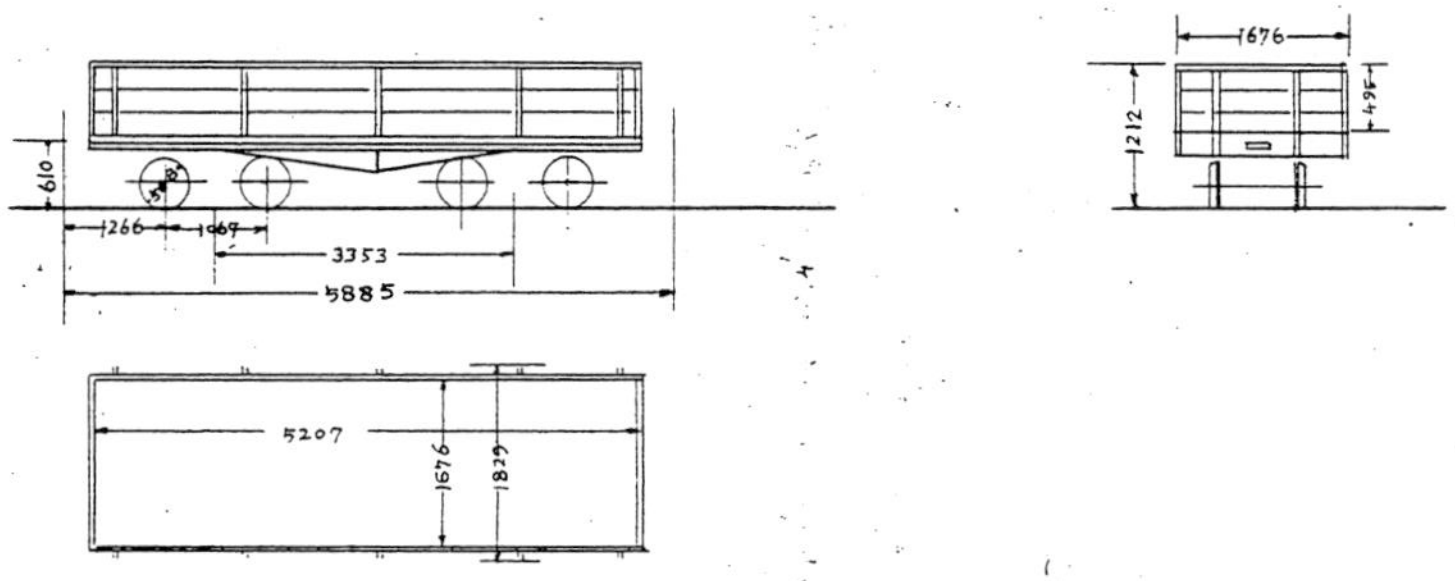

荷重　5 瓲

積載容積　4.310 立方米

自重　3.1 瓲

最大寸法(長×巾×高)　5885×1829×1212

緩衝器ノ高　空車　610

　　　　　　滿載車　585

制動機ノ種類　車側制動機

聯結器ノ種類　中央緩衝聯結器

車軸(径×長)　ジョーナル　70×127　ホヰールフイット　92×127

製造所名	製造年月	代價	前所有者名	旧番號	[illegible]事
日本車輌會社	大正14年 2月	1847.11			ホト20

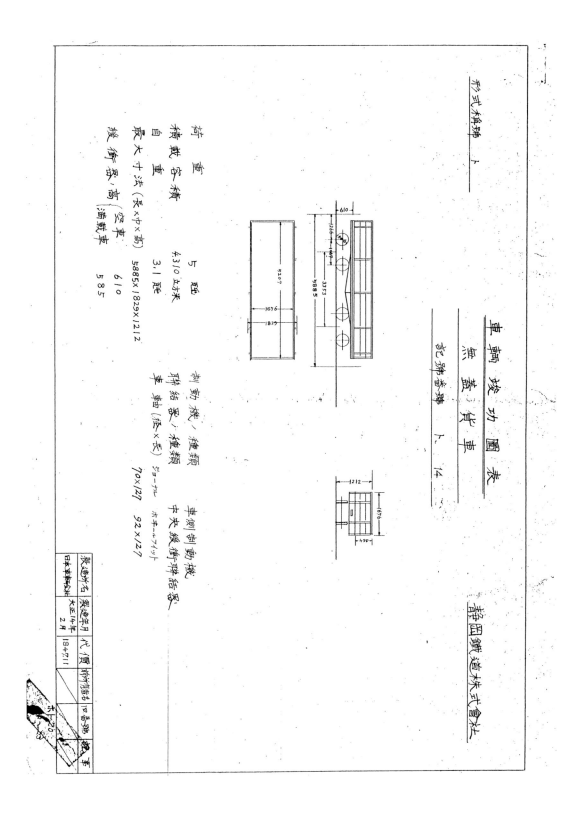

形式稱號　ワ

車輌竣功圖表

有蓋貨車

記號番號　ワ18

靜岡鐵道株式會社

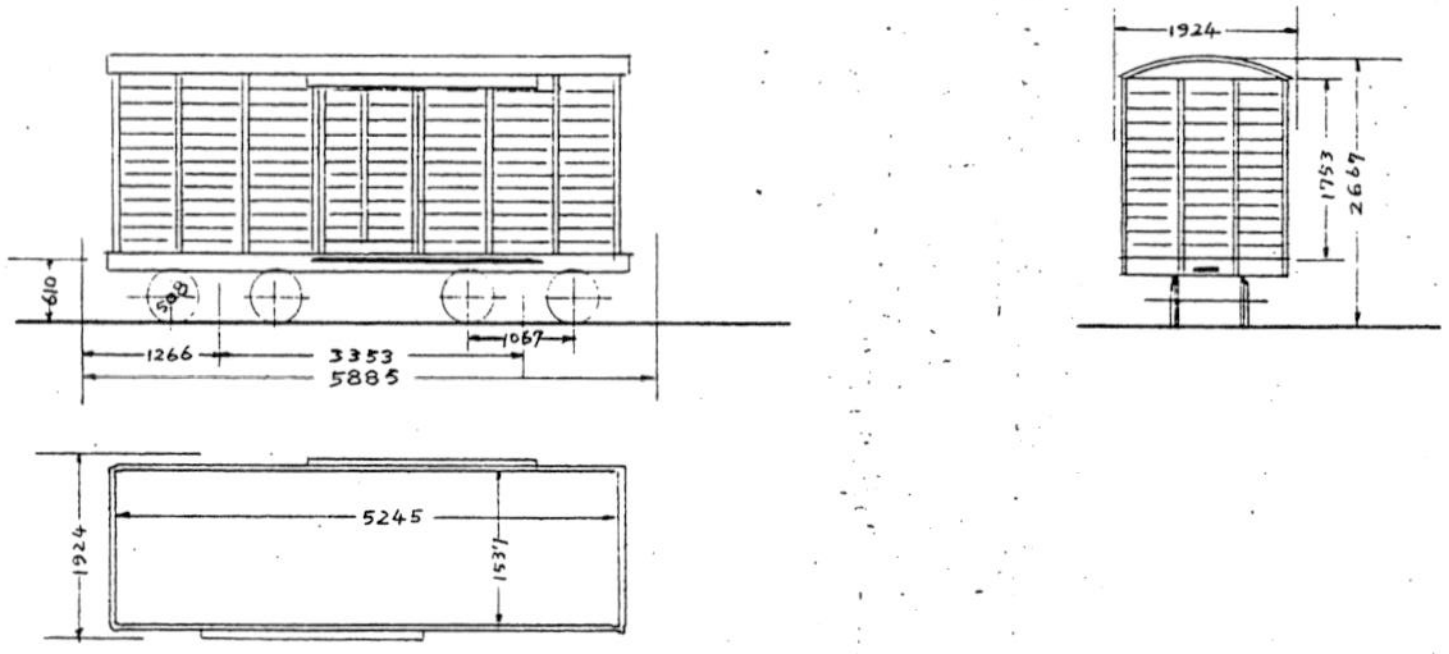

荷重	5 瓲
積載容積	14 立方米
自重	3.1 瓲
最大寸法（長×巾×高）	5885×1924×2667
緩衝器高　空車	610
緩衝器高　滿載車	585

制動機ノ種類	車側制動機	
聯結器ノ種類	中央緩衝聯結器	
車軸（徑×長）	ジョーナル 70×127（ホワ5-12 65×33）	ホヰールフイット 92×127

製造所名	製造年月	代價	前所有者名	旧番號	記事
日本車輌會社	大正4年5月		／	／	／

ホワ6～
9～18

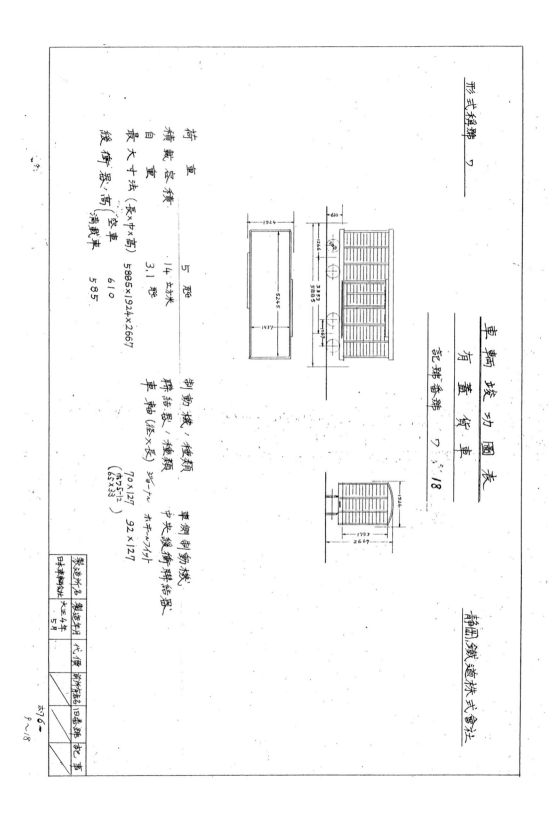

形式稱號　チ

車輛竣功圖表

四輪ボギー材木車

記號番號　チ1

靜岡鐵道株式會社

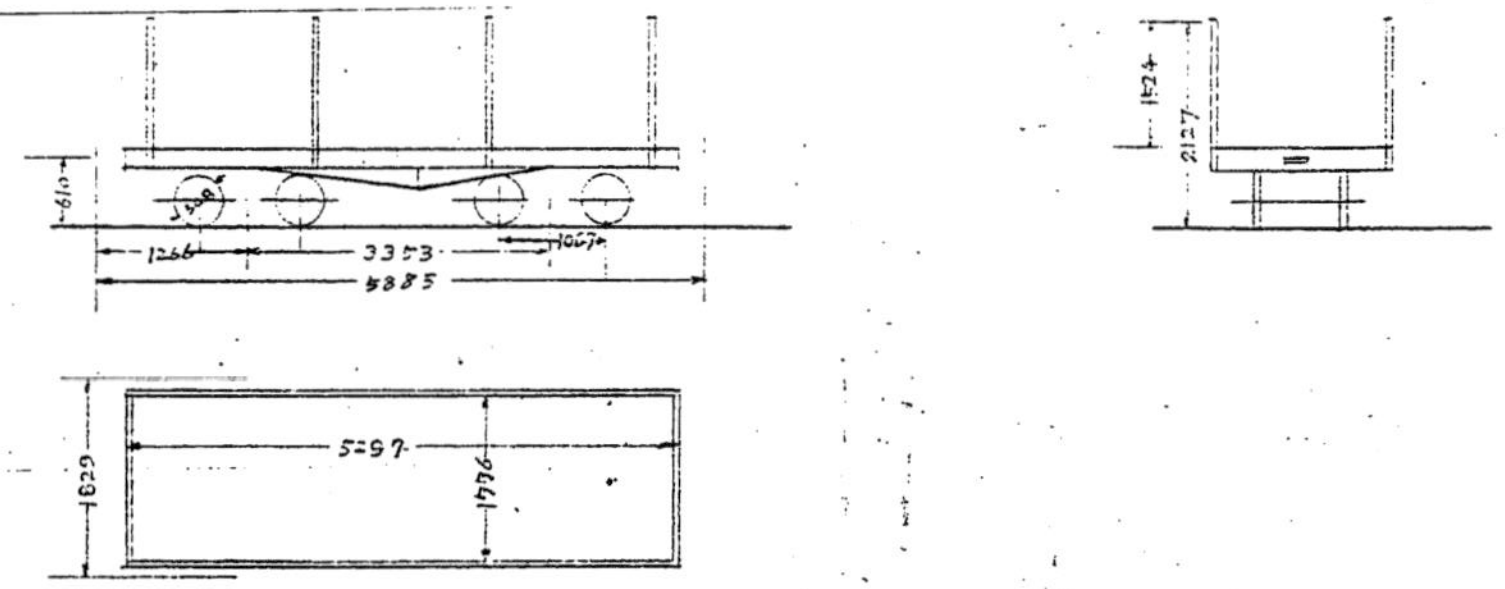

荷重　5噸

積載容積　立方米

自重　2.8噸

最大寸法（長×巾×高）　5885×1829×2127

緩衝器ノ高　空車　610

　　　　　　滿載車　585

制動機ノ種類　車側制動機

聯結器ノ種類　中央緩衝聯結器

車軸（徑×長）　ジョーナル 70×127　ホイールフイット 92×127

大正10年7月改造認可

製造所名	製造年月	代價	前所有者名	旧番號	記事
日本車輛會社	大正10年6月	／	／	ホワ 10	1號ト改造
				ホワ 12	2號ト改造

ホチ1～2

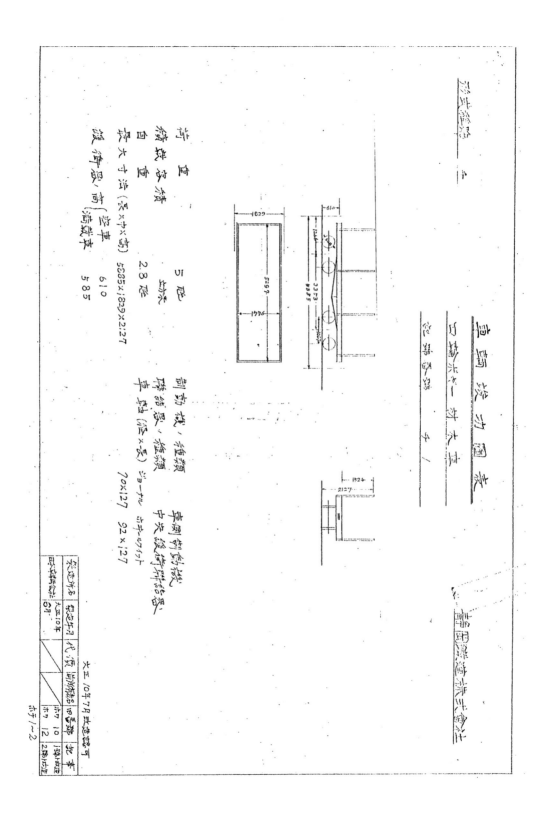

◉勤務表　昭和 23 年

中遠線各駅勤務表

昭和 23 年 5 月

職場及職名	氏名＼日付	13	14	15	16	17	18	19	20	21	22	23	24	25	26	27	28	29	30	31
袋井　駅長	[redacted]	ヒ			ヒ		ヒ			ヒ		ヒ			ヒ		ヒ			ヒ
助役	[redacted]			ヒ		ヒ			ヒ		ヒ			ヒ		ヒ			ヒ	
荷物掛	[redacted]		ヒ			ヒ		ヒ			ヒ		ヒ			ヒ		ヒ		
〃	[redacted]	ヒ		ヒ			ヒ		ヒ			ヒ		ヒ			ヒ		ヒ	
駅手	[redacted]		ヒ		ヒ			ヒ		ヒ			ヒ		ヒ			ヒ		ヒ
出札	[redacted]			(橋)公					(橋)公							(橋)公				
〃	[redacted]		(橋)公							(橋)公								(橋)公		
芝　駅長	[redacted]	ヒ			ヒ			出ヒ			ヒ			ヒ			ヒ			ヒ
出札	[redacted]			公								公							公	
新岡崎　駅長	[redacted]	病		欠																
代理	[redacted]		ヒ			ヒ		ヒ		ヒ			ヒ		ヒ			ヒ		出ヒ
出札	[redacted]						公							公						
予備助役	[redacted]			ヒ			ヒ		ヒ			ヒ		出ヒ		ヒ			ヒ	
新横須賀　駅長	[redacted]	ヒ		ヒ			ヒ		ヒ		ヒ			ヒ		ヒ		ヒ		
助役	[redacted]		ヒ		ヒ			ヒ		ヒ		ヒ			ヒ		ヒ		ヒ	
荷物掛	[redacted]	ヒ		ヒ		ヒ			ヒ		ヒ		ヒ			ヒ		ヒ		ヒ
駅手	[redacted]		ヒ		ヒ		ヒ			ヒ		ヒ		ヒ			ヒ		ヒ	
〃	[redacted]			ヒ		ヒ		ヒ			ヒ		ヒ		ヒ			ヒ		ヒ
〃	[redacted]						公							公						
出札	[redacted]					(橋)公							(橋)公							
野中　駅長	[redacted]	ヒ			ヒ			ヒ			ヒ			ヒ			ヒ			ヒ
出札	[redacted]	公	袋	袋	俣	横	横	坂	袋	袋	公	俣	横	横	坂	公	袋	袋	俣	横
野賀　駅長	[redacted]		ヒ			ヒ			ヒ			ヒ			ヒ			ヒ		
予備	[redacted]			ヒ			ヒ			ヒ			ヒ			ヒ			ヒ	
南大坂　駅長	[redacted]		ヒ		ヒ		ヒ		ヒ		ヒ		ヒ		ヒ		ヒ		ヒ	
	[redacted]	ヒ		ヒ		ヒ		ヒ		ヒ		ヒ		ヒ		ヒ		ヒ		ヒ
出札	[redacted]							(橋)公							(橋)公					
新三俣　駅長	[redacted]	ヒ		ヒ		ヒ		ヒ		ヒ		ヒ		ヒ		ヒ		ヒ		ヒ
助役	[redacted]		ヒ		ヒ		ヒ		ヒ		ヒ		ヒ		ヒ		ヒ		ヒ	
荷物掛	[redacted]	ヒ		ヒ		ヒ		ヒ		ヒ		ヒ		ヒ		ヒ		ヒ		ヒ
駅手	[redacted]		ヒ		ヒ		ヒ		ヒ		ヒ		ヒ		ヒ		ヒ		ヒ	
駅手	[redacted]		ヒ		ヒ		ヒ		ヒ		ヒ		ヒ		ヒ		ヒ		ヒ	
	[redacted]	ヒ		ヒ		ヒ		ヒ		ヒ		ヒ		ヒ		ヒ		ヒ		ヒ
	[redacted]					公							公							公
出札	[redacted]				(橋)公							(橋)公							(橋)公	
西千浜	[redacted]			ヒ			ヒ			ヒ			ヒ			ヒ			ヒ	
千浜　駅長	[redacted]		ヒ			ヒ			ヒ			ヒ			ヒ			ヒ		
予備	[redacted]	ヒ			ヒ			ヒ			ヒ			ヒ			ヒ			
池新田　駅長	[redacted]	ヒ			ヒ			ヒ			ヒ			ヒ			ヒ			ヒ
駅手	[redacted]		ヒ			ヒ			ヒ			ヒ			ヒ			ヒ		
出札	[redacted]						公						公						公	

ヒ…非番（例えば朝まで勤務して、日中は休み）
公…公休日（まる１日休み）
袋…袋井駅、俣…新三俣駅　横…新横須賀駅
坂…南大坂駅

◉勤務表　昭和 43 年

昭和 43 年 8 月分　　　　　　　　　　　　　　　　駿遠線営業所　NO.1

駅	職	日付 / 氏名	7月																8月														
			16	17	18	19	20	21	22	23	24	25	26	27	28	29	30	31	1	2	3	4	5	6	7	8	9	10	11	12	13	14	15
輸送	掛(長)	[redacted]	ヒ	ヒ	長		ヒ	ヒ	公	長		ヒ	ヒ	長	ヒ	公	長	長	ヒ	ヒ	長		ヒ	公	長		ヒ	ヒ	公	長	ヒ	公	
輸送	掛	[redacted]		ヒ	ヒ	公			ヒ	ヒ	公			ヒ	ヒ			ヒ	公			ヒ	ヒ	公		ヒ	ヒ			ヒ	公		ヒ
輸送	〃	[redacted]	ヒ			ヒ	ヒ	公			ヒ	ヒ	公			ヒ	ヒ			ヒ	ヒ	公			ヒ	ヒ		ヒ	公			ヒ	公
新藤枝	長	[redacted]			ヒ	公			ヒ	ヒ			ヒ	公			ヒ	公			ヒ	ヒ	公		ヒ	ヒ			ヒ	ヒ	公		ヒ
新藤枝	助	[redacted]	ヒ	公			ヒ	ヒ	公		ヒ	ヒ			ヒ	公			ヒ	ヒ			ヒ	公			ヒ	ヒ			ヒ	公	
上新田	長	[redacted]	ヒ			ヒ	公			ヒ	ヒ			ヒ	公			ヒ	公			ヒ	ヒ	公		ヒ	ヒ			ヒ	ヒ	公	
上新田	助	[redacted]		ヒ	公			ヒ	ヒ	公		ヒ	ヒ			ヒ	公			ヒ	公			ヒ	ヒ			ヒ	ヒ	公			ヒ
上吉田	長	[redacted]	ヒ			ヒ	公			ヒ	ヒ			ヒ	公			ヒ	ヒ		ヒ	ヒ	公			ヒ	ヒ	公		ヒ	公		
上吉田	助	[redacted]		ヒ	公			ヒ	公		ヒ	ヒ	ヒ			ヒ	公			ヒ	ヒ			ヒ	公			ヒ	ヒ			ヒ	公
榛原町	長	[redacted]	ヒ			ヒ	公			ヒ	ヒ	公		ヒ	ヒ			ヒ	公		ヒ	ヒ	公			ヒ	ヒ			ヒ	公		ヒ
榛原町	助	[redacted]		ヒ	ヒ	公		ヒ	ヒ			ヒ	ヒ	公		ヒ	ヒ			ヒ	公			ヒ	公			ヒ	ヒ			ヒ	公
相良	長	[redacted]	ヒ		ヒ	ヒ	公			ヒ	ヒ	公		榛	ヒ	ヒ	相ユ	ヒ	公		榛	ヒ	ヒ		ヒ	ヒ	公			ヒ	公		
相良	助	[redacted]		ヒ	公			ヒ	ヒ	公			ヒ	ヒ			ヒ	公		ヒ	ヒ			ヒ	公			ヒ	ヒ	公		ヒ	ヒ
地頭方	長	[redacted]		ヒ	ヒ			ヒ	公			ヒ	ヒ			ヒ	公	＼	＼	＼	＼	＼	＼	＼	＼	＼	＼	＼	＼	＼	＼	＼	＼
地頭方	助	[redacted]	ヒ			ヒ	公			ヒ	ヒ			ヒ	公			ヒ	ヒ			ヒ	公			ヒ	公			ヒ	公		
		[redacted]	(ヨ)	ヒ	(ヨ)	札	ヒ	公	藤助	田	ヒ	(ヨ)	(ヨ)	(ヨ)	公	(ヨ)	(ヨ)	(ヨ)	ヒ	B	A	公	藤助	田	ヒ	(ヨ)	(ヨ)	(ヨ)	公	田	藤助	ヒ	公
		[redacted]	ヒ	根	(ヨ)	榛	(ヨ)	ヒ	公	根	吉	ヒ	(ヨ)	(ヨ)	(ヨ)	公	相田	ヒ	地	ヒ	公	地	地	ヒ	公	地	地	ヒ	ヒ	地	地	ヒ	公
		[redacted]	ヒ	(ヨ)	(ヨ)	ヒ	根	公	B	ヒ	公	榛	榛ユ	ヒ	B	ヒ	根	公	根	(ヨ)	吉	ヒ	根	(ヨ)	ヒ	公	(ヨ)	吉	ヒ	公	根	(ヨ)	榛
		[redacted]	井	ヒ	相田	神	公	高	井	ヒ	相田	神	公	高	井	ヒ	ヒ	神	公	高	井	ヒ	相田	神	公	高	井	ヒ	相田	神	公	高	井
		[redacted]	静	ヒ	静	ヒ	静	公	静	ヒ	静	公	根	静	根	ヒ	静	ヒ	公	静	根	ヒ	静	ヒ	根	静	公	根	静	ヒ	静	公	静
高洲	委	[redacted]						公						公						公						公						公	
大井川	〃	[redacted]	公						公						公						公						公						公
遠州神戸	〃	[redacted]				公						公						公						公						公			
根松	助	[redacted]		ヒ			公			ヒ			公		ヒ		ヒ		公		ヒ		ヒ		公			ヒ			公		
静波	〃	[redacted]	ヒ		公		ヒ		ヒ		公			ヒ			公			ヒ			公			ヒ			公		ヒ		ヒ

ヒ…非番（例えば朝まで勤務して、日中は休み）
公…公休日（まる１日休み）
根…根松駅、榛…榛原町駅、井…大井川駅
神…遠州神戸駅、高…高洲駅、静…静波駅
相…相良駅、田…上新田駅

◉勤務表　昭和45年

昭和45年6月分　　駿遠線営業所

	5月																6月																
氏名＼日付	16	17	18	19	20	21	22	23	24	25	26	27	28	29	30	31	1	2	3	4	5	6	7	8	9	10	11	12	13	14	15	実働計	指定内時間外
[redacted]					公						公						公						公						公			182	0
[redacted]	ヒ			ヒ	公			ヒ	公			ヒ	ヒ			ヒ	公			ヒ	公			ヒ	ヒ			ヒ	公			190.46	9
[redacted]		ヒ	公			ヒ	ヒ			ヒ	公			ヒ	ヒ			ヒ	公			ヒ	ヒ			ヒ	公			ヒ	公	179.05	0
[redacted]		ヒ	公			ヒ	ヒ		ヒ	公			ヒ	公			ヒ	ヒ			ヒ	公			ヒ	ヒ			ヒ	公	井助	176.58	0
[redacted]	ヒ			ヒ	公			ヒ	ヒ		ヒ	公			ヒ	公			ヒ	ヒ			ヒ	公			ヒ	公			ヒ	176.5	0
[redacted]		ヒ	公			ヒ	ヒ			ヒ	公			ヒ	ヒ			ヒ	公			ヒ	ヒ			ヒ	公			ヒ	公	176.5	0
[redacted]	ヒ			ヒ	公			ヒ	公			ヒ	ヒ			ヒ	公			ヒ	公			ヒ	ヒ			ヒ	公			188.22	6.5
[redacted]			ヒ	公		井ユ	ヒ			ヒ	公			ヒ			ヒ	公		ヒ			ヒ	公			ヒ			ヒ	公	186.46	5
[redacted]	ヒ	公			ヒ			ヒ	公			ヒ	井ユ		ヒ	公			ヒ		ヒ	公			ヒ	公		井ユ	ヒ			185.24	3.5
[redacted]		ヒ	公			ヒ	公			ヒ			ヒ	井ユ		ヒ	公			ヒ			ヒ	井ユ		ヒ	公			ヒ	公	184.24	2.5
[redacted]	ヒ			ヒ	公			ヒ	藤札		ヒ	公			ヒ			ヒ	公		ヒ	公			ヒ			ヒ	公			187.26	5.5
[redacted]		ヒ	公			ヒ	ヒ			ヒ	公			ヒ	ヒ			ヒ	公			ヒ	ヒ			ヒ	公			ヒ	公	181.05	0
[redacted]	ヒ			ヒ	公			ヒ	公			ヒ	ヒ			ヒ	公			ヒ	公			ヒ	ヒ			ヒ	公		ヒ	181.05	0
[redacted]		ヒ				ヒ	公			ヒ			ヒ	公			ヒ			公			ヒ	公				ヒ	公			184.18	2.5
[redacted]					公						公						公						公						公			182	0
[redacted]				公						公						公						公						公					
[redacted]				公						公						公						公						公					
	16	17	18	19	20	21	22	23	24	25	26	27	28	29	30	31	1	2	3	4	5	6	7	8	9	10	11	12	13	14	15		
[redacted]	3	1	2	3	公	1	2	3	公	1	2	3	1	2	3	公	1	2	3	公	1	2	3	1	2	3	公	1	2	3	公		
[redacted]	1	2	3	公	1	2	3	公	1	2	3	1	2	3	公	1	2	3	公	1	2	3	1	2	3	公	1	2	3	公	1		
[redacted]	2	3	公	1	2	3	公	1	2	3	1	2	3	公	1	2	3	公	1	2	3	1	2	3	公	1	2	3	公	1	2		
[redacted]	3車	公	1	2	3	公	1	2	3	1車	2車	3車	公	1	2	3	公	1	2	3	1車	2車	3車	公	1	2	3	公	1	2	3		
[redacted]	1	2	3	公	1	2	3	1	2	3	公	1	2	3	公	1	2	3	1	2	3	公	1	2	3	公	1	2	3	1	2		
[redacted]	2	3	公	1	2	3	1	2	3	公	1	2	3	公	1	2	3	1	2	3	公	1	2	3	公	1	2	3	1	2	3		
[redacted]	公	1	2	3	公	1	2	3	1	2	3	公	1	2	3	公	1	2	3	1	2	3	公	1	2	3	公	1	2	3	1		
[redacted]	公	井ユ	1	2	3	ヒ	井ユ		公	井ユ			ヒ	1	2	3	井ユ	公		井ユ	ヒ		井ユ	公	1	2	3	公	井ユ	ヒ	藤札	177.36	0

ヒ…非番（例えば朝まで勤務して、日中は休み）
公…公休日（まる１日休み）
井…大井川駅へ勤務

◉乗務員　交番表

乗務員交番表　相良機関区　　昭和33年11月1日改正

	出　勤	終　了	勤　務	労　働	休　憩	深　夜	泊	走　行　粁
①	12:12	20:50	8:38	7:12	1:26	0	地	117.4
②	5:53	20:19	14:20	12:27	1:53	0	地	221.4
③	5.53	8:58	3:05	2:53	12	0		50.0
④	8:49	21:55	13:06	10:45	2:21	0	地	175.2
⑤	3:40	9:36	5:56	5:36	19	1:20		92.4
⑥	10:07	21:52	11:45	9:27	2:18	0	相	156.2
⑦	5:30	17:37	12:07	8:56	3:11	0	相	98.8
⑧	5:31	10:27	4:56	4:36	21	0		70.0
⑨	7.50	22:38	14:48	12:24	2:24	38	藤	210.9
⑩	5:01	9:03	4:02	3:52	10	0		64.5
⑪	14:37	22:43	8:06	7:21	45	43	地	121.4
⑫	4:37	8:33	3:56	3:49	7	23		57.8
⑬	8:34	22:39	15:05	11:19	3:46	1:39	地	196.8
⑭	4:48	12:33	7:45	6:49	56	12		73.4
⑮	10:47	22:31	11:44	9:33	2:11	31	大手	115.6
⑯	4:52	11:00	6:08	5:28	40	8		65.0
⑰	9:28	20:40	11:12	9:05	2:07	0	俣	177.4
⑱	6:02	18:48	12:46	9:42	3:04	0	相	144.4
⑲	5:30	8:13	2:42	2:42	0	0		44.2
⑳	9:30	22:35	13:05	9:53	3:12	35	俣	142.8
㉑	5:03	18:56	13:53	10:15	3:38	0		139.2
㉒	7:50	18:08	10:18	6:05	4:13	0	俣	100.2
㉓	6:32	23:00	16:28	12:16	4:12	1:00	俣	191
㉔	5:23	10:13	4:50	4:13	37	0		56.0
㉕	7:16	21:29	14:13	10:15	3:23	0	俣	171.8
㉖	4:07	8:13	4:06	4:02	4	53		56.0
							15日	

地…地頭方、相…相良、藤…新藤枝、俣…新三俣

◉乗務員　交番表

乗務員交番表　相良機関区　　　　昭和 34 年 7 月 20 日改正

	出　勤	終　了	勤　務	労　働	泊	Km
①	10:52	22:31	11:39	9:02	相	155.8
②	5:03	21:55	16:52	13:02	相	158.6
③	5:34	8:57	3:23	3:31		55.8
④	8:38	23:33	14:55	11:52	地	193.2
⑤	4:30	8:40	4:10	4:03		57.8
⑥	15:17	22:17	7:00	6:02	地	105.8
⑦	5:06	22:17	15:11	11:37	相	121.0
⑧	5:51	10:27	4:36	4:18		64.2
⑨	9:34	22:01	12:57	10:05	大手	149.4
⑩	4:51	8:39	3:48	3:47		41.6
⑪	11:31	20:56	9:25	8:03	地	135.0
⑫	3:46	9:50	6:04	5:33		92.4
⑬	10:10	22:43	12:33	11:04	藤	185.9
⑭	5:13	9:02	3:49	3:47		64.5
⑮	6:15	21:34	15:19	12:07	地	202.0
⑯	7:28	19:05	11:37	10:16		171.4
⑰	9:27	21:21	11:54	9:46	俣	177.4
⑱	5:22	18:33	13:11	9:35	俣	139.2
⑲	5:07	10:48	5:41	4:39		69.6
⑳	8:05	22:53	14:48	11:48	俣	202.8
㉑	5:40	10:28	4:48	4:06		56.0
㉒	13:55	22:18	8:23	6:39	俣	104.4
㉓	6:27	18:35	12:08	9:48	俣	164.0
㉔	6:34	11:16	4:42	4:22		56.0
㉕	7:43	19:22	11:39	9:53	俣	163.8
㉖	4:12	11:44	8:32	6:13		100.2
					15 日	

相…相良、地…地頭方、藤…新藤枝、俣…新三俣

◉開業・廃止

開業・廃止

大正2年	（1913.11.16）	藤相鉄道	大手―藤枝新	開業
大正3年	（1914.1.12）	中遠鉄道	袋井新―新横須賀	開業
大正3年	（1914.9.3）	藤相鉄道	藤枝新―大井川	開業
大正4年	（1915.5.1）	藤相鉄道	大幡―細江	開業
大正4年	（1915.9.18）	藤相鉄道	細江―遠州川崎町	開業
大正7年	（1918.6.16）	藤相鉄道	遠州川崎町―相良	開業
大正13年	（1924.4.4）	藤相鉄道	大井川―大幡	開業
大正14年	（1925.1.16）	藤相鉄道	駿河岡部―大手	開業
大正14年	（1925.4.7）	中遠鉄道	新横須賀―南大坂	開業
大正15年	（1926.4.27）	藤相鉄道	相良―地頭方	開業
昭和2年	（1927.4.1）	中遠鉄道	南大坂―新三俣	開業
昭和11年	（1936.5.18）	藤相鉄道	駿河岡部―大手	廃止
昭和23年	（1948.1.20）	中遠線	新三俣―池新田	開業
昭和23年	（1948.9.6）	駿遠線	池新田―地頭方	開業
昭和39年	（1964.9.26）	駿遠線	大手―新藤枝	廃止
		駿遠線	堀野新田―新三俣	廃止
昭和42年	（1967.8.27）	駿遠線	袋井―新三俣	廃止
昭和43年	（1968.8.21）	駿遠線	大井川―堀野新田	廃止
昭和45年	（1970.7.31）	駿遠線	新藤枝―大井川	廃止

◉軽便唱歌

軽便唱歌《けいべんしょうか》
作詞　寮　母
補作　八木園長

汽笛《きてき》一声《いっせい》軽便《けいべん》は
堀《ほり》の駅《えき》を離《はな》れたり
新《しん》ぞう田《た》んぼを後《あと》にして
釣《ちょう》 月院《げついん》の森《もり》を見《み》て

地頭方《じとうがた》、落居《おちい》に須々木《すすき》過《す》ぎ
松並《まつなみ》見《み》ながら波津《はづ》の駅《えき》
トンネル過《す》ぎれば相良新《さがらしん》
田沼意次《たぬまおきつぐ》城下町《じょうかまち》

相良《さがら》過《す》ぎれば不動山《ふどうさん》
青《あお》き海原《うなばら》太田浜《おおたはま》
日本一《にほんいち》の富士《ふじ》の山《やま》
片浜《かたはま》過《す》ぐるを待《ま》てしばし

◉全駅一覧表

全駅一覧表

駅	名	駅間（km）	新藤枝から	開業年月日	廃業年月日	備考
新藤枝	しんふじえだ	0.0	0.0	大 2.11.16	昭 45.7.31	昭 30 まで藤枝新
高洲	たかす	2.2	2.2	大 3.9.3	〃	
大洲	おおす	1.6	3.8	〃	〃	
上新田	かみしんでん	0.8	4.6	〃	〃	
（相川）	あいかわ	--	--	不明	大 13.4.3	
大井川	おおいがわ	1.7	6.3	大 13.4.4	昭 45.7.31	
（大井川）	おおいがわ	--	--	大 3.9.3	大 13.4.3	新富士見橋開通で廃業
（大幡）	おおはた	--	--	大 4.5.1	〃	新富士見橋開通で廃業
遠州神戸	えんしゅうかんど	2.8	9.1	〃	昭 43.8.21	昭 32 まで「神戸村《かんどむら》」
上吉田	かみよしだ	1.7	10.8	〃	〃	
（下吉田）	しもよしだ	--	--	〃	不明	
根松	こんまつ	2.2	13.0	〃	昭 43.8.21	
細江	ほそえ	1.3	14.3	〃	〃	
静波	しずなみ	0.8	15.1	昭 9.10.1	〃	
榛原町	はいばらちょう	1.0	16.1	大 4.9.18	〃	昭 30 まで「遠州川崎町《えんしゅうかわさきまち》」
片浜	かたはま	2.5	18.6	大 7.6.16	〃	
太田浜	おおたはま	2.1	20.7	〃	〃	
相良	さがら	1.4	22.1	〃	〃	
新相良	しんさがら	1.0	23.1	大 15.4.27	〃	昭 30 まで「相良新《さがらしん》」
波津	はづ	0.6	23.7	〃	〃	
須々木	すすき	1.3	25.0	〃	〃	
落居	おちい	1.1	26.1	〃	〃	
地頭方	じとうがた	1.8	27.9	〃	〃	
堀野新田	ほりのしんでん	2.3	30.2	昭 23.9.6	〃	
玄保	げんぽ	1.1	31.3	〃	昭 39.9.26	
遠州佐倉	えんしゅうさくら	1.0	32.3	〃	〃	
桜ヶ池	さくらがいけ	1.2	33.5	〃	〃	
浜岡町	はまおかちょう	1.5	35.0	昭 23.1.20	〃	昭 30 まで「池新田《いけしんでん》」
塩原新田	しおばらしんでん	2.3	37.3	〃	〃	
合戸	ごうど	1.9	39.2	〃	〃	
千浜	ちはま	0.9	40.1	〃	〃	
（国安海岸）	くにやすかいがん	--	--	不明	不明	海水浴場の臨時乗降場
西千浜	にしちはま	2.0	42.1	昭 23.1.20	昭 39.9.26	

新　三　俣	しんみつまた	1.2	43.3	昭 2.4.1	昭 42.8.27	
南　大　坂	みなみおおさか	1.1	44.4	大 14.4.7	〃	
谷　　口	やぐち	0.8	45.2	大 14.12.1	〃	
野　　賀	のが	0.9	46.1	大 14.4.7	〃	
野　　中	のなか	1.8	47.9	〃	〃	
河　原　町	かわらまち	1.2	49.1	〃	〃	
新横須賀	しんよこすか	1.3	50.4	大 3.1.12	〃	
七　軒　町	しちけんちょう	1.3	51.7	〃	〃	
（新川西）	しんかわにし	--	--	昭 5.12.24	不明	貨物専用・活鰻出荷用
石　　津	いしづ	1.2	52.9	大 4.5.11	昭 42.8.27	
新　三　輪	しんみわ	0.7	53.6	大 3.1.12	〃	
新　岡　崎	しんおかざき	0.8	54.4	〃	〃	
五　十　岡	いごおか	1.1	55.5	大 4.5.11	〃	
浅　　名	あさな	1.0	56.5	大 3.1.12	〃	
芝	しば	0.7	57.2	〃	〃	
諸　　井	もろい	1.2	58.4	〃	〃	
柳　　原	やなぎはら	1.1	59.5	〃	〃	
（袋井新）	ふくろいしん	--	--	〃	大 14.4.5	
袋　　井	ふくろい	1.2	60.7	大 14.4.6	昭 42.8.27	昭 30 まで「新袋井」

駅	名	駅間（km）	新藤枝から	開業年月日	廃業年月日	備考
（青　木）	あおき	--	--	大 2.11.16	不明	
（志　太）	しだ	--	--	〃	不明	
瀬　戸　川	せとがわ	2.2	2.2	〃	昭 39.9.26	
藤枝本町	ふじえだほんまち	0.5	2.7	〃	〃	昭 30 まで「岡出山《おかでやま》」
慶全寺前	けいぜんじまえ	0.7	3.4	〃	〃	
大　　手	おおて	0.5	3.9	〃	〃	

駅	名	駅間（km）	新藤枝から	開業年月日	廃業年月日	備考
農学校前	のうがっこうまえ	0.5	0.5	大 14.1.16	昭 11.5.18	
水　　守	みずもり	0.8	1.3	〃	〃	
八　幡　橋	やわたばし	0.5	1.8	〃	〃	旧「上当間《かみどうま》」
横　　内	よこうち	1.8	3.6	〃	〃	
駿河岡部	するがおかべ	1.2	4.8	〃	〃	

◉藤相鉄道唱歌

一　汽笛《きてき》一声《いっせい》勇《いさ》ましく　大手《おおて》の駅《えき》をはなれたり
　観音山《かんのんやま》に入《い》り残《のこ》る　月《つき》を旅路《たびじ》の友《とも》として

二　田中城址《たなかじょうし》を後《あと》に見《み》て　早《はや》くも着《つ》きし慶全寺《けいぜんじ》
　茲《ここ》に名高《なだか》き青池《あおいけ》は　遠州《えんしゅう》佐倉《さくら》の池続《いけつづ》き

三　往古《むかし》は大蛇《だいじゃ》も棲《す》みけると　語《かた》り伝《つた》えて今《いま》も尚《な》ほ
　古跡《こせき》に残《のこ》る長楽寺《ちょうらくじ》　過《す》ぐれば早《はや》も切通《きりどお》し

四　乗《の》り降《お》り繁《しげ》き岡出山《おかでやま》　右《みぎ》の方《かた》には名《な》にしあふ
　飽波神社《あくなみじんじゃ》は神寂《かんさ》びて　神々《こうごう》しくもあらたなり

五　向《むこ》ふに見《み》ゆる志太公園《しだこうえん》　四時《しいじ》の眺《なが》めも絶佳《ぜっか》にて
　中《なか》に聳《そび》ゆる碑《いしぶみ》は　是《これ》ぞ日清日露《にっしんにちろ》なる

六　戦死者祭《せんししゃまつ》る招魂碑《しょうこんひ》　昼《ひる》と夜《よる》との差別《さべつ》なく
　弦歌《げんか》の音《おと》の絶《た》えざるは　解語《かいご》の花《はな》の別世界《べっせかい》

七　次《つぎ》は瀬戸川停留場《せとがわていりゅうじょ》　此駅降《このえきお》りての案内《あんない》は
　清水観音庚申堂《きよみずかんのんこうしんどう》　金毘羅山《こんぴらやま》に程近《ほどちか》し

八　瀬戸川越《せとがわこ》えて下《くだ》り坂《ざか》　たちまち着《つ》くは志太《しだ》の駅《えき》
　名高《なだか》きあしなか観音《かんのん》も　駅《えき》の間近《まぢか》にあるぞかし

九　志太温泉《しだおんせん》は六七町《ろくしちちょう》　避暑《ひしょ》に避寒《ひかん》の好適地《こうてきち》
　梅《うめ》に桜《さくら》に燕子花《かきつばた》　秋《あき》は紅葉《もみじ》に茸狩《たけがり》に

一〇　飽《あ》くこと知《し》らぬ別天地《べってんち》　東海一《とうかいいち》の勝地《しょうち》なり
　汽車《きしゃ》の窓《まど》より眺《なが》むれば　老松繁《おいまつしげ》る東海道《とうかいどう》

一一　遥《はる》かに見《み》ゆる烏帽子山《えぼしやま》　蛍《ほたる》に名《な》を得《え》し青木川《あおきがわ》
　右《みぎ》に左《ひだり》に眺《なが》めつつ　並木外《なみきはず》れは停留場《ていりゅうじょ》

一二　煙《けむり》も高《たか》き工場《こうじょう》は　是《これ》ぞ「木《かねき》の製材所《せいざいしょ》
　停車場通《ていしゃばどお》りを右《みぎ》に見《み》て　はや新駅《しんえき》に着《つ》きにけり

一三　院線行《いんせんゆき》は乗換《のりかえ》と　駅夫《えきふ》の声《こえ》も勇《いさ》ましく
　手荷物運《てにもつはこ》ぶ赤帽《あかぼう》や　小荷物運《こにもつはこ》ぶ小車《おぐるま》や

一四　山《やま》なす貨物《かもつ》の運搬《うんぱん》に　目醒《めざ》むる斗《ばかり》の忙《いそが》しさ
　東海道《とうかいどう》の本線《ほんせん》は　東西旅客《とうざいりょかく》の乗降《のりお》りや

一五　内外貨物《ないがいかもつ》の集散《しゅうさん》に　恰《あたか》も戦場《せんじょう》見《み》る如《ごと》し
　重《おも》なる地方《ちほう》の物産《ぶっさん》は　製茶椎茸柑橘《せいちゃしいたけかんきつ》に

一六　米麦木材酒醤油《こめむぎもくざいさけしょうゆ》　其他《そのた》の貨物《かもつ》も夥《おびただ》し
　院線旅客《いんせんりょかく》の連絡《れんらく》は　発着毎《はっちゃくごと》に発車《はっしゃ》する

一七　又《また》も汽車《きしゃ》は走《はし》り出《だ》し　次第々々《しだいしだい》に登《のぼ》り行《ゆ》く
　跨線橋上《こせんきょうじょう》遥《はる》かなる　東《ひがし》の方《かた》は焼津港《やいづこう》

一八　太平洋《たいへいよう》は波高《なみたか》く　帆檣林立《はんしょうりんりつ》さながらに
　東海一《とうかいいち》の漁港《ぎょこう》ぞと　呼《よ》べば応《こた》へん心地《ここち》する

一九　相良街道右《さがらかいどうみぎ》に見《み》て　八千石《はっせんごく》は只一《ただひ》と目《め》
　高洲《たかす》の駅《えき》もはや過《す》ぎて　走《はし》ればたちまち大洲駅《おおすえき》

二〇　右《みぎ》に連《つら》なる村落《そんらく》は　是《これ》ぞ土瑞《どずい》の家続《いえつづ》き
　上新田《かみしんでん》に来《き》てみれば　霊顕《れいげん》あらたの子安尊《こやすそん》

二一　春八月《はるはちがつ》の縁日《えんにち》に　臨時列車《りんじれっしゃ》も立《た》つと云《い》う
　茲《ここ》は四村《しそん》の交差点《こうさてん》　東《ひがし》は大洲《おおす》の村端《むらはず》れ

二二　西《にし》は忠兵衛善左衛門《ちゅうべえぜんさえもん》　此道程《このみちのり》は六七町《ろくしちちょう》
　南《みなみ》は静浜宗高《しずはまむなだか》の　新町《しんまち》までは五六町《ごろくちょう》

二三　吉永塩《よしながしお》の産地《さんち》なる　吉永村《よしながむら》へは八九町《はちくちょう》
　音《おと》に聞《きこ》えし梨畑《なしはた》け　キネマカラーみる如《ごと》し

二四　進《すす》みて進《すす》みて相川《あいかわ》の　江留《えどめ》の町《まち》を眺《なが》めつつ
　着《つ》くは名高《なだか》き大井川《おおいがわ》　駿遠二州《すんえんにしゅう》の国《くに》ざかひ

二五　見渡《みわた》す限《かぎ》り砂原《すなはら》に　見《み》ゆるは常設競馬場《じょうせつけいばじょう》
　春秋二期《しゅんじゅうにき》の開催《かいさい》も　優勝馬匹《ゆうしょうばひつ》の投票《とうひょう》も

二六　公認競馬《こうにんけいば》の徳《とく》なるぞ　駅夫《えきふ》の案内《あんない》も懇《まめやか》に

二七　又《また》もや人車《じんしゃ》に乗《の》り込《こ》んで　渡《わた》るも長《なが》き富士見橋《ふじみばし》
長堤万里《ちょうていばんり》の両岸《りょうがん》に　翠《みど》りの色《いろ》もいと深《ふか》き
二八　老木《おいき》の松《まつ》は永久《とこしえ》に　右《みぎ》に睹《み》ゆるは高尾山《たかおさん》
左《ひだり》は名《な》に負《お》ふ遠州灘《えんしゅうなだ》　青海原《あおうなばら》は濤々《とうとう》と
二九　大波小波《おおなみこなみ》打《う》ち寄《よ》する　八重《やえ》の汐路《しおじ》を渡《わた》りつつ
通《かよ》ふ千鳥《ちどり》の声《こえ》聞《き》けば　哀《あわれ》そまさる心地《ここち》すれ
三〇　大幡駅《おおはたえき》に下車《げしゃ》すれば　東天遥《とうてんはる》かに白扇《はくせん》の
倒《さか》しま懸《かか》る芙蓉峰《ふようほう》　八面玲瓏只《はちめんれいろうただ》一《ひ》と目《め》
三一　最《いと》も愉快《ゆかい》の極《きょく》なるぞ　次《つぎ》なる駅《えき》は神戸駅《かんどえき》
初倉村《はつくらむら》や坂部村《さかべむら》　島田《しまだ》に通《かよ》ふ県道《けんど》あり
三二　金谷《かなや》の原《ばら》の山続《やまつづ》き　果《はて》も知《し》れざる高原《こうげん》は
牧《まき》の原《はら》なる大茶園《だいちゃえん》　赤《あか》の襷《たすき》に菅《すげ》の笠《かさ》
三三　声《こえ》も艶《えん》なる乙女子《おとめご》が　節面白《ふしおもしろ》き茶摘歌《ちゃつみうた》
程《ほど》なく着《つ》きし上吉田《かみよしだ》　蘇鉄《そてつ》に名《な》を得《え》し能満寺《のうまんじ》
三四　豊臣時代《とよとみじだい》の古戦場《こせんじょう》　宝物数多《ほうもつあまた》ありと云《い》う
下《しも》の吉田《よしだ》は程《ほど》もなく　左手《ゆんで》に見《み》ゆるは片岡《かたおか》よ
三五　海《うみ》の幸《さち》ある住吉《すみよし》は　年額凡《ねんがくおよ》そ二十万《にじゅうまん》
夏《なつ》の祭《まつ》りも賑《にぎ》はしく　勇《いさ》み肌《はだ》なる猟師連《りょうしれん》
三六　吉田田圃《よしだたんぼ》はいと長《なが》く　米作《べいさく》いつも豊《ゆた》かなり
甘藷《かんしょ》に名《な》を得《え》し根松《こんまつ》も　細江《ほそえ》の駅《えき》も早《は》や過《す》ぎて
三七　着《つ》きしは川崎《かわさき》ステーション　榛原郡《はいばらぐん》の中心地《ちゅうしんち》
県立中学女学校《けんりつちゅうがくじょがっこう》　専売局《せんばいきょくしゅっちょうじょ》の出張所
三八　其他郡衙《そのたぐんが》に警察署《けいさつしょ》　登記役場《とうきやくば》の所在地《しょざいち》そ
海水浴《かいすいよく》は程近《ほどちか》く　白砂青松《はくしゃせいしょう》清《きよ》らかに
三九　夏《なつ》は殊更避暑客《ことさらひしょきゃく》の　便宜《べんぎ》をはかる五割引《ごわりびき》
三十日間有効《さんじゅうにちかんゆうこう》の　割引切符《わりびききっぷ》も売出《うりだ》しぬ
土地《とち》の重《おも》なる物産《ぶっさん》は　乾切甘藷《かんきりかんしょ》に米《こめ》と麦《むぎ》

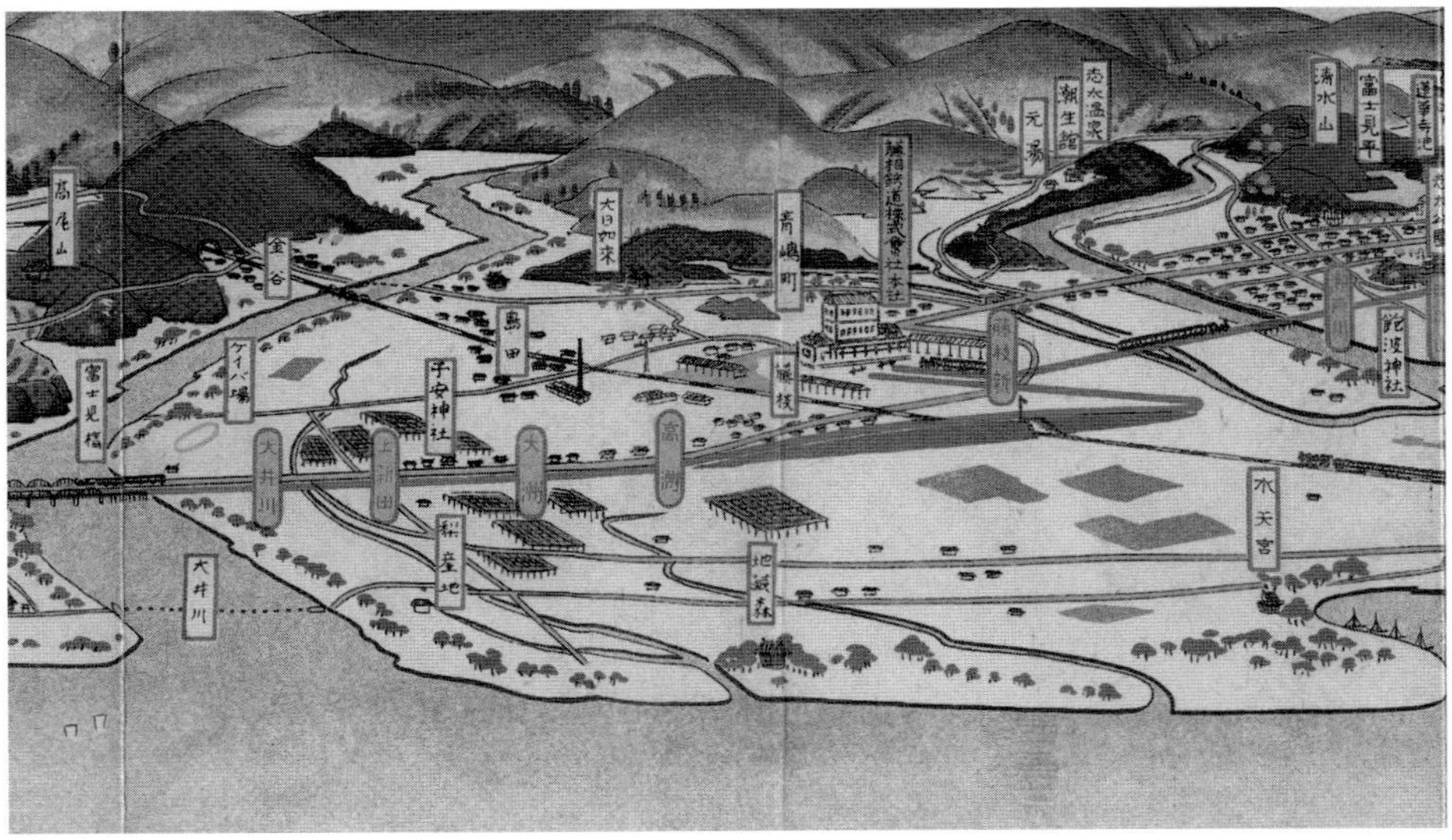

四〇　殊《こと》に製茶《せいちゃ》は第一位《だいいちい》　海《うみ》には魚貝《ぎょかい》も豊富《ほうふ》なり
終点相良《しゅうてんさがら》の開通《かいつう》は　第五期工事《だいごきこうじ》の後《のち》なるぞ
四一　思《おも》へば大手《おおて》を立《た》ちしより　十《じゅう》と二哩其《にまいるそ》のあいだ
僅《わず》か一時《いちじ》と四十分《よんじっぷん》　嗚呼《ああ》、便利《べんり》なる汽車《きしゃ》の旅《たび》

◉郷土新聞　連載コラム

２０１１年９月から１年間、掛川市に本社がある郷土新聞に毎月１回コラムを執筆しました。

大盛況　軽便《けいべん》鉄道展

8月、御前崎市立図書館アスパルで「なつかしの軽便鉄道展」を開催しました。11日間の開催期間中、入場者数は、なんと１５００人。連日多くの来場者で賑わい、大盛況でした。

43枚の駿遠線《すんえんせん》の写真を中心に、昭和37年当時の沿線付近の航空写真を展示しました。その他にも、切符や帽子などのグッズ、地図やカレンダーなどを展示。

会場にいらっしゃった皆さんは、写真や資料を食い入るように見つめ、往時を偲んでいました。この地域の人たちが、いかに駿遠線を愛し、懐かしんでいることか。展示物を見つめる姿や語り合う姿から伝わってきました。

会場のあちこちに歓談の輪ができ、当時の地域の様子や思い出話に花が咲き、温かい雰囲気で会場が包まれました。

のど自慢

そこには、軽便の思い出を通して、自分の人生を反芻《はんすう》して、語り合っている姿がありました。軽便を通して、忘れていた過去の思い出を懐かしむ姿もありました。

この「なつかしの軽便鉄道展」は、本紙郷土新聞で2回にわたって紹介された他、ＮＨＫ県内ニュースや他紙の新聞等で紹介されたこともあって、入場者数がうなぎ登りでした。

来場者の特徴は鉄道ファンの方よりも、むしろ、軽便を利用し懐かしさに駆られて見えられた方が圧倒的に多かったことです。

世知《せち》辛い世の中を生きる現代人にとって、軽便の思い出は、一服の清涼剤であり、人生の潤滑油なんだと感じました。

（２０１１年９月号）

復活　軽便の駅名標《えきめいひょう》

10月2日、軽便鉄道駿遠線が走っていた「塩原新田」駅と「合《ごう》戸《ど》」駅があった場所に、駅名標が復活。その駅名標の隣には、駿遠線についての説明板も設置されました。

ところで、駅名標とは何でしょうか。軽便に乗っている乗客に、どこの駅かわかるように、駅名を大きく書いた看板です。中央に駅の名前を大きく書き、進行方向を示す矢印線を添えて、左右に両隣の駅名を小さく表記。駿遠線では、白地の板に黒の文字で書かれ、プラットホーム上に設置されていました。

建てたのは、御前崎市の高松まちづくりの会の皆さん。この駅名標の設置によって、地域の歴史に関心を持ち、自分の住む土地に愛着を持つようになります。

塩原新田駅と合戸駅があったところは、現在、国道１５０号線になっています。駿遠線が走っていた線路敷地が、国道に生まれ変わったのです。

戦前は、遠江射場のトロッコ列車が走っていました。御前崎市池新田から、射場があった掛川市浜野まで大砲の弾を乗せたトロッコ列車が走っていたのです。戦後、その敷地は静岡鉄道に払い下げられ、駿遠線の線路が敷かれました。

袋井から掛川市新三俣まで来ていた中遠線と、藤枝から牧之原市地頭方まで来ていた藤相《とうそう》線が昭和23年に結ばれ、日本一長い軽便鉄道が、ここに誕生したのです。

すでに、掛川市大東地区では、駅名標が復活しています。平成19年6月のことです。千浜、西千浜、新三俣、南大坂、谷口《やぐち》の5つの駅。建てたのは、掛川観光協会大東支部の皆さんです。

11月12日には、掛川観光協会大東支部が主催する「軽便ウオーキング」が開催されます。大東温泉シートピアから出発するウオーキング。

この機会に、軽便鉄道の廃線跡を楽しんでみては、いかがでしょうか。

（２０１１年10月号）

快挙　山本作兵衛《さくべえ》

今年5月、ユネスコの世界記憶遺産に、九州・筑豊の炭鉱労働者だった山本作兵衛の炭鉱画が登録されました。記憶遺産には、「アンネの日記」や「フランス人権宣言」などの文物が名を連ね、作兵衛の炭鉱画は、日本初。まさに快挙、あっぱれなことです。

3年前に、福岡県田川市を旅行したことがあります。「あんまり煙突が高いので、さぞやお月さん、煙たかろう……」炭鉱節の歌詞で有名な二本の巨大な煙突がそびえ立ち、当時の面影を残していました。近くにある石炭・歴史博物館で、初めて作兵衛の炭鉱画を見て、素朴で誠実な作品に、胸を打たれました。

明治から昭和を生き抜いた作兵衛は、石炭掘りの仕事と生活を詳細に描き出しました。出水やガス爆発、混浴の共同浴場、夫婦げんか。採炭現場や町の暮らし、当時の風俗を誠実に記録しました。

驚いたことは、作兵衛が66歳から炭鉱画を描き始めたことです。炭鉱現場を離れてから92歳で没するまで２０００枚近い作品を残しました。

国宝でも重要文化財でもない一労働者の絵画の登録。そして60代という人生の晩年から炭鉱画を描き始めたこと。作兵衛の生き方に、私は勇気をもらいました。

私は今年「中遠鉄道沿線案内・藤相鉄道沿線案内」を復刻発行しました。横須賀や国安の海水浴場。小笠山の松茸。大きく描かれた桜ヶ池。昭和初期の様子が克明に描かれています。

貴重な沿線案内を多くの人に見ていただきたい。そんな気持ちから、沿線案内の復刻を決意したのです。

12月23日は、53回目の私の誕生日。今年を振り返り、沿線案内の復刻と作兵衛の快挙に、乾杯。

（２０１１年12月号）

中遠鉄道の開業

大正13年1月、袋井―新横須賀間で、駿遠線の前身、中遠鉄道が開業しました。今から98年前のことです。

開業当初は、電車やディーゼルカーではなく、煙突から煙を吐く蒸気機関車の時代でした。イギリスのバグナル社製の蒸気機関車です。これは、珍しいことなのです。なぜなら、当時、全国の軽便鉄道で使われた蒸気機関車は、ドイツのコッペル社製がほとんどで、ドイツから日本に５００台以上も輸入されていたからです。

イギリスのバグナル社の蒸気機関車の導入。これが大成功。開業当初から戦時中から戦後まで使用され、現場職員から愛用されていました。

そのバグナル蒸気機関車が再現されました。場所は、袋井市浅名の浅羽記念公園。浅羽支所やメロープラザのすぐ近くです。昨年10月に開園したばかりです。

田園風景をイメージした芝生広場の中央に小型蒸気機関車がドーンと置いてあります。運転席では、汽笛を鳴らすことができ、実物に近い姿に驚きます。良くできています。

ちょっと足を延ばした五十岡駅には、当時のプラットホームが残っていて、ポケットパークとして整備されています。

昨年は、掛川市横須賀のとうもんの里など3ヶ所で講演しました。藤枝郷土博物館や静清高校で主催した駿遠線廃線跡案内も。御前崎市立図書館でのなつかしの軽便鉄道展開催。昭和10年頃の沿線案内の復刻。駿遠線駅名表示板の文章作成協力。なんと地元の広報おまえざきでも軽便鉄道の特集が。軽便づくめの充実した1年でした。

今年は、どんな年になるのでしょうか。私の夢ですか？　それは、袋井から藤枝まで、すべての駅跡に駅名表示板が建つことです。

（２０１２年1月号）

ＮＨＫのど自慢

日曜日のお昼、ホッとしたひととき。私はＮＨＫのど自慢を観るのが大好きです。昨年2月、そのＮＨＫのど自慢が菊川市文化会館アエルで開催されました。

「のど自慢に出てみたい」思い切って、出場希望はがきを出してみました。しばらくして、予選会出場のはがきが届きました。予選会出場者は、１２００通のはがき審査を通過した２５０組。その中から20組だけが、日曜日の本選に出場できるのです。

前日の土曜日。いよいよ予選会の日です。開場1時間前に到着。しかし、駐車場は満車。見学者の長蛇の列。先頭の人は、4時間前から待っていたそうです。

一組、約40秒の持ち時間です。40秒たつと「ありがとうございました」という機械音声が流れて終わり。歌う順番は、曲名のあいうえお順。「会いたかった」という人気アイドルの曲は3回も続き、会場が笑いの渦に包まれました。ゲストの歌は、同じ曲が7回も続きました。

いよいよ私の出番。「79番　高原列車は行く」と番号と曲名を言い、歌い始めました。生演奏をバックに放送本番と同じ舞台セットのステージで歌います。

大好きな軽便鉄道の歌を、駿遠線の制服を着て、元気いっぱい歌いました。私の歌に合わせて、会場いっぱいに響き渡る手拍手。教え子たちの大声援と横断幕。最高の気分で1番を歌いきりました。残念ながら、本選出場者発表の時、私の79番はありませんでした。

このＮＨＫのど自慢、再来年の御前崎市10周年記念に開催できないものでしょうか。１０００人以上入る会場でないと、のど自慢開催は無理と聞いたことがあります。今の御前崎市に「わくわくするもの、町の話題になるもの」そんなものが、ほしいんです。

（２０１２年5月号）

軽便鉄道の本

本は、読むより書く方が楽しい。自分の本が出来上がり、店頭に並んだ時。こんなに嬉しいことは、なかった。

私は、軽便鉄道駿遠線に関する本を２冊作った。「軽便の思い出」と「写真でつづる静岡鉄道駿遠線」。その2冊の本には、「発売元・静岡新聞社」と書いてあるが、実は自費出版である。静岡新聞社に頼まれて書いたわけではなく、自分のお金で作った本である。作った本は静岡新聞社で管理してもらい、全国の書店からの注文に応えている。

本を作るのに何が必要かと問われれば「やる気」と「お金」と答える。本を出したい。その気持ちが、大事だ。

私は、軽便の思い出という手作りの文集を5号まで発行していた。たくさんの思い出話が集まったので、厳選して本としてまとめたいと思った。活字にして、多くの人に読んでもらいたいとも思った。「軽便の思い出」が出来上がったら、写真が小さいですね。と写真提供者に言われた。そうか。今度は、駿遠線の写真集を作ろうと決意した。

本を出すには、車1台買えるくらいお金がかかる。１０００部も２０００部も３０００部も、かかるお金は、そう変わらない。たくさん印刷した方が1冊の単価が安くなるが、在庫を抱えては困る。

本ができた時に、地元の書店に、平積みで置いてもらった。ときどき見に行くと、前よりも高さが低くなっていた。嬉しかった。

「写真でつづる静岡鉄道駿遠線」の本は、東京駅にある鉄道書籍専門店から１００冊の注文があった。そして、静岡県自費出版大賞奨励賞も受賞した。

2冊の本は、多くの人が読んでくださった。そして、忘れかけていた駿遠線への関心が高まった。思い切って本を出して、本当に良かった。

（２０１２年7月号）

◉日本経済新聞「文化」

日本経済新聞

日本最長　軽便鉄道の軌跡

◇思い出話集めた本や廃線跡巡る地図作成◇

　静岡県の藤枝市と袋井市を結び、駿河湾と遠州灘に沿うように走っていた静岡鉄道駿遠《すんえん》線。線路幅が通常の企画よりも狭い「軽便《けいべん》鉄道」で、最盛期には日本一の営業距離を誇った。前身の藤相《とうそう》鉄道が開業したのが１００年前の１９１３年。自動車に押されて70年には全廃されたが、今も地元では駿遠線を懐かしく思う人は多い。

　沿線の旧浜岡町（現御前崎市）で生まれ育った私は駿遠線について調べ始めて17年ほどになる。年配の方を中心に集めた思い出話は短いものも含めると１０００人分ぐらいになる。運転士や車掌、駅員といった元職員の方から、制服や制帽、切符などゆかりの品々を託されることもある。

◇　◇

〈レールの間隔狭く〉

　軽便鉄道はレールの間隔が現在のJR在来線などの１０６７ミリメートルより狭い７６２ミリメートルで、建設費や維持費が安くすむ。明治末期の１９１０年には軽便鉄道法も制定され、各地で開設された。駿遠線は48年に総延長が64・6キロメートルに及び、日本一長い軽便鉄道になった。

　58年生まれの私も子供の頃、祖母に会いに行くときはいつも駿遠線を使った。駿遠線は70年に最終区間の新藤枝―大井川間が廃止になり、50年余の歴史に終止符を打つ。私が改めて関心を持つようになったのは、小学校教師をしていた96年ごろのことだ。

〈地元の人に呼びかけ〉

　３年生の社会科の授業で駿遠線を取り上げた。子どもたちが郷土の歴史を学ぶ際、漠然と「昔の暮らしはこうだった」と教えるよりも、一つの切り口を通して学ぶほうが、具体的にイメージしやすいと考えたからだ。

　子どもたちの家族や親戚だけでなく地元の老人会などにも呼びかけ、思い出をつづってもらうようにもした。寄せられた話を集めた小冊子を5巻だし、２００５年には思い出話だけでなく自ら調べた事柄などもまとめた「軽便の思い出」という本を出版した。

　「坂道では乗客が降りて車両を押した」「農作業中は軽便が通るのを時計代わりにしていた」などなど。貴重な話がたくさん寄せられた。太平洋戦争中には出征する兵隊さんを見送る人たちが線路沿いを埋め尽くす一方で、無言の帰宅をした遺骨を迎えることもあった。終戦直後は満員の買い出し客で「軽便が膨らんで見えた」という。

　今では懐かしい蒸気機関車も沿線住民には厄介者だった。火のついた石炭が機関車から落ちたり火の粉が降ったりして土手の草を焼き、ぼやが起きることもあったようだ。「ディーゼル車に切り替わったときはホッとした」という話は当事者でないと書けない。

　名所でもあり難所でもあるのが大井川に架かる橋だ。駿遠線がかかる場所の川幅はおよそ1キロメートル。手前で降りて橋を歩いて渡った時代もあった。「箱根八里は馬でも越すが越すに越されぬ大井川」といわれるだけに、「渡るときは怖かった」という話はよく聞く。

　在りし日の駿遠線を収めた写真も集めている。30人以上の鉄道愛好家の方々から紙焼きを提供してもらい、３０００枚近くになった。06年には３００枚超を収めた「写真でつづる静岡鉄道駿遠線」を刊行した。快く写真を提供していただいた皆さんのおかげだ。たくさんの人に廃線めぐりを楽しんでもらいたいと考え、08年には「駿遠線廃線跡地図」を作成した。５万分の１の地図上に駿遠線の全駅とルートを再現。線路は今でも歩行・走行できるところは実践で、できないところは点線で記した。

◇　◇

〈海や砂丘、多彩な風景〉

　駿遠線の魅力の一つは多彩な風景だ。海岸線あり、田園風景あり、砂丘地帯あり、河川あり。教員時代、夏休みに子どもたちと自転車に乗って廃線跡をたどったのも教員を辞めた今となってはよい思い出だ。

　１９９９年に地元の図書館で「なつかしの軽便鉄道展」を個人で開催したのを皮切りに1～2年に1度、図書館などで資料展や講演会を開いている。展示会では来場者の皆さんが食い入るように写真や資料を見つめ、往時をしのんでいるのがよくわかる。会場のあちこちに歓談の輪ができ、思い出話に花が咲く。

　今年は8月7～18日に御前崎市立図書館で展示会を開き、会期中の11日には講演会も催す。藤枝市郷土博物館・文学館でも講演会を開く予定だ。今年は開業１００年の記念の年でもあり、いつも以上に充実した展示にしたい。

（あがた・あきら＝静岡県御前崎市議）

（２０１３年7月12日）

　この年に開催した「なつかしの軽便鉄道展」。東は栃木県、西は兵庫県から来場者がありました。日経新聞を読んで来場した人がけっこういました。

◉駿遠線を調べる本

1冊まるごと駿遠線の本

『**書籍名**』　著者　出版社・発売元　駿遠線が載っているページ数　値段　発行年　ひとこと紹介

『**軽便の思い出**』阿形 昭　静岡新聞社　164P　1600円+税　2005年　思い出60編、廃線跡紹介、線路平面縦断面図も。

『**写真でつづる静岡鉄道駿遠線**』阿形 昭　静岡新聞社　164P　2800円+税　2006年　歴史に残る駿遠線写真集。

『巨大軽便物語』中村 修　106P　1500円+税　2002年　駿遠線すべての車両を紹介している。

『駿遠線物語』中村 修　164P　2381円+税　2005年　駿遠線勤務者の話などを収録している。

『軽便鉄道』藤枝市郷土博物館・文学館　70P　1000円　1994年　大手—地頭方の写真中心。

『懐かしの軽便鉄道 いまむかし』藤枝市郷土博物館・文学館　54P　1500円　2001年　駿河岡部—地頭方を写真で説明。

『旧 藤相線を行く』中日新聞　19P　非売品　1994年　中日新聞PR版。28駅を1ページごとに詳しく説明。

『**復刻　藤相鉄道・中遠鉄道沿線案内**』阿形 昭制作　2P　1000円　2011年　カラー印刷の鳥瞰図。購入は、阿形 昭へ直接。

駿遠線を紹介する本

『**書籍名**』　著者　出版社・発売元　駿遠線が載っているページ数　値段　発行年　ひとこと紹介

『軽便探訪』新井清彦　機芸出版社　49P　6190円+税　2003年　車両、駅構内線路配線を調べるなら、この本。

『昭和30年代 鉄道原風景 東日本私鉄編』J.W.Higgins　JTBパブリッシング　5P　7000円+税　2004年　貴重なカラー写真。

『軽便追想』髙井薫平　ネコ・パブリッシング　22P　4762円+税　1997年　思い出話が楽しく、写真が豊富。

『総天然色のタイムマシーン』諸河 久　ネコ・パブリッシング　4P　2800円+税　1998年　9回の駿遠線詣でのカラー写真。

『消えた轍3　ローカル私鉄廃線跡探訪3』寺田裕一　ネコ・パブリッシング　19P　2857円+税　2006年　営業成績、ダイヤ等の資料あり。

『新 消えた轍 6』寺田裕一　ネコ・パブリッシング　20P　2286円+税　2011年　前記の書籍とほぼ同じ内容。廃線跡写真は、撮り直した。

『懐しの軽便鉄道』ひくまの出版　16P　2800円　1979年　廃止後10年、懐かしむ気持ちに共感。静岡県内の軽便特集。

『シーナリィガイド』河田耕一　機芸出版社　4P　950円　1974年　駅構内や駅舎の様子を詳しく説明。ジオラマ作製の視点。

『廃線跡懐想』JTBパブリッシング　7P　2000円+税　2002年　藤枝から袋井まで、カラー写真と文章で紹介。

『軽便鉄道』青木栄一　三宅俊彦　大正出版　5P　3800円+税　2004年　白黒写真13枚で紹介している。

『消えた軽便鉄道を歩く』新人物往来社　6P　2000円+税　1999年　写真と文章で詳しく説明。

『ローカル私鉄 廃線100線』新人物往来社　1P　2400円+税　2000年　沿革年表、営業成績の資料あり。

『静岡鉄道興亡史』森 信勝　静岡新聞社　22P　2400円+税　1997年　藤相鉄道と中遠鉄道の歴史が詳しい。

『軽便鉄道時代』岡本憲之　JTBパブリッシング　4P　1900円+税　2010年　歴史がわかりやすい。

『全国軽便鉄道』岡本憲之　JTBパブリッシング　4P　1700円+税　1999年　歴史がわかりやすい。

『私鉄の廃線跡を歩くⅡ』寺田裕一　JTBパブリッシング　8P　2000円+税　2007年　写真4P 歴史・車両3P。

『鉄道廃線跡を歩く』JTBパブリッシング　4P　1553円+税　1995年　廃線跡を文章と写真で紹介。

『静岡県鉄道物語』静岡新聞社　20P　980円　1981年　当時の新聞連載を本にした。大井川の橋について詳しい。

『静岡県の鉄道 今と昔』海野 實　明文出版社　40P　1500円　1986年 沿革と沿線案内。特産物の記述もある。

『地形図で辿る廃線跡』吉田恭一　心交社　20P　1600円+税　1998年　駿遠線をトップで紹介。地図と文章で詳しい。

『軽便鉄道』毎日新聞社　4P　1500円　1978年　カラー写真5枚。文章なし。

『静岡県鉄道写真集』郷土出版社　7P　4660円+税　1993年　白黒写真中心の内容。

『遠い日の鉄道風景』宮田憲誠　径草社　2P　4500円+税　2001年　新岡崎駅の写真と略年表。

『新 鉄道廃線跡を歩く』木下晃博　JTBパブリッシング　6P　1800円+税　2010年　カラー写真と文章。

『日本の軽便鉄道』立風書房　6P　2800円　1974年　白黒写真7枚と簡単な文章で紹介。

『静岡の昭和史 上』NHK静岡放送局編　ひくまの出版　10P　3200円　1981年　作家小川国夫の思い出話あり。

『廃線跡ウォーキング 東日本』JTBパブリッシング　4P　1500円+税　2013年　大手線をオールカラーで案内。

『鉄道廃線跡ウオーク 下』舟越健三輔　新人物往来社　14P　2500円+税　2001年　袋井から藤枝までの廃線跡紀行文。

『静岡県鉄道軌道史』森信勝　静岡新聞社　18P　2600円+税　2012年　藤相鉄道、中遠鉄道の詳しい歴史。

『しずおか懐かし鉄道』静岡新聞社　18P　819円+税　2006年　1980年の「静岡県鉄道物語」を再構成したもの。

『軽便鉄道』松本典久　保育社　4P　500円　1982年　コンパクトな本。カラー写真4枚。

『楽しい軽便鉄道』宮川文夫　保育社　4P　680円+税　1992年　コンパクトな本。写真4枚。

『ふるさと百話　12巻』静岡新聞社　10P　1975年　藤相鉄道と中遠鉄道の他、鉄道関係38の逸話を収録。

『東海 自転車散歩』山と渓谷社　4P　2014年　廃線跡をサイクリングコースとして紹介。見やすい地図付き。

駿遠線を紹介する社史・町史・市史・県史

『社史』　駿遠線が載っているページ数　発行年　ひとこと紹介

『創立50周年記念　静岡鉄道』　13P　1969年　文章中心。詳しい歴史が、正しく書いてある。

『写真で綴る静岡鉄道 70年の歩み』　8P　1989年　写真中心　貴重な写真で、紹介している。

『町史・市史名』　駿遠線が載っているページ数　発行年　ひとこと紹介

『相良町史　通史編　下巻』20P　1996年　相良駅開通式。大正時代の駅別収入・乗降者数の記録。

『相良町史　資料編　近現代』　43P　1995年「藤相軽便鉄道会社創立主意書」等の文書9点。

『大井川町史　下巻』10P　1992年　相川競馬場（11P）大井川架橋（28P）についても記述あり。

『大井川町制50周年記念写真集「大井川」』　4P　2005年　大井川に架かる話や古地図も載っている。

『浅羽町史　通史編』　27P　2000年　五十岡あたりの線路敷設について詳しく記述。

『浅羽町史　資料編3　近現代』　36P　1997年　駿遠鉄道、中遠鉄道に関する資料23点。

『図説　浅羽町史』2P　2001年　悪水排除に苦しむ住民の請願書あり。

『浅羽町郷土資料館報告 第3集』2P　2003年　柴停車場記の表裏の文章。

『袋井市史　通史編』　7P　1975年　中遠鉄道敷設について沿線住民の不満の記述あり。

『袋井市史　資料編4　近代現代』　3P　1983年　中遠鉄道大正9年の株主総会資料。

『榛原町史　下巻』　6P　1991年　藤相鉄道と駿遠鉄道の対立について詳しい記述。

『榛原町史　資料（その4）』　2P　1993年　明治45年の静岡新聞記事を漢字ひらがな表記で。

『藤枝市史　下巻』10P　1971年　3.9㎞の上吉田からの支線についての記述あり。

『藤枝市史　資料編5　近現代』　6P　2008年「藤相鉄道の布設許可を申請する」等の文書3点。

『図説　藤枝市史』　2P　2013年　開業から廃止まで、わかりやすく説明している。

『岡部町史』　3P　1970年　復刻版2005年　藤相鉄道開業にあたっての町議会の審議や決議あり。

『藤枝町史』　1P　1938年　藤相鉄道についての簡単な説明。

『御前﨑町史』　8P　1997年　当時の新聞を調べ、藤相鉄道と駿遠鉄道の比較の記述あり。

『浜岡町史』　1P　1975年　歴史についての文章記述。

『吉田町史　下巻』　7P　1997年　藤相線の沿革と営業廃止の理由について。

『大須賀町史』　4P　1980年　開業当時の社会情勢、中遠鉄道の歴史について。

『写真でつづるふるさと大須賀』　6P　1986年　七軒町の蒸気機関車、河原町の駅舎など、貴重な写真。


『県史』　駿遠線が載っているページ数　発行年　ひとこと紹介
『静岡県史　資料編18　近現代3』　5P　1992年　駿遠鉄道と藤相鉄道の紛糾について。

『静岡県史　資料編20　近現代5』　7P　1993年　ガソリン不足で木炭車運行、五社合併申請など。

『静岡県史　資料編21　近現代6』　2P　1994年　射場東の住民反対による線路変更について。

『静岡県史　資料集22　近現代7（統計）』　2P　1995年　駿遠線全体の乗客数資料。

『静岡県統計年鑑』　1P　毎年発行　駿遠線各駅の乗車人数・降車人数・手小荷物発送個数の資料。

鉄道雑誌に載っている駿遠線

『雑誌名　No.　タイトル』　執筆者　駿遠線が載っているページ数　値段　発行年　ひとこと紹介
『鉄道ジャーナル　No.566　失われた鉄路の記憶12』栗原 景　P8　933円+税　2013年　沿線の情景、人との出会い。読み応え十分。

『レイル　71　黒潮と小さな汽車の通い道（上）』湯口 徹　P78　3800円+税　2009年　豊富な写真。詳しい車両の説明。後半は大井川鉄道。

『レイル　72　黒潮と小さな汽車の通い道（下）』湯口 徹　P50　3800円+税　2009年　写真が中心。後半は奥山線。

『鉄道模型趣味　No.210　静岡鉄道駿遠線』河田耕一　P4　180円　昭和40年　写真と文章で、駅舎や橋梁などについて説明。

『鉄道ファン　No.12　しずおかてつどう駿遠線』宮松丈夫　P6　180円　昭和39年　車両諸元一覧表が貴重。

『鉄道ファン　No.114　幕を閉じた軽便王国』編集部　P6　300円　昭和45年　12枚の写真。

『鉄道ジャーナル　No.26　私鉄風土記2』日本大学鉄道研究会　P5　250円　昭和44年　主要駅間運行回数が貴重。

『鉄道ファン　No.246　軽便機関車誌』臼井茂信　P6　880円　1981年　藤相鉄道機関車について詳しい説明。

『鉄道ファン　No.247　軽便機関車誌』臼井茂信　P8　880円　1981年　中遠鉄道機関車について詳しい説明。

『鉄道ピクトリアル　No.652　大井川を渡った軽便鉄道』青木栄一　P4　1524円+税　1994年　大井川に架かる橋の歴史が詳しい。

『鉄道ファン　No.245　蒙古の戦車』湯口 徹　P8　880円　1981年　内燃機関車一覧表が貴重。

『Rail Magazine　No.253　消えた轍』寺田裕一　P8　1048円+税　2004年　詳しい沿革。沿線の説明もあり。

『Rail Magazine　No.254　消えた轍』寺田裕一　P7　1048円+税　2004年　昭和30年以降の車両一覧表あり。

『鉄道模型趣味　No.584～No.603　16回シリーズ　軽便探訪』新井清彦　16回の連載が「軽便探訪」一冊になった。

あとがき

静清《せいせい》高校の特別講座で、駿河岡部から大井川までの廃線跡を辿《たど》りました。今回で7年目。静清高校の曽根正明先生が運転手、私が案内役です。

静清高校の駿遠線講座ポスターには、素晴らしい駿遠線の写真がいつも使われています。J．W．ヒギンスさんの写真です。ヒギンスさんのカラー写真を、ぜひ紹介したい。写真の承諾を得るために、英語で手紙を書いてみました。しばらくして、英語で返事が来ました。OKです。

駿遠線に勤務していた職員の皆様を訪問し、当時のお話を伺いました。その時、大事に保管していたものをいただきました。静岡鉄道の車内報、駿遠線の帽子や制服、切符や写真、廃止時のしおりなど。

私の手元には、たくさんのものが集まりました。タブレットや廃止時のちらし、行き先表示板もあります。

自分一人だけで楽しむのは、もったいない。公開して駿遠線史料として、役立ててほしい。そう思うようになりました。

駿遠線を懐かしみ、その価値を認めた人たちがいたからこそ、残っているのです。捨てるに捨てられない。そんな気持ちだったでしょう。

駿遠線廃止から50年近く経ちますが、各地で、軽便ウオークや軽便鉄道展が開催されます。駅名標も次々に復活しています。営業距離だけでなく、沿線各地の取り組みも日本一の軽便鉄道です。

最後になりましたが、この本は、たくさんの皆様のご理解とご協力があって出版できました。写真や資料の使用を快く認めてくださった皆様、静岡新聞社出版部の庄田達哉さん、岡崎俊明さん、編集印刷を担当した図書印刷。多くの皆様に厚く感謝いたします。

【写真協力者】（順不同　敬称略）

J.WALLY HIGGINS　村多正　湯口徹　高井薫平　今井啓輔
本田正次　鵜藤茂樹　米持貴弘　河田耕一　堤一郎　鈴木忠彦
内藤正己　中村学　新井清彦　望月幸一郎

【列車音提供者】

米持貴弘

【資料協力者】（順不同　敬称略）

中村修　平口照司　太田菊雄　宇都木稔　増田徹　夏目幸雄
平松直　柴田雅史　大石喜久雄　山崎恒　高橋康一

【協力機関】（順不同　敬称略）

静岡鉄道株式会社　焼津市歴史民俗資料館　袋井市教育委員会
牧之原市史料館　藤枝市郷土博物館・文学館　和光商事　浅羽史談会

著者紹介

阿形　昭（あがた　あきら）

昭和33年12月23日、静岡県御前崎市生まれ。現在、御前崎市議会議員。元小学校教員。

静清高校社会人講座（駿遠線探訪）特別講師8年目。藤枝市郷土博物館・文学館、牧之原市相良中央公民館、袋井市浅羽東公民館など、各地で講演する。

御前崎市立図書館、掛川市立大東図書館、ギャラリー静波などで「なつかしの軽便鉄道展」を開催して、多くの来場者を集める。

NHK総合テレビ「軽便鉄道 車窓の記憶を訪ねて」で、高須沙知子アナウンサーとサイクリングで廃線跡を紹介。高視聴率で好評のため、その年の大晦日に再放送される。地元ケーブルテレビにも、たびたび出演。

ラジオでは、SBSラジオ「中村こずえ ほのぼのワイド」に2回。SBSラジオ「ビックウエスト」にも出演。

主な著書に、静岡県自費出版大賞奨励賞を受賞した「写真でつづる静岡鉄道駿遠線」、「軽便の思い出」（いずれも静岡新聞社）がある。

静岡県御前崎市池新田在住。

歴史に残す静岡鉄道駿遠線《すんえんせん》

—日本一の軽便鉄道—

二〇一五年三月一九日初版発行

著者・発行者　阿形　昭

発売元　静岡新聞社

〒四二二-八〇三三

静岡市駿河区登呂三-一-一

電話〇五四-二八四-一六六六

印刷・製本　図書印刷

ISBN978-4-7838-9893-1　C0026

駿遠線　車内録音　時系列

米持貴弘

録音日	・・・	昭和43（1968）年8月16日（金）　9時51分　相良発　新藤枝行　上り
乗車位置	・・・	先頭車両　海側（進行方向の右側）座席の前から２m位
録音機器	・・・	ソニー　ポータブルカセットレコーダー　外装ケース黒色　（定価13,000円と記憶）
		カセットテープ　　Ｃ－６０　（片面３０分　往復６０分）

	CD表示時間	場　所	解　　説
トラック１	0：00	相良駅	録音スタート
	0：10		下り列車のブレーキ音　停車
	0：23		エンジンスタート
	0：49		下り列車のスタートの汽笛
			『ドアが閉まるぞ…』
	5：12		発車のフエ
	7：11		萩間川河口のすぐ東側　国道１５０号線の踏切　チンチン音
	8：20	太田浜駅	停車のブレーキ
	8：26		発車の笛
	12：28	片浜駅	停車のブレーキ
	12：41		発車の笛
	15：45		勝間田川の西側　国道１５０号線の踏切　チンチン音
	15：52		勝間田川の橋通過音
	17：25	榛原町駅	停車のブレーキ
	17：44		発車の笛
	20：05	静波駅	停車のブレーキ
	20：30		発車の笛
	22：47	細江駅	停車のブレーキ
	22：53		発車の笛
	25：10	根松駅	停車のブレーキ
	25：36		発車の笛
			『また　きてねー・・・』
			吉田たんぼ
	29：23	上吉田駅	停車のブレーキ
	29：40		発車の笛
			能満寺の東側
	31：18		能満寺の東側、湯日川　橋の通過音
トラック２	0：39	遠州神戸駅	停車音
	0：59		発車の笛
	3：20		大井川木橋　渡りはじめ
			時速１０～１５ｋｍ　そろりそろりと
	5：17		大井川木橋　渡り切り
	5：42		踏切のチンチン音
	6：30	大井川駅	停車のブレーキ
	6：45		発車の笛
	9：50	上新田駅	停車のブレーキ
	10：03		発車の笛
	11：40	大洲駅	停車のブレーキ
	11：56		発車の笛
	14：54	高洲駅	停車のブレーキ
	15：06		発車の笛
	19：09	新藤枝駅	終点新藤枝駅　停止のブレーキ
		(下りにて)	
	20：36		踏切のチンチン音
	24：03	高洲駅	停車のブレーキ　・・・　カセットテープ裏面終了にて録音終了